『酒類の表示』の手引き

法令出版編集部【編】

『酒類の表示』の手引き

目　次

法律・政令・省令

酒類業組合法

酒類業組合法施行令

酒類業組合法施行規則

法令解釈通達

告示

Q&A

第1編　表示基準の概要

Ⅰ　酒類の表示義務

　酒類の容器及び包装には、酒税の検査取締上の見地から、当該酒類の品目等、所定の事項を表示することが義務付けられています（組合法86の5、組合令8の3）。

　また、酒類の取引の円滑な運行及び消費者の利益に資するため、財務大臣は、酒類の製法、品質その他一定の事項の表示について必要な基準を定めることができることとされています（組合法86の6、組合令8の4）。

　このほか、食品表示法に基づく食品表示基準が令和2年4月1日から適用されています。

	目的	表示内容	根拠規定
酒類の品目等の表示義務	酒税の保全	・製造業者の氏名又は名称 ・製造場の所在地 ・内容量 ・品目 ・アルコール分 ・税率適用区分（発泡酒及び雑酒） ・発泡性を有する旨及び税率適用区分（その他の発泡性酒類）	組合法86の5 組合令8の3
酒類業組合法に基づく酒類の表示基準㊟	酒類の取引の円滑な運行及び消費者の利益に資するため	・清酒の製法品質表示基準 　（平成元年11月国税庁告示第8号） ・果実酒等の製法品質表示基準 　（平成27年10月国税庁告示第18号） ・酒類における有機の表示基準 　（平成12年12月国税庁告示第7号） ・酒類の地理的表示に関する表示基準 　（平成27年10月国税庁告示第19号） ・二十歳未満の者の飲酒防止に関する表示基準 　（平成元年11月国税庁告示第9号）	組合法86の6 組合令8の4 国税庁告示
食品表示法に基づく食品表示基準	食品を摂取する際の安全性の確保及び自主的かつ合理的な食品の選択の機会の確保	・名称（品目） ・添加物 ・内容量 ・食品関連事業者の氏名又は名称及び住所 ・製造所等の所在地及び製造者等の名称等 ・Ｌ－フェニルアラニン化合物を含む旨 　　　　　　　　　　　　　　　　　など	食品表示法4 食品表示基準

㊟　酒類の表示基準を定める権限は、財務大臣から国税庁長官に委任されています（酒類業組合法施行規則20）。

Ⅱ　酒類の品目等の表示義務

1　酒類製造業者又は酒類販売業者の表示義務

　　酒類製造業者又は酒類販売業者は、酒類の品目などを容易に識別することができる方法で、酒類の容器又は包装の見やすい所に表示しなければならないこととされ、表示しなければならない項目は、酒類の品目その他の政令で定める事項とされています（組合法86の5、組合令8の3）。

(1)　酒類製造者の表示義務

　　酒類製造業者は、その製造場から移出する酒類の容器の見やすい箇所に、当該酒類の移出の時までに、酒類の品目などを表示しなければならないとされています（組合令8の3①）。

　①　表示義務のある者

　　　酒類製造業者

　②　表示の時期

　　　当該酒類の移出のときまで

　③　表示の場所

　　　移出する酒類の容器（又は包装）の見やすい箇所

　④　表示すべき事項

　　　氏名又は名称、その製造場の所在地及び次に掲げる事項

　　　ただし、「その製造場」について、自己の他の製造場において所定の表示すべき事項の全部を表示した酒類を移入し、これをそのままの表示で更に移出する場合における製造場は除かれます。

　　イ　内容量（粉末酒は重量）

　　ロ　当該酒類の品目

　　ハ　当該酒類のアルコール分

　　ニ　雑酒は、税率の適用区分を表す事項

ホ　その他の発泡性酒類は、発泡性を有する旨を表す事項

⑤　表示の方法

　　容易に識別することができる方法で表示しなければなりません。ただし、酒類の品目については、財務省令（組合規則11の３）で定めるところにより財務大臣に届け出た方法で表示することとされています。

⑥　表示の届出を要しない見本

　　財務大臣が定める見本用のものは除かれています。

　　見本用のものとは、当該酒類（粉末酒を除きます。）の内容量が100ミリリットル未満で、かつ、当該容器の見やすい箇所に見本用である旨を容易に識別することができる方法で表示しているものとされています（組合規則11の２）。

(2)　**販売業者の表示義務**

　　酒類を保税地域から引き取る酒類販売業者等は、当該酒類の引取り又は搬出の時までに、酒類の品目などを表示しなければならないとされています（組合令８の３②）。

①　表示義務のある者

　　酒類を保税地域から引き取る酒類販売業者又は酒類を詰め替えて販売場から搬出する酒類販売業者

②　表示の時期

　　当該酒類の引取り又は搬出の時まで

③　表示の場所

　　その引き取り、又は搬出する酒類の容器（又は包装）の見やすい箇所

④　表示すべき事項

　　住所及び氏名又は名称、その引取先又は詰替の場所の所在地並びに次の事項

イ　内容量（粉末酒は重量）

ロ　当該酒類の品目

ハ　当該酒類（粉末酒を除きます。）のアルコール分

ニ　雑酒は、税率の適用区分を表す事項

ホ　その他の発泡性酒類（酒税法第３条第３号ハに規定するその他の発泡性酒類をいいます。）は、発泡性を有する旨を表す事項

⑤　表示の方法

容易に識別することができる方法で表示しなければなりません。ただし、酒類の品目については、財務省令（組合規則11の３）で定めるところにより財務大臣に届け出た方法で表示することとされています。

⑥　表示の届出を要しない見本

財務大臣が定める見本用のものは除かれています。

見本用のものとは、当該酒類（粉末酒を除きます。）の内容量が100ミリリットル未満で、かつ、当該容器の見やすい箇所に見本用である旨を容易に識別することができる方法で表示しているものとされています（組合規則11の２）。

２　酒類の包装についての表示

酒類製造業者がその製造場から移出する酒類の包装、酒類販売業者が保税地域から引き取り又は詰め替えて販売場から搬出する酒類の包装についても、上記１と同様に表示しなければならないとされています（組合令８の３③）。

なお、包装は、透明なもの以外のもので通常当該酒類とともに消費者に引き渡されるもののうち、通常当該酒類の品目と同一の品目の酒類の包装に専用されるものに限られています（組合規則11の４）。

①　表示義務のある者

酒類製造業者、酒類を保税地域から引き取る酒類販売業者又は酒類を詰め替えて販売場から搬出する酒類販売業者

②　表示の時期

当該酒類の移出、引取り又は搬出の時まで

ただし、当該包装を当該酒類と別個に移出する場合、当該包装を当該酒類と別個に引き取る又は搬出する場合には、当該包装の移出、引き取り又は搬出の時まで

③　表示しなければならない包装

通常当該酒類の品目と同一の品目の酒類の包装に専用されるもの

④　表示の場所

移出する、引き取る又は搬出する酒類の包装の見やすい箇所

⑤　表示すべき事項

住所及び氏名又は名称、製造場、引取先又は詰替の場所の所在地並びに次の

事項

　　イ　当該包装に係る酒類の内容量（粉末酒は重量）

　　ロ　当該酒類の品目

　　ハ　当該酒類（粉末酒を除きます。）のアルコール分

　　ニ　雑酒は、税率の適用区分を表す事項

　　ホ　その他の発泡性酒類（酒税法第3条第3号ハに規定するその他の発泡性酒類
　　　　をいいます。）は、発泡性を有する旨を表す事項

⑥　表示の方法

　　容易に識別することができる方法で表示しなければならないとされています。

酒類業組合法

（酒類の品目等の表示義務）

第86条の5　酒類製造業者又は酒類販売業者は、政令で定めるところにより、酒類の品目その他の政令で定める事項を、容易に識別することができる方法で、その製造場から移出し、若しくは保税地域（関税法（昭和29年法律第61号）第29条に規定する保税地域をいう。）から引き取る酒類（酒税法第28条第1項、第28条の3第1項又は第29条第1項の規定の適用を受けるものを除く。）又はその販売場から搬出する酒類の容器又は包装の見やすい所に表示しなければならない。

酒類業組合法施行令

（表示事項）

第8条の3　酒類製造業者は、その製造場（酒税法第28条第6項又は第28条の3第4項の規定により酒類の製造免許を受けた製造場とみなされた場所を含む。以下この条において同じ。）から移出する酒類（同法第28条第1項又は第29条第1項の規定の適用を受けるものを除く。）の容器の見やすい箇所に、当該酒類の移出の時までに、その氏名又は名称、その製造場（自己の他の製造場においてこの条の規定により表示すべき事項の全部を表示した酒類を移入し、これをそのままの表示で更に移出する場合における製造場を除く。）の所在地及び次に掲げる事項を、容易に識別することができる方法（当該酒類（財務大臣が定める見本用のものを除く。）の品目については、財務省令で定めるところにより財務大臣に届け出た方法。次項において同じ。）で表示しなければならない。

一　内容量（粉末酒にあつては、当該粉末酒の重量）

二　当該酒類の品目

三　当該酒類（粉末酒を除く。）のアルコール分

四　雑酒は、税率の適用区分を表す事項

五　その他の発泡性酒類（酒税法第3条第3号ハに規定するその他の発泡性酒類をいう。）は、発泡性を有する旨を表す事項

2　酒類を保税地域から引き取る酒類販売業者又は酒類を詰め替えて販売場から搬出する酒類販売業者は、その引き取り、又は搬出する酒類の容器の見やすい箇所に、

当該酒類の引取り又は搬出の時までに、その住所及び氏名又は名称、その引取先又は詰替の場所の所在地並びに前項各号に掲げる事項を、容易に識別することができる方法で表示しなければならない。

3　第1項の規定は、酒類製造業者がその製造場から移出する同項に規定する酒類の包装（透明なもの以外のもので通常当該酒類とともに消費者に引き渡されるもののうち、財務大臣が定めるものに限る。以下同じ。）について、前項の規定は同項に規定する酒類販売業者が保税地域から引き取り、又は詰め替えて販売場から搬出する酒類の包装について、それぞれ準用する。この場合において、第1項中「当該酒類の移出の時」とあるのは「当該酒類の移出の時（当該包装を当該酒類と別個に移出する場合には、当該包装の移出の時）」と、「方法（当該酒類（財務大臣が定める見本用のものを除く。）の品目については、財務省令で定めるところにより財務大臣に届け出た方法。次項において同じ。）で表示」とあるのは「方法で表示」と、同項第1号中「内容量」とあるのは「当該包装に係る酒類の内容量」と、前項中「当該酒類の引取り又は搬出の時」とあるのは「当該酒類の引取り又は搬出の時（当該包装を当該酒類と別個に引き取り、又は搬出する場合には、当該包装の引取り又は搬出の時）」と、「並びに前項各号」とあるのは「、当該包装に係る酒類の内容量（粉末酒にあつては、当該粉末酒の重量）並びに前項第2号から第5号まで」と読み替えるものとする。

酒類業組合法施行規則

（表示方法の届出を要しない見本）
第11条の2　令第8条の3第1項に規定する財務大臣が定める見本用の酒類は、当該酒類（粉末酒を除く。）の内容量が100ミリリットル未満で、かつ、当該容器の見やすい箇所に見本用である旨を容易に識別することができる方法で表示しているものとする。

（表示方法の届出等）
第11条の3　令第8条の3第1項又は第2項に規定する酒類の品目の表示の方法についての届出は、酒類製造業者（酒税法第28条第6項又は第28条の3第4項の規定により酒類製造者とみなされた者を含む。以下同じ。）、酒類販売業者又はこれ

らの者が直接若しくは間接に構成する団体が行う。

2　前項の届出をしようとする者は、別紙様式第十一の二による届出書を、財務大臣に提出しなければならない。

3　令第8条の3第1項又は第2項に規定する酒類の品目の表示の方法は、酒類の品目を印刷した表示証を容器に見やすく貼り付け、又は酒類の品目を直接容器に見やすく印刷することとし、かつ、次の各号のいずれにも該当する方法により行う。

　一　酒類の品目を表示するために用いる文字が日本文字であり、かつ、内容量（粉末酒にあつては、当該粉末酒の重量）に応じ明瞭に判読できる大きさ及び書体であること

　二　酒類の品目を表示するために用いる文字の色が表示証又は容器の全体の色と比較して鮮明でその文字が明瞭に判読できること

4　酒類の品目の表示を第11条の5に定めるホワイトリカーの呼称によることとしている連続式蒸留焼酎又は単式蒸留焼酎に係る表示の方法は、前項に規定する方法による当該呼称の表示にあわせて、連続式蒸留焼酎にあつては①の記号、単式蒸留焼酎にあつては②の記号が明瞭に判別できる方法により行う。

（表示を要する酒類の包装）

第11条の4　令第8条の3第3項に規定する財務大臣が定める酒類の包装は、通常当該酒類の品目と同一の品目の酒類の包装に専用されるものとする。

法令解釈通達

第86条の5　酒類の品目等の表示義務

1　総則

(1)　表示を要しない酒類

　　次に掲げる酒類の容器又は包装には、表示義務事項の表示を要しないことに取り扱う。

　イ　品評会、鑑評会等に出品する酒類

　ロ　法第6条の4《収去酒類等の非課税》の規定により収去される酒類及び通則法第74条第2項《当該職員の酒税に関する調査に係る質問検査権》の規定により採取する見本の酒類

ハ　消費者（酒場、料理店等を含む。ホにおいて同じ。）に対して通常そのままの状態で引き渡すことを予定していない容器（例えば、タンクローリー）に充填した酒類

ニ　医薬品医療機器等法の規定により厚生労働大臣から製造（輸入販売を含む。）の許可を受けたアルコール含有医薬品に該当する酒類

ホ　消費者に引き渡すことなく輸出することが明らかな酒類（一時的に保管する目的で製造場（法第28条第6項《未納税移出》又は第28条の3第4項《未納税引取》の規定により酒類の製造免許を受けた製造場とみなされた場所を含む。）から移出された酒類であって、当該酒類がその他の酒類と明確に区分して管理されているものに限る。）

(2)　見本用の酒類の表示

　　組合規則第11条の2《表示方法の届出を要しない見本》に規定する見本用の酒類には「見本」又は「見本用」と明瞭に表示する。

(3)　製造場等の所在地及び住所の表示

　　製造場等の所在地並びに組合令第8条の3《表示事項》第2項及び第5項に規定する住所の表示は、住居表示に関する法律（昭和37年法律第119号）に基づく住居表示による。この場合、住居表示は住居番号まで記載するものとする。ただし、地方自治法（昭和22年法律第67号）に規定する指定都市及び県庁の所在する市にあっては道府県名を、また、同一都道府県内に同一町村名がないときは郡名を、それぞれ省略することとしても差し支えない。

(4)　文字の種別等

　　表示義務事項を表示するために用いる文字の書体は、原則として「楷書体」又は「ゴシック体」とし、種別は次のとおりとする。

イ　氏名又は名称、製造場等の所在地、住所、税率適用区分（数字を除く。）及び発泡性を有する旨は、「漢字」、「平仮名」又は「片仮名」とする。

　　ただし、名称の表示に使用する文字の種別については、名称の表示に併せて、その読み方を「平仮名」又は「片仮名」により表示する場合に限り、当該名称の商業登記法（昭和38年法律第125号）により登記されている文字の種別によることができる。

　　(注)　名称の商業登記法により登記されている文字の種別とは、「ローマ字」、「アラビヤ数字」、「＆（アンパサンド）」などの商業登記規則第51条の

2第１項の規定により法務大臣が指定する商号の登記に用いることができる符号に関する件（平成14年法務省告示第315号）において、商号の登記に用いることが認められているものをいう。

〔編注〕法務省告示

　商業登記規則（昭和39年法務省令第23号）第51条の２第１項（現・商業登記規則第50条）（他の省令において準用する場合を含む。）の規定に基づき，商号の登記に用いることができる符号を次のように定め，平成14年11月1日から施行する。

　　平成14年７月31日

1　ローマ字

2　アラビヤ数字

3　アンパサンド（「＆」），アポストロフィー（「'」），コンマ（「，」），ハイフン（「－」），ピリオド（「．」）及び中点（「・」）

ロ　内容量、アルコール分、エキス分及び税率適用区分の数字は、原則としてアラビア数字とする。

ハ　表示に用いる文字の大きさ（ポイント）は、日本産業規格Ｚ8305（1962）に規定する文字の大きさとする。

〔編注〕日本産業規格

　活字の基準寸法　Ｚ8305-1962

1．適用範囲　この規格は、一般の印刷に用いる活字（以下活字という。）の基準寸法について規定する。

　　ただし、新聞印刷に用いる活字には適用しない。

2．用語の意味　この規格で用いるおもな用語の意味は、つぎのとおりとする。

⑴　大きさ、幅および高さ　活字の大きさ、幅および高さは、つぎの図に示す部分の寸法をいう。

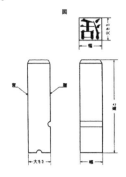

(2) ポイント　ポイントは、活字の大きさを表わす単位であって、1 ポイントは0.3514mmとする。

3．大きさ

3．1

種類，大きさおよび大きさの許容差　種類、大きさおよび大きさの許容差は、表1のとおりとする。

表1

単位　mm

種類 （ポイント）	大きさ	大きさの許容差 （10本につき）	種類 （ポイント）	大きさ	大きさの許容差 （10本につき）
3	1.054	± 0.010	13.125	4.612	± 0.045
3.5	1.230	± 0.010	14	4.920	± 0.050
3.9375	1.384	± 0.015	15.75	5.535	± 0.055
4	1.406	± 0.015	16	5.622	± 0.055
4.5	1.581	± 0.015	18	6.325	± 0.065
5	1.757	± 0.015	20	7.028	± 0.070
5.25	1.845	± 0.020	21	7.379	± 0.075
6	2.108	± 0.020	24	8.434	± 0.085
7	2.460	± 0.025	26.25	9.224	± 0.090
7.875	2.767	± 0.025	28	9.839	± 0.10
8	2.811	± 0.030	32	11.24	± 0.11
9	3.163	± 0.030	36	12.65	± 0.13
10	3.514	± 0.035	40	14.06	± 0.14
10.5	3.690	± 0.035	42	14.76	± 0.15
12	4.217	± 0.040			

備考　種類のうち、右側の活字は 10.5/8 ポイントを、それぞれ 3、4、6、8、10、12、16、20、32 倍した大きさのもので、なるべく使用しないものとする。

4．幅　幅は一般に規定しない。ただし，漢字およびかなの活字に対しては，原則として幅は大きさに等しくする。

5．高さ　高さは23.45mmとし，許容差は表2のとおりとする。

表2

単位　mm

種類	許容差
3 ～ 24 ポイント	± 0.03
26.25 ポイント以上	± 0.04

(5)　単位の表示

単位の表示は、主に次を用いる。

イ　内容量は、「L」、「ml」、「ℓ」、「mℓ」、「リットル」又は「ミリリットル」

ロ　粉末酒の重量は、「kg」、「g」、「キログラム」又は「グラム」

ハ　アルコール分及びエキス分は、「度」又は「％」

(6)　製造場に移入した輸入酒類をそのままの状態で移出する場合の取扱い

　　表示義務事項の全部が表示されている輸入酒類を製造場に移入し、そのままの状態で移出する場合には、酒類製造業者の氏名又は名称及びその移出する製造場の所在地は、改めて表示しないこととしても差し支えない。

2　酒類の品目等の表示の取扱い

　　酒類の品目の表示は、次のとおりとする。

(1)　酒類の品目の表示方法

イ　酒類の品目は、法又は組合規則に表記されている文字の種別とする。

　　なお、「単式蒸留しょうちゅう」「焼酎乙類」又は「本味醂」等、法が施行される以前に既に慣熟した表記として使用されていたものについては、これを使用することとしても差し支えない。

ロ　酒類の品目の表示は、表示証等の中に一体性をもたせて行う。したがって、例えば、合成清酒については、「合成」と「清酒」の文字が遊離した表示は行わないものとする。

ハ　連続式蒸留焼酎又は単式蒸留焼酎をホワイトリカーと表示する場合には、ホワイトリカーの文字の後に、組合規則第11条の3第4項《表示方法の届出等》に規定する①又は②の記号を一体的に表示する。

ニ　連続式蒸留焼酎と単式蒸留焼酎の混和酒は「連続式・単式蒸留焼酎混和」、「焼酎甲類・乙類混和」又は「ホワイトリカー①②混和」と表示する。この場合、混和酒に対する混和した一方の品目の割合が純アルコール数量で5％未満となるものについては、混和量の多い方の品目だけの表示としても差し支えない。

ホ　組合規則第11条の5《品目の例外表示》に規定する「本格焼酎」について、酒造の合理化等の目的で製造工程中に使用する僅少（穀類又は芋類のこうじと併用する水以外の原料の重量の1,000分の1以下に相当する量）の酵素剤は原料として取り扱わない。

　　なお、単式蒸留焼酎と連続式蒸留焼酎の混和酒には、「本格焼酎」の呼称を使用できないことに留意する。

ヘ　商標中の商品名に「酒類の品目」が表示されている場合で、かつ、その商品名が一般消費者に熟知されているものである場合には、その表示をもって「酒類の品目の表示」に代えることとしても差し支えない。

ト　酒類の容器又は包装に商品名等を表示する場合には、他の品目の酒類と誤認されるような表示を行わないこと。

(2)　表示する場所

　　表示する場所は、次のとおりとする。ただし、容器の形態等に照らして、次により難い場合には、適宜の場所、酒類の品目の表示以外の表示義務事項等と一括して表示する場合には、主たる商標を表示する側以外の場所（底部を除く。）に表示することとしても差し支えない。

イ　瓶詰品については、主たる商標を表示する側の胴部、肩部又は口頭部

ロ　缶詰品については、主たる商標を表示する側の胴部又は頭部

ハ　樽詰品については、主たる商標を表示する側の胴部又は鏡部

ニ　イからハまでの容器詰品以外のものについては、その容器の形態等に照らして、イからハまでに準じて表示するものとする。

　　　(注)　酒類の品目は、主たる商標を表示する側の胴部等の場所に表示することとしているが、それらの表示場所は、酒類を陳列棚、陳列ケースその他商品を陳列するための設備に陳列した場合においても、その酒類の品目が消費者に容易に認識できる場所のことをいうものであるから留意する。

ホ　容器の容量が360㎖以下の酒類については、王冠又はキャップ（これに類似するものを含む。）に表示することとしても差し支えない。

ヘ　清酒のこもかぶり品のように容器に表示証等を貼付又は直接印刷することができない酒類については、例えば、さげ札を用いて表示することとしても差し支えない。

ト　キャップシールに表示する場合には、容器を開栓したときに、当該キャップシールの当該容器に付着した残り部分に酒類の品目の表示が残るように行うものとする（容器の容量が360㎖以下の酒類を除く。）。

(3)　表示する文字の大きさは、次の大きさとする。

イ　原則

　　「酒類の品目」の文字の大きさは、内容量、文字の数に応じて、次に掲げる活字の大きさ以上とする。

なお、内容量が100ml以下の酒類については、適宜の大きさの文字によることとしても差し支えない。

㊟　別途、食品表示基準第8条第9号の規定では、表示可能面積がおおむね150平方センチメートル以下のもの及び印刷瓶に入れられた一般用加工食品であって表示すべき事項を蓋（その面積が30平方センチメートル以下のものに限る。）に表示するものにあっては、5.5ポイントの活字以上の大きさとすることができることとされていることに留意する。

文字の数 活字の大きさ 内容量別	2 ポイント	3 ポイント	4以上 ポイント
3.6ℓ超	42 ポイント	26 ポイント	26 ポイント
1.8ℓ超　3.6ℓ以下	26 ポイント	22 ポイント	16 ポイント
1ℓ超　1.8ℓ以下	22 ポイント	16 ポイント	14 ポイント
360ml超　1ℓ以下	16 ポイント	14 ポイント	10.5 ポイント
360ml以下	14 ポイント	10.5 ポイント	7.5 ポイント

ロ　粉末酒の場合

「粉末酒」の文字の大きさは、粉末酒の重量に応じて、次に掲げる活字の大きさ以上とする。

活字の大きさ 重量別	ポイント
1kg超	42 ポイント
500g超　1kg以下	22 ポイント
100g超　500g以下	16 ポイント
100g以下	14 ポイント

(4)　表示方法届出書の取扱い

組合令第8条の3第1項及び第2項《表示事項》の規定による表示方法届出書は、次の場合に提出を省略することができることとして取り扱う。

イ　既に届出をしている表示証等（以下「届出済表示証等」という。）の表示義務事項のうち、組合法又は組合令の改正により、次の範囲内で記載内容を変更するとき。

㈠　表示を要しないこととなった事項につき、その文字を削除又は抹消するとき及びその削除により空白となる部分へ他の表示義務事項の文字を若干

移動させるとき。

　　㊁　表示を要することとなった事項につき、その文字を他の表示義務事項の文字に並べ又は若干移動させて同一の表示方法をもって追加表示するとき。

　ロ　届出済表示証等の酒類の品目の表示以外の表示義務事項につき、その文字及び模様等の一部を削除するとき若しくは表示証等の全体の構成に影響を及ぼさない範囲で、文字の一部を変更するとき。

　ハ　相続等（包括遺贈を含む。6において同じ。）、合併、経営組織の変更、社名変更、行政区画の変更等により届出済表示証等に記載されている氏名又は名称若しくは製造場等の所在地を同一の文字の大きさで変更するとき。

　ニ　届出済表示証等の大きさを、原型のまま若干拡大するとき、又は同一の図柄等の表示証のアルコール分若しくは内容量を変更するとき。

　ホ　組合令第8条の3第5項《表示事項》の規定により、製造場等の所在地を表示する記号の届出をした者が、届出済表示証等に記載された製造場等の所在地に代えて、新たに届け出た記号を印刷するとき。

　ヘ　届出済表示証等の中に、製造場等の所在地を表示している場合において、その表示している箇所に「製造場」の文字を冠記し、又は酒類の品目の表示以外の表示義務事項につき、同一の文字以上の大きさの文字でこれらの表示場所を相互に置き換えるとき。

3　酒類の品目の表示以外の表示義務事項の表示

　次に掲げる酒類の品目の表示以外の表示義務事項は、それぞれに掲げる方法により表示する。

(1)　内容量

　内容量は、その容器に充填した容量（粉末酒にあっては、重量）を表示する。

　また、果実の実等の入った酒類に対する内容量の表示は、当該果実の実等を除いた酒類の内容量を表示する。この場合、果実の実等の量又は果実の実等の量を加えた内容総量を併せて表示することとしても差し支えない。

　㊟　粉末酒を除く酒類は、特定商品の販売に係る計量に関する政令（平成5年政令第249号）に従った表示義務があることに留意する。

〔編注〕特定商品の販売に係る計量に関する政令（抄）

第１条（特定商品）　計量法（以下「法」という。）第12条第１項の政令で定める商品（以下「特定商品」という。）は、別表第一の第一欄に掲げるとおりとする。

第２条（特定物象量）　法第12条第１項の政令で定める物象の状態の量（以下「特定物象量」という。）は、特定商品ごとに別表第一の第二欄に掲げるとおりとする。

別表第一（第１条－第３条、第５条関係）

特定商品	特定物象量	別表第二の表	上限
二十三　飲料（医薬用のものを除く。）			
（二）　アルコールを含むもの	体積	表（三）	５リットル

別表第二（第３条関係）

表（三）

表示量	誤差
５ミリリットル以上50ミリリットル以下	４パーセント
50ミリリットルを超え100ミリリットル以下	２ミリリットル
100ミリリットルを超え500ミリリットル以下	２パーセント
500ミリリットルを超え１リットル以下	10ミリリットル
１リットルを超え25リットル以下	１パーセント

備考

　パーセントで表される誤差は、表示量に対する百分率とする。

(2)　アルコール分

　　アルコール分は、法に定める税率適用区分を同じくする１度の範囲内で「○○度以上○○度未満」と表示する。ただし、次の方法によることとしても差し支えない。

イ　例えば、アルコール分が15度以上16度未満のものについて、「アルコール分15.0度以上15.9度以下」又は「アルコール分15度」と表示すること。

ロ　ビール、発泡酒、清酒、果実酒又はその他の醸造酒について、アルコール分±１度の範囲内で、例えば、アルコール分12度以上14度未満のものについて、「アルコール分13度」、アルコール分4.5度以上6.5度未満のもの

について、「アルコール分5.5度」と表示すること。

　　(注)1　アルコール分の度数表示は、1度単位又は0.5度刻みにより表示する
　　　　　ものであるから留意する。

　　　　2　表示方法は、法に定める品目又は税率適用区分を同じくする範囲内の
　　　　　取扱いであり、例えば、法第3条《その他の用語の定義》第13号ロ、
　　　　　ハ又はニに規定する果実酒の場合、アルコール分14度以上16度未満
　　　　　のものについて、「アルコール分15度」と表示することは認められな
　　　　　いことに留意する。

　ハ　輸入酒類について、容器のラベルに輸出国で表示されたアルコール分の表
　　示があるものについては、「アルコール分はラベル（表ラベル又は裏ラベル）
　　に記載」の旨の表示をすること。

　　(注)　当該取扱いが認められるのは、次に掲げる要件を満たす場合であるから
　　　　留意する。

　　　　1　アルコール分の適用範囲が、上記(2)の本文又はロに該当する場合

　　　　2　輸出国で表示されたアルコール分の表示方法が「アルコール分」の表
　　　　　示と容易に認識できる場合

(3)　税率適用区分

　　税率適用区分の表示は、次による。

　イ　発泡酒は、「麦芽使用率〇〇％」と表示する。

　　　ただし、「麦芽使用率25％未満」、「麦芽使用率25％以上50％未満」、
　　「麦芽使用率50％以上」のものについては、その旨（「麦芽使用率50％以
　　上」のものについては「麦芽使用率〇〇％以上」）を表示することとしても
　　差し支えない。

　ロ　その他の発泡性酒類は、酒類の「品目」、「発泡性を有する旨」の後に次の
　　区分により「①」、「②」又は「③」と表示する。

　　(イ)　平成29年改正法附則第36条第2項第4号《発泡性酒類及び醸造酒類
　　　に係る税率の特例》に規定するその他の発泡性酒類に該当する場合は
　　　「①」と表示する。

　　(ロ)　同項第3号に規定するその他の発泡性酒類に該当する場合は「②」と表
　　　示する。

　　(ハ)　(イ)・(ロ)以外のその他の発泡性酒類に該当する場合は「③」と表示する。

(注)　上記表示を行うに当たり、包材変更に相当期間を要する場合等表示をし
難い場合には、組合令第8条の3第6項《表示事項》の規定に基づく承認
を受けて、一定の期間上記表示と異なる表示をすることとして差し支えな
い。

（表示例）

発泡性を有するその他の醸造酒（アルコール分5度）で、平成29年改正
法附則第36条第2項第3号括弧書《発泡性酒類及び醸造酒類に係る税率の
特例》に該当するもの

「その他の醸造酒（発泡性）②」

ハ　雑酒は、法第23条第5項括弧書《税率》に規定する「その性状がみりん
に類似する酒類」に該当するものについては「雑酒①」、それ以外のものに
ついては、「雑酒②」と表示する。

(4)　発泡性を有する旨の表示

発泡性を有する旨の表示は、「発泡性」、「炭酸ガス含有」、「炭酸ガス入り」、
「炭酸ガス混合」の表現を用いる。

(注)　炭酸ガスを加えた酒類は、発泡性を有する旨の表示義務が課せられている
か否かにかかわらず、別途、食品表示基準第3条第1項の規定に基づき、食
品添加物としての表示義務があることに留意する。

4　酒類の包装に対する品目等の表示の取扱い

(1)　表示を要する酒類の包装の範囲

表示を要する酒類の包装の範囲は、次のとおりとする。

イ　組合令第8条の3《表示事項》第3項に規定する「通常当該酒類とともに
消費者に引き渡されるもの」とは、酒類とともに消費者に引き渡されること
を予想して制作された包装をいい、運送、保管等のためだけに用いられるも
のは含まないものとする。

ロ　組合規則第11条の4《表示を要する酒類の包装》に規定する「当該酒類
の品目と同一の品目の酒類の包装に専用されるもの」とは、酒類の品目又は
商品名（商標）が表示されている包装で、その品目の酒類の包装に使用され
るものとして制作されたものをいう。

(2)　酒類の包装に対する表示の取扱い

酒類の包装に対する表示の取扱いは、原則として２に準ずるものとするが、次に掲げる事項については、それぞれに次に掲げるところにより取り扱う。

イ　二重以上の包装を施した場合は、その最終の包装（外装）に表示義務事項を表示する。

　　㊟　最終の包装（外装）以外の包装（内装）については、酒類と別個に製造場等から移出される場合には表示を要するのであるから留意する。

ロ　２個以上の容器を一括して収容する包装に対する「内容量」等の表示は、次による。

　　㈠　容器の内容量が同一である場合の内容量の表示は、容器の内容量と当該容器の個数とを、例えば「内容量720㎖詰２本」等と記載する。

　　㈡　容器の内容量が異なる場合の内容量の表示は、それぞれの容器の内容量と個数とを、例えば「内容量720㎖詰１本、内容量500㎖詰１本」等と記載する。

　　㈢　容器の個数については、「ダース」、「半ダース」で表示することとしても差し支えない。

　　㊟　内容量を包装される内容総量で表示することのないようにさせる。

　　㈣　酒類の品目を表示する文字の大きさについては、２の⑶の各表の「内容量別」、「重量別」を、それぞれ「総容量別」、「総重量別」に読み替えて準用する。

3 品目の表示の例外

　酒類の品目の表示は、一般に慣熟した呼称があるものとして財務省令（組合規則11の4）で定める酒類については、その呼称によることが可能です（組合令8の3④）。

4 製造場の記号表示

　製造場、引取先又は詰替の場所の所在地の表示は、財務大臣に届け出た記号によることが可能です。

　この場合、酒類製造業者がその住所を併せて表示する場合に限られます（組合令第8の3⑤）。

5 規定の表示と異なる表示

　相続、合併その他の事由により規定による表示をし難い場合、財務大臣の承認を受けたときは、表示すべき事項の一部を省略又は規定の表示と異なる表示をすることが可能です（組合令8の3⑥）。

（表示事項）

第8条の3　（中略）

4　前3項までの規定による酒類の品目の表示は、当該品目の名称以外に一般に慣熟した呼称があるものとして財務省令で定める酒類については、当該酒類の品目の名称に代えて財務省令で定める呼称によることができるものとする。

5　第1項から第3項までの規定による製造場、引取先又は詰替の場所の所在地の表示は、財務省令で定めるところにより財務大臣に届け出た記号によることができるものとする。ただし、酒類製造業者が当該記号による表示を行うことができるのは、その住所を併せて表示する場合に限るものとする。

6　第1項から第3項までの規定による表示をしなければならない者は、相続（包括遺贈を含む。）、合併その他の事由によりこれらの規定による表示をし難い場合において、財務大臣の承認を受けたときは、これらの規定により表示すべき事項の一部を省略し、又はこれらの規定による表示と異なる表示をすることができる。

（品目の例外表示）

第11条の5　令第8条の3第4項に規定する財務省令で定める酒類は、次の表の上欄に掲げる品目の酒類とし、同項に規定する財務省令で定める呼称は、当該酒類のうち、同表の当該中欄に掲げるものにつき、同表の当該下欄に定める呼称とする。

上欄	中欄	下欄
清酒	法第86条の6第1項の規定により定められた酒類の表示の基準によつて国税庁長官が地理的表示として指定した日本酒の表示を使用することができるもの	日本酒
連続式蒸留焼酎	当該品目に属する酒類の全てのもの	ホワイトリカー又は焼酎甲類
単式蒸留焼酎	当該品目に属する酒類の全てのもの	ホワイトリカー又は焼酎乙類
	酒税法第3条第10号イからホまでに掲げるもの	本格焼酎

	米こうじ（黒こうじ菌を用いたものに限る。）及び水を原料として発酵させたアルコール含有物を単式蒸留機（酒税法第３条第10号イに規定する単式蒸留機をいう。以下この条において同じ。）により蒸留したもの（水以外の物品を加えたものを除く。）	泡盛
みりん	当該品目に属する酒類の全てのもの	本みりん
甘味果実酒	強壮剤、栄養剤その他の薬剤又はこれらの浸出液を原料の一部としたもの	薬剤甘味果実酒又は薬用甘味果実酒
ウイスキー	アルコール分（酒税法第３条第１号に規定するアルコール分をいう。以下この条において同じ。）が13度未満のもの	水割りウイスキー
ブランデー	アルコール分が13度未満のもの	水割りブランデー
原料用アルコール	米こうじ（黒こうじ菌を用いたものに限る。）及び水を原料として発酵させたアルコール含有物を単式蒸留機により蒸留したもの（水以外の物品を加えたものを除く。）	泡盛
リキュール	強壮剤、栄養剤その他の薬剤又はこれらの浸出液を原料の一部としたもの	薬味酒又は薬用酒
	酒税法施行令（昭和37年政令第97号）第５条第２項第２号に掲げるもの	白酒
その他の醸造酒	米、米こうじ及び水を原料として発酵させたもので、こさないもの	濁酒

（記号表示の届出）

第11条の６　令第８条の３第５項の規定により製造場、引取先又は詰替場所の所在地の記号表示の届出をしようとする者は、別紙様式第十一の三による届出書を、財務大臣に提出しなければならない。

（表示の省略等の承認の申請）

第11条の７　令第８条の３第６項の規定により財務大臣の承認を受けようとする者は、別紙様式第十一の四による申請書を、財務大臣に提出しなければならない。

第86条の5　酒類の品目等の表示義務

5　製造場等の所在地の「記号表示」の取扱い

組合令第8条の3第5項《表示事項》及び組合規則第11条の6《記号表示の届出》に規定する製造場等の所在地を記号で表示する場合の取扱いは、次による。

(1)　住所の取扱い

組合令第8条の3《表示事項》第5項に規定する「住所」には、定款等で定めるところにより本店業務を行っている場所の所在地を含むことに取り扱う。

(2)　表示に用いる記号

表示に用いる記号は、他の表示義務事項の表示との混同しないように定めるものとする。

(3)　記号の表示方法

記号の表示は、酒類製造業者又は酒類販売業者（以下この条において「製造業者等」という。）の「氏名又は名称」の後に一体的に行うものとする。ただし、容器の形態等に照らして、一体的に行うことが困難な場合には、製造業者等の「氏名又は名称」の後に当該記号の記載場所を明記し、かつ、原則として、次のとおり当該記号が製造場等を表す記号である旨を明記するものとする。

（表示例）

（表示部分）

「製造者名　○○株式会社（製造場の記号は缶底に記載）」

（記載部分）

「製造場の記号　E」

（E：組合令第8条の3第5項の規定により届け出た記号（以下この(3)において同じ。））

なお、当該記号が製造場等を表す記号であることが、明らかに分かる場合には、次のとおり表示することとしても差し支えない。

（表示例）

（表示部分）	（記載部分）
「製造場の記号缶底左側に記載」	「E／Lot.1」
「製造場の記号缶底に記載」	「E」

6 表示義務事項の「省略」又は「異なる表示」の承認の取扱い

(1) 省略することができる表示義務事項

　　組合令第8条の3《表示事項》第6項に規定する表示義務事項を省略することができる表示義務事項は、次のとおりとする。

イ　組合法又は組合令の改正により表示義務事項が追加された場合において、その追加された表示義務事項

ロ　同一品目の酒類の製造場等を2以上有する者が同一の包装を各製造場等で用いる場合において、「製造場等の所在地」

　　なお、承認を与えるときは、製造業者等の「氏名又は名称」は明瞭に表示させるほか、製造業者等の「住所」を記載させるものとする。

ハ　品目の異なる酒類を3以上一括して収容した包装で、表示義務事項の全部を表示することが技術的に困難な場合又は著しく外観を損なう場合において、「酒類の品目」及び「氏名又は名称」以外の表示義務事項

ニ　品目の同一の酒類のいずれの容量の容器にも使用する目的で制作された包装である場合において、「酒類の品目」、「氏名又は名称」及び「製造場等の所在地」以外の表示義務事項

(2) 異なる表示を行うことができる表示義務事項

　　組合令第8条の3第6項《表示事項》に規定する「異なる表示」を行うことができる表示義務事項は、次のとおりとする。

イ　組合法、組合令又は組合規則（「酒税法施行規則第3条の2に規定する国税庁長官が指定する物品」（平成18年4月28日付国税庁告示第10号）を含む。）の改正により表示義務事項が削除又は変更された場合において、改正前の表示義務事項

　　なお、法又は令の改正に関連して特定の酒類について表示義務事項の一部を表示する必要がなくなったとき及び表示義務事項に異動を生じたときは、「削除又は変更された場合」に準じて取り扱う。

ロ　相続等、合併、経営組織の変更、社名変更、行政区画の変更等によって表示義務事項に異動を生じた場合において、その異動前の表示義務事項

　　なお、異動前の表示義務事項を削除又は抹消する場合において、異動後の表示義務事項の全てを表示することが、困難であると認められるときは、表示義務事項の省略の承認を与えることとしても差し支えない。

Ⅲ　酒類の表示の基準

1　酒類の表示の基準の概要

　酒類の取引の円滑な運行及び消費者の利益に資するため酒類の表示の適正化を図るため、酒類の製法品質その他の一定の事項の表示について、酒類製造業者又は酒類販売業者が遵守すべき必要な基準が定められています（組合法86の6、組合令8の4）。

2　基準を定める事項

　酒類の製法品質その他の政令で定める事項として、4つがあり、更に、酒類の品目等により具体的な基準が6つ定められています（組合令8の4、国税庁告示）。

　なお、具体的な基準についての詳細は後述します。

《酒類の製法品質その他の政令で定める事項》
　・酒類の製法、品質その他これらに類する事項
　・酒類の特性と地理的な産地との関係に関する事項
　・未成年者の飲酒防止に関する事項
　・酒類の消費と健康との関係に関する事項

《具体的な基準》
　・清酒の製法品質表示基準を定める件（平元国税庁告示8）
　・二十歳未満の者の飲酒防止に関する表示基準を定める件（平元国税庁告示9）
　・酒類における有機の表示基準（平12国税庁告示7）
　・果実酒等の製法品質表示基準を定める件（平27国税庁告示18）
　・酒類の地理的表示に関する表示基準を定める件（平27国税庁告示19）
　・酒類の公正な取引に関する基準を定める件（平29国税庁告示2）

3　表示の基準が遵守されないとき

　酒類の表示の基準を遵守しない酒類製造業者又は酒類販売業者があるときは、その基準を遵守すべき旨の指示をすることができ、この指示に従わないときは、その旨を公表することがあります（法86の6③、④）。

　また、指示に従わなかった場合、その遵守しなかった表示の基準が重要基準であるときは、基準を遵守すべきことを命令することがあります（法86の7）。

　重要基準とは、表示の基準のうち、酒類の取引の円滑な運行及び消費者の利益に資するため特に表示の適正化を図る必要があるものとして定めるものであり、具体的には、「酒類の表示基準における重要基準を定める件（平15国税庁告示15)」に規定されている事項です。

（酒類の表示の基準）

第86条の6　財務大臣は、前条に規定するもののほか、酒類の取引の円滑な運行及び消費者の利益に資するため酒類の表示の適正化を図る必要があると認めるときは、酒類の製法、品質その他の政令で定める事項の表示につき、酒類製造業者又は酒類販売業者が遵守すべき必要な基準を定めることができる。

2　財務大臣は、前項の規定により酒類の表示の基準を定めたときは、遅滞なく、これを告示しなければならない。

3　財務大臣は、第1項の規定により定められた酒類の表示の基準を遵守しない酒類製造業者又は酒類販売業者があるときは、その者に対し、その基準を遵守すべき旨の指示をすることができる。

4　財務大臣は、前項の指示に従わない酒類製造業者又は酒類販売業者があるときは、その旨を公表することができる。

（国税審議会への諮問）

第86条の8　財務大臣は、第86条の3第1項の規定により公正な取引の基準を定めようとするとき（同条第6項の規定により公正な取引の基準を改正しようとするときを含む。）、第86条の6第1項の規定により酒類の表示の基準を定めようとするとき又は前条の規定により重要基準を定めようとするときは、あらかじめ、国税審議会に諮問しなければならない。

（表示の基準）

第8条の4　法第86条の6第1項に規定する政令で定める事項は、次に掲げる事項とする。

　　一　酒類の製法、品質その他これらに類する事項

　　二　酒類の特性と地理的な産地との関係に関する事項

　　三　未成年者の飲酒防止に関する事項

　　四　酒類の消費と健康との関係に関する事項

〔告示〕酒類の表示基準における重要基準を定める件

平成15年国税庁告示第15号

（最終改正：令和元年6月国税庁告示第8号）

　酒税の保全及び酒類業組合等に関する法律（昭和28年法律第7号）第86条の7及び酒税の保全及び酒類業組合等に関する法律施行規則（昭和28年大蔵省令第11号）第20条第1項の規定に基づき、同法第86条の6第1項の表示の基準のうち、酒類の取引の円滑な運行及び消費者の利益に資するため特に表示の適正化を図る必要があるものを次の各号に掲げるとおり定めたので告示する。

一　清酒の製法品質表示基準（平成元年国税庁告示第8号）第1項（本表の適用に関する通則を除く。）、第2項、第3項及び第6項

二　果実酒等の製法品質表示基準（平成27年国税庁告示第18号）第2項、第3項及び第5項から第7項まで

三　酒類における有機の表示基準（平成12年国税庁告示第7号）第1項、第2項（第4号ロを除く。）、第3項及び第5項（第1号ハ及び第2号ハを除く。）

四　酒類の地理的表示に関する表示基準（平成27年国税庁告示第19号）第9項

五　二十歳未満の者の飲酒防止に関する表示基準（平成元年国税庁告示第9号）第1項、第4項、第6項（表示に使用する文字に係る部分を除く。）及び第7項

【編注】この告示は、酒類における有機の基準の廃止（施行日未定）に合わせ、改正が見込まれています。

《改正事項》

改正後	改正前
三　削除	三　（省略）
三　（省略）	四　（省略）
四　（省略）	五　（省略）

第86条の6　酒類の表示の基準

1　総則

【編注】本項は、令和4年7月9日付国税庁告示第30号の施行（令和5年1月1日）に伴う改正が予定されています（令和4.7.19課酒1－45）。

なお、改正箇所については、本文中に下線を付して表記しています。

(1)　表示の基準における「容器」又は「包装」の取扱い等

イ　「容器」又は「包装」の範囲

表示の基準に規定する酒類の「容器」とは、酒類を収容し当該酒類とともに消費者（酒場、料理店等を含む。以下この条において同じ。）に引き渡されるびん、缶、たる等の器をいい、「包装」とは、酒類を収容した容器とともに消費者に引き渡される化粧箱、包み紙その他これらに類するものをいい、いずれも運送、保管等のためだけに用いられるものは含まないとする。

㊟　清酒のこもかぶり品のように、容器又は包装に直接表示することができない場合には、例えば、下げ札等を用いて表示を行うこととしても差し支えないものとするが、その場合は、当該下げ札等に対する表示を酒類の容器又は包装に対する表示とみなして表示の基準を適用するのであるから留意する。

ロ　表示を行わないことができる容器又は包装

表示の基準に特に定めがある場合を除き、次に掲げる酒類の容器又は包装（以下この条において「容器等」という。）には、原則として、表示を行わないこととして差し支えない。

(イ)　品評会、鑑評会等に出品する酒類

(ロ)　法第6条の4《収去酒類等の非課税》の規定より収去される酒類及び通則法第74条の4第2項《当該職員の酒税に関する調査等に係る質問検査権》の規定により採取する見本の酒類

(2)　表示の基準に基づく表示の取扱い等

表示の基準に基づいて行う表示は、表示の基準に特に定めがある場合を除き、容器等その他の表示の基準に定めるものの見やすい箇所に、容易に判読できる

大きさ及び書体の文字で明瞭に行う。

　なお、表示の基準に特に定めがある場合を除き、日本文字以外の文字による表示についても、表示の基準が適用されるのであるから留意する。

第2編　具体的な表示基準

I　清酒の製法品質表示基準

「清酒の製法品質表示基準」は、酒類の製造場から移出する清酒、若しくは保税地域から引き取る清酒又は酒類の販売場から搬出する清酒に適用することとしています。

　(1)　酒類の製造場は、酒類製造免許を受けた製造場のほか、酒税法第28条第6項
　　　（未納税移出）又は第28条の3第4項（未納税引取）の規定により酒類の製造免許
　　　を受けた製造場とみなされた場所が含まれます。
　(2)　保税地域から引き取る清酒については、同法第28条第1項（未納税移出）、第
　　　28条の3第1項（未納税引取）又は第29条第1項（輸出免税）の規定の適用を受
　　　けるものを除きます。

〔編注〕この基準は、令和4年7月9日付国税庁告示第30号により一部改正が行われていま
　　　　すが、令和5年1月1日施行とされています。変更部分等は文中に〔編注〕として記
　　　　述しています。

○　清酒の製法表示基準の概要

《国税庁ＨＰ》

1　特定名称の清酒の表示

　　特定名称の清酒とは、吟醸酒、純米酒、本醸造酒をいい、それぞれ所定の要件に該当するものにその名称を表示することができます。

　　なお、特定名称は、原料、製造方法等の違いによって８種類に分類されます。

特定名称	使用原料	精米歩合	こうじ米使用割合（新設）	香味等の要件
吟醸酒 （ぎんじょうしゅ）	米、 米こうじ、 醸造アルコール	60％以下	15％以上	吟醸造り、 固有の香味、 色沢が良好
大吟醸酒 （だいぎんじょうしゅ）	米、 米こうじ、 醸造アルコール	50％以下	15％以上	吟醸造り、 固有の香味、 色沢が特に良好
純米酒 （じゅんまいしゅ）	米、 米こうじ	——	15％以上	香味、 色沢が良好
純米吟醸酒 （じゅんまいぎんじょうしゅ）	米、 米こうじ	60％以下	15％以上	吟醸造り、 固有の香味、 色沢が良好
純米大吟醸酒 （じゅんまいだいぎんじょうしゅ）	米、 米こうじ	50％以下	15％以上	吟醸造り、 固有の香味、 色沢が特に良好
特別純米酒 （とくべつじゅんまいしゅ）	米、 米こうじ	60％以下又は 特別な製造方法 （要説明表示）	15％以上	香味、 色沢が特に良好
本醸造酒 （ほんじょうぞうしゅ）	米、 米こうじ、 醸造アルコール	70％以下	15％以上	香味、 色沢が良好
特別本醸造酒 （とくべつほんじょうぞうしゅ）	米、 米こうじ、 醸造アルコール	60％以下又は 特別な製造方法 （要説明表示）	15％以上	香味、 色沢が特に良好

精米歩合とは

　精米歩合とは、白米のその玄米に対する重量の割合をいいます。精米歩合60％というときには、玄米の表層部を40％削り取ることをいいます。

　米の胚芽や表層部には、たんぱく質、脂肪、灰分、ビタミンなどが多く含まれ、これらの成分は、清酒の製造に必要な成分ですが、多過ぎると清酒の香りや味を悪くしますので、米を清酒の原料として使うときは、精米によってこれらの成分を少なくした白米を使います。ちなみに、一般家庭で食べている米は、精米歩合92％程度の白米（玄米の表層部を8％程度削り取る。）ですが、清酒の原料とする米は、精米歩合75％以下の白米が多く用いられています。特に、特定名称の清酒に使用する白米は、農産物検査法によって、3等以上に格付けされた玄米又はこれに相当する玄米を精米したものに限られています。

こうじ米とは

　こうじ米とは、米こうじ（白米にこうじ菌を繁殖させたもので、白米のでん粉を糖化させることができるもの）の製造に使用する白米をいいます。

　なお、特定名称の清酒は、こうじ米の使用割合（白米の重量に対するこうじ米の重量の割合をいいます。）が、15％以上のものに限られています。

醸造アルコールとは

　醸造アルコールとは、でん粉質物や含糖質物から醸造されたアルコールをいいます。

　もろみにアルコールを適量添加すると、香りが高く、「スッキリした味」となります。さらに、アルコールの添加には、清酒の香味を劣化させる乳酸菌（火落菌）の増殖を防止するという効果もあります。

　吟醸酒や本醸造酒に使用できる醸造アルコールの量は、白米の重量の10％以下に制限されています。

吟醸造りとは

　吟醸造りとは、吟味して醸造することをいい、伝統的に、よりよく精米した白米を低温でゆっくり発酵させ、かすの割合を高くして、特有な芳香（吟香）を有するように醸造することをいいます。

　吟醸酒は、吟醸造り専用の優良酵母、原料米の処理、発酵の管理からびん詰・出荷

に至るまでの高度に完成された吟醸造り技術の開発普及により商品化が可能となった
ものです。

2　必要記載事項の表示
　　清酒には、次の事項を、原則として8ポイントの活字以上の大きさの日本文字で
表示することになっています。

(1)　原材料名
　　なお、特定名称を表示する清酒については、原材料名の表示の近接する場所に
精米歩合を併せて表示します。
　　例えば、本醸造酒であれば次のように記載します。
　　　原材料名　米、米こうじ、醸造アルコール
　　　精米歩合　68%

(2)　製造時期
　　次のいずれかの方法で記載します。
　　　製造年月　令和元年5月　製造年月　1.5
　　　製造年月　2019.5　製造年月　19.5
　　なお、保税地域から引き取る清酒で製造時期が不明なものについては、製造時
期に代えて輸入年月を「輸入年月」の文字の後に表示してもよいことになってい
ます。
　　また、内容量が300mℓ以下の場合には、「年月」の文字を省略してもよいこと
になっています。

〔編注〕「(2)　製造時期」については、国税庁告示の改正により、令和5年1月以降、
　　　必要記載事項の表示から削除され、任意記載事項の表示になる予定です。

(3)　保存又は飲用上の注意事項
　　生酒のように製成後一切加熱処理をしないで出荷する清酒には、保存若しくは
飲用上の注意事項を記載します。
　　（参考）
　　　生酒、生貯蔵酒以外の清酒は、通常、製成後、貯蔵する前と出荷する前の2
回加熱処理をしています。

(4) 原産国名

　　輸入品の場合に記載します。

(5) 外国産清酒を使用したものの表示

　　なお、使用割合については、10%の幅をもって記載してもよいことになっています。

　以上のほか、次の事項も必ず表示するよう清酒製造者に表示義務が課されています。

○　製造者の氏名又は名称

○　製造場の所在地（記号で表示してもよいことになっています。）

○　内容量

○　清酒（原料の米に国内産米のみを使い、かつ、日本国内で製造された清酒に限り「日本酒」と表示してもよいことになっています。）

○　アルコール分

3　任意記載事項の表示

　　次に掲げる事項は、それぞれの要件に該当する場合に表示することができます。

(1) 原料米の品種名

　　表示しようとする原料米の使用割合が50%を超えている場合に、使用割合と併せて、例えば、山田錦100%と表示できます。

(2) 清酒の産地名

　　その清酒の全部がその産地で醸造されたものである場合に表示できます。したがって、産地が異なるものをブレンドした清酒には産地名を表示できません。

(3) 貯蔵年数

　　1年以上貯蔵した清酒に、1年未満の端数を切り捨てた年数を表示できます。

(4) 原酒

　　製成後、水を加えてアルコール分などを調整しない清酒に表示できます。

　　なお、仕込みごとに若干異なるアルコール分を調整するため、アルコール分1%未満の範囲内で加水調整することは、差し支えないことになっています。

(5) 生酒

　　製成後、一切加熱処理をしない清酒に表示できます。

(6) 生貯蔵酒

　製成後、加熱処理をしないで貯蔵し、出荷の際に加熱処理した清酒に表示できます。

(7) 生一本

　ひとつの製造場だけで醸造した純米酒に表示できます。

(8) 樽酒

　木製の樽で貯蔵し、木香のついた清酒に表示できます。

　なお、販売する時点で、木製の容器に収容されているかは問いません。

(9) 「極上」、「優良」、「高級」等品質が優れている印象を与える用語

　自社に同一の種別又は銘柄の清酒が複数ある場合に、品質が優れているものに表示できます（使用原材料等から客観的に説明できる場合に限ります。）。

　なお、これらの用語は、自社の清酒のランク付けとして使用できるもので、他社の清酒と比較するために使用することはできません。

(10) 受賞の記述

　国、地方公共団体等公的機関から受賞した場合に、その清酒に表示できます。

　上記以外の事項については、事実に基づき別途説明表示する場合に限り表示しても差し支えないことになっています。

　【編注】「(10)　受賞の記述」については、国税庁告示の改正により、令和5年1月以降削除され、新たに「(10)　製造時期を表示する場合」が加わる予定です。

4　表示禁止事項

　次に掲げる事項は、これを清酒の容器又は包装に表示してはいけません。

(1) 清酒の製法、品質等が業界において「最高」、「第一」、「代表」等最上級を意味する用語

(2) 官公庁御用達又はこれに類似する用語

　〔編注〕「(2)　官公庁御用達又はこれに類似する用語」については、国税庁告示の改正により、令和5年1月以降、表現が改正される予定です。

(3) 特定名称酒以外の清酒について特定名称に類似する用語

　ただし、特定名称に類似する用語の表示の近接する場所に、原則として8ポイントの活字以上の大きさで、特定名称の清酒に該当しないことが明確に分かる説

明表示がされている場合には、表示することとして差し支えありません。

　なお、この説明表示は、消費者の商品選択に資するために設けられたものですので、8ポイントの活字以上の大きさで表示してあればそれでよいということではなく、特定名称に類似する用語の表示とバランスのとれた大きさの文字とするなど、消費者の方が特定名称の清酒に該当しないと明確に分かる大きさの文字とする必要があります。

　例えば、純米酒の製法品質の要件に該当しない清酒に、純米酒に類似する用語（例：「米だけの酒」）を表示する場合には、次のように純米酒に該当しないことが明確に分かる説明表示をしなければなりません。

米だけの酒
純米酒ではありません。

〔告示〕清酒の製法品質表示基準を定める件

平成元年国税庁告示第8号

（最終改正：令和4年7月国税庁告示第30号）

　酒税の保全及び酒類業組合等に関する法律（昭和28年法律第7号。以下「法」という。）第86条の6第1項の規定に基づき、清酒の製法品質に関する表示の基準を次のように定め、平成2年4月1日以後に酒類の製造場（酒税法（昭和28年法律第6号）第28条第6項又は第28条の3第4項の規定により酒類の製造免許を受けた製造場とみなされた場所を含む。）から移出し、若しくは保税地域から引き取る清酒（酒税法第28条第1項、第28条の3第1項又は第29条第1項の規定の適用を受けるものを除く。）又は酒類の販売場から搬出する清酒に適用することとしたので、法第86条の6第2項の規定に基づき告示する。

【編注】本告示は、令和5年1月1日施行の改正があります（令和4年国税庁告示30）。改正箇所については、下線を付した上で文中等に別記します。

　清酒の製法品質表示基準

（特定名称の清酒の表示）

1　次の表の左欄に掲げる清酒の特定名称は、当該清酒がそれぞれ同表の右欄に掲げる製法品質の要件に該当するものであるとき、当該清酒の容器又は包装に表示できるものとする。

特定名称	製法品質の要件
吟醸酒	精米歩合60％以下の白米、米こうじ及び水、又はこれらと醸造アルコールを原料とし、吟味して製造した清酒で、固有の香味及び色沢が良好なもの
純米酒	白米、米こうじ及び水を原料として製造した清酒で、香味及び色沢が良好なもの
本醸造酒	精米歩合70％以下の白米、米こうじ、醸造アルコール及び水を原料として製造した清酒で、香味及び色沢が良好なもの

本表の適用に関する通則

　(1)　精米歩合とは、白米（玄米からぬか、胚芽等の表層部を取り去った状態の米

43

をいい、米こうじの製造に使用する白米（以下「こうじ米」という。）を含む。以下同じ。）のその玄米に対する重量の割合をいうものとする。

(2) 白米とは、農産物検査法（昭和26年法律第144号）により、3等以上に格付けされた玄米又はこれに相当する玄米を精米したものをいうものとする。

(3) 米こうじとは、白米にこうじ菌を繁殖させたもので、白米のでんぷん【改正後：でん粉】を糖化させることができるものをいい、特定名称の清酒は、こうじ米の使用割合（白米の重量に対するこうじ米の重量の割合をいう。以下同じ。）が、15％以上のものに限るものとする。

(4) 醸造アルコールとは、でん粉質物又は含糖質物を原料として発酵させて蒸留したアルコールをいうものとする。

(5) 醸造アルコールを原料の一部としたものについては、当該アルコールの重量（アルコール分95度換算の重量による。）が、白米の重量の10％を超えないものに限るものとする。

(6) 精米歩合、こうじ米の使用割合及び醸造アルコールの白米に対する重量の割合が基準に適合しているかどうかは、1％未満の端数を切り捨てた数値により判定するものとする。

(7) 特定名称の清酒は、酒税法第43条第3項（みなし製造）の規定の適用を受けたものを除くものとする。

(8) 香味及び色沢が良好なものとは、異味異臭がなく清酒固有の香味及び色沢を有するものをいうものとする。

2　前項に掲げる特定名称の清酒の表示は、当該特定名称によることとし、これと類似する用語又は特定名称に併せて「極上」、「優良」、「高級」等の品質が優れている印象を与える用語は用いないものとする。ただし、次の各号に掲げる場合については、それぞれ当該各号に掲げるところによることとして差し支えない。

(1) 吟醸酒のうち、米、米こうじ及び水のみを原料として製造したものに「純米」の用語を併せて用いること。

(2) 吟醸酒のうち、精米歩合50％以下の白米を原料として製造し、固有の香味及び色沢が特に良好なものに「大吟醸酒」の名称を用いること。

(3) 純米酒又は本醸造酒のうち、香味及び色沢が特に良好であり、かつ、その旨を使用原材料、製造方法その他の客観的事項をもって当該清酒の容器又は包装に説明表示するもの（精米歩合をもって説明表示する場合は、精米歩合が60％以下

の場合に限る。）に「特別純米酒」又は「特別本醸造酒」の名称を用いること。

（記載事項の表示）

3　次の各号に掲げる事項は、それぞれ当該各号に掲げるところにより、清酒の容器
　又は包装に表示するものとする。

(1)　原材料名

　　当該清酒の製造に使用した原材料名（水を除く。）を、酒税法に規定する原材
　料名をもって次の方法で表示する。ただし、同法施行令に規定する原材料にあっ
　ては、一般に慣熟した呼称又は包括的な呼称によることとして差し支えない。

　　この場合において、特定名称を表示する清酒については、原材料名の表示の近
　接する場所に精米歩合を併せて表示すること。

　　　原材料名　米、米こうじ、（以下、使用した原材料を使用量の多い順に記載する。）

(2)　製造時期

　　当該清酒を販売する目的をもって容器に充塡し密封した時期を、次のいずれか
　の方法で表示する。ただし、第5項に掲げる貯蔵年数を表示するものにあっては、
　製造時期に代えて製造場から移出した時期を表示すること、また、保税地域から
　引き取る清酒（酒税法第28条の3第1項（未納税引取）の規定の適用を受け、
　未納税で引き取るものを除く。以下同じ。）で、製造時期が不明なものにあって
　は、製造時期に代えて輸入年月（関税法（昭和29年法律第61号）第67条（輸
　出又は輸入の許可）に規定する輸入許可書に記載されている年月をいう。）を
　「輸入年月」の文字の後に表示することとして差し支えない。

　イ　製造年月　令和元年5月
　ロ　製造年月　1.5
　ハ　製造年月　2019.5
　ニ　製造年月　19.5

(3) 保存又は飲用上の注意事項

【改正後】
(2) 保存又は飲用上の注意事項

　製成後一切加熱処理をしないで製造場から移出する清酒には、保存若しくは
【改正後：又は】飲用上の注意事項を表示する。

(4) 原産国名

　保税地域から引き取る清酒（当該引取り後、詰め替えて販売するものを含む。）
には、当該清酒の原産国名を関税法施行令（昭和29年政令第150号）第59条
第1項に規定する輸入申告書に記載する原産地名をもって表示する。

　この場合において、原産国名に続けて当該清酒の生産地名を表示することとしても差し支えない。

【改正号】
(3) 原産国名

　保税地域（関税法（昭和29年法律第61号）第29条（保税地域の種類）
に規定する保税地域をいう。以下同じ。）から引き取る清酒（酒税法第28条
の3第1項（未納税引取）の規定の適用を受け、未納税で引き取るものを除
くものとし、当該引取り後、詰め替えて販売するものを含む。）には、当該
清酒の原産国名を関税法施行令（昭和29年政令第150号）第59条第1項
（輸出申告の手続）に規定する輸入申告書に記載する原産地名をもって表示
する。

　この場合において、原産国名に続けて当該清酒の生産地名を表示すること
としても差し支えない。

(5) 外国産清酒を使用したものの表示

【改正後】
(4) 外国産清酒を使用したものの表示

　国内において、国内産清酒と外国産清酒の両方を使用して製造した清酒につい
ては、外国産清酒の原産国名及び使用割合を表示する。なお、使用割合は、
10％の幅をもって表示することとして差し支えない。

4 前項の規定により表示すべき事項は、当該清酒の容器又は包装の見やすい所に明瞭に表示するものとし、表示に使用する文字は、8ポイント（日本産業規格Ｚ8305（1962）に規定するポイントをいう。以下同じ。）の活字以上の大きさの統一のとれた日本文字とする。ただし、容量200ミリリットル以下の容器にあっては、6ポイントの活字以上の大きさとして差し支えない。

　　【編注】日本産業規格Ｚ8305（1962）→12頁

（任意記載事項の表示）
5 次の各号に掲げる事項を清酒の容器又は包装に表示する場合は、それぞれ当該各号に掲げるところにより行うものとする。
(1) 原料米の品種名
　　原料米の品種名は、当該原料米の使用割合（当該清酒の製造に使用した原料米の総使用量に占める割合をいう。以下同じ。）が50％を超える場合（複数の原料米の品種名を表示するときは、当該複数の原料米の合計の使用割合が50％を超える場合）に表示できるものとし、表示に<u>あたって</u>【改正後：当たって】は、当該原料米の使用割合を併せて表示するものとする。
(2) 清酒の産地名
　　清酒の産地名は、当該清酒の全部が当該産地で醸造（加水調整をする行為を含む。）されたものである場合に表示できるものとする。
(3) 貯蔵年数
　　貯蔵年数（清酒を貯蔵容器に貯蔵した日の翌日からその貯蔵を終了した日までの<u>年数をいう。</u>【改正後：年数をいう。以下同じ。】）は、1年未満の端数を切り捨てた年数により表示するものとし、貯蔵年数の異なるものを混和した清酒である場合は、当該年数の最も短い清酒の年数をもって表示するものとする。
(4) 原酒
　　原酒の用語は、製成後、加水調整（アルコール分1％未満の範囲内の加水調整を除く。）をしない清酒である場合に表示できるものとする。
(5) 生酒
　　生酒の用語は、製成後、一切加熱処理をしない清酒である場合に表示できるものとする。
(6) 生貯蔵酒

生貯蔵酒の用語は、製成後、加熱処理をしないで貯蔵し、製造場から移出する際に加熱処理した清酒である場合に表示できるものとする。

(7)　生一本

　　生一本の用語は、単一の製造場のみで醸造した純米酒である場合に表示できるものとする。

(8)　樽酒

　　樽酒の用語は、木製の樽で貯蔵し、木香の<u>ついた</u>【改正後：付いた】清酒（びんその他の容器に詰め替えたものを含む。）である場合に表示できるものとする。

(9)　「極上」、「優良」、「高級」等品質が優れている印象を与える用語

　　「極上」、「優良」、「高級」等品質が優れている印象を与える用語は、同一の種別又は銘柄の清酒が複数ある場合において、香味及び色沢が特に良好であり、かつ、その旨を使用原材料、製造方法その他の客観的事項をもって説明できる清酒である場合に表示できるものとする。なお、「特別」の用語は、「特別純米酒」及び「特別本醸造酒」に限定して使用することができるものとする。

(10)　<u>受賞の記述</u>

　　<u>受賞の記述は、公的機関（品質審査の実施方法が公開され、当該品質審査を毎年又は一定期間毎に継続して実施することとしている機関に限る。）から付与された賞である場合に、当該受賞した清酒と同一の貯蔵容器に収容されていた清酒について表示できるものとし、表示に当たっては、授賞機関及び受賞年を併せて表示するものとする。</u>

　　【改正後】

　(10)　製造時期の表示

　　清酒を販売する目的をもって容器に充填し密封した時期を、製造時期であることを示す文字の後に表示するものとする。

　　なお、製造時期の表示に当たっては、前項の規定に準じて行うものとし、保税地域から引き取る清酒（酒税法第28条の3第1項の規定の適用を受け、未納税で引き取るものを除く。）で製造時期が不明なものにあっては、製造時期に代えて輸入年月（関税法第67条（輸出又は輸入の許可）に規定する輸入許可書に記載されている年月をいう。）を輸入年月であることを示す文字の後に表示するものとする。

（表示禁止事項）

6　次の各号に掲げる事項は、これを清酒の容器又は包装に表示してはならないものとする。ただし、第３号に掲げる事項については、当該事項の表示の近接する場所に、第４項に規定するポイントの活字以上の大きさで、特定名称の清酒に該当しないことが明確に分かる説明表示がされている場合には、表示することとして差し支えない。

(1)　清酒の製法、品質等が業界において「最高」、「第一」、「代表」等最上級を意味する用語

(2)　官公庁御用達又はこれに類似する用語

> 【改正後】
> (2)　品評会等で受賞したものであるかのように誤認させる用語及び官公庁が推奨しているかのように誤認させる用語

(3)　特定名称酒以外の清酒について特定名称に類似する用語

附　則（令和４年国税庁告示30）

1　この告示は、令和５年１月１日から施行する。

2　令和４年12月31日以前に、酒類の製造場（酒税法第28条第６項又は第28条の３第４項の規定により酒類の製造免許を受けた製造場とみなされた場所を含む。）から移出し、若しくは保税地域から引き取る清酒（同法第28条第１項、第28条の３第１項又は第29条第１項の規定の適用を受けるものを除く。以下同じ。）又は酒類の販売場から搬出する清酒の製法、品質に関する表示については、なお従前の例による。

法令解釈通達

第86条の６　酒類の表示の基準

2　清酒の製法品質表示基準の取扱い

【編注】本項は、令和４年７月９日付国税庁告示第30号の施行（令和５年１月１日）に伴う改正が予定されています（令和4.7.19課酒1－45）。

　　　なお、改正箇所については、本文中に下線を付して表記しています。

清酒の製法品質表示基準（平成元年11月22日付国税庁告示第8号。以下この2において「表示基準」という。）の取扱いは、次による。

(1) 表示基準の意義

　清酒は、吟醸酒、純米酒又は本醸造酒等、製法品質を異にする、特定名称を用いた高付加価値商品が生産されているところであるが、消費者利益の保護の観点から、これらの清酒について、特定名称を表示するにふさわしい製法品質を確保するとともに、表示の適正化を図るものである。

(2) 特定名称の清酒の表示

　イ　表示基準1の本文について

　　㋑　特定名称の表示は、製法品質の要件を満たしている清酒について表示ができるものであり、その表示を義務づける【改正後：義務付ける】ものではないのであるから留意する。

　　㋺　特定名称の表示に当たっては、例えば、「吟醸酒」を「吟醸」又は「吟醸清酒」若しくは「吟醸日本酒」のように、「酒」を省略し又は「酒」を「清酒」若しくは「日本酒」と表示しても差し支えない。

　　　　㊟　「日本酒」の表示は、組合法第86条の6第1項《酒類の表示の基準》の規定により定められた酒類の表示の基準によって国税庁長官が地理的表示として指定した日本酒の表示を使用することができる場合に限ることに留意する。

　　㋩　吟醸酒の製法品質の要件に規定する「吟味して製造した清酒」とは、精米歩合60%以下に精米した白米を使用し、低温でゆっくり発酵させ、かす歩合を高くしたもの等いわゆる吟醸造りにより製造した清酒をいう。

　　㋥　次に掲げる清酒には「本醸造酒」の表示をしても差し支えない。

　　　　Ａ　吟醸酒、純米酒又は本醸造酒を2以上混和した清酒

　　　　Ｂ　特定名称以外の清酒（精米歩合が70%以下の白米（表示基準1の本表の適用に関する通則に規定する白米に限る。）、米こうじ、醸造アルコール及び水を原料として製造した清酒に限る。）と吟醸酒又は純米酒を混和し、当該混和後の清酒の醸造アルコールの使用量が白米の重量の10%を超えない清酒で香味及び色沢が良好なもの

　ロ　表示基準1の本表の適用に関する通則(1)について

　　精米歩合は、酒母米、こうじ米、かけ米【改正後：掛米】の区分ごとに白

米のその玄米に対する重量の割合を測定し、それぞれ表示基準に定める精米歩合に適合しているか否かを判断するものとする。

　㊟　「酒母米」とは、酒母（もろみを発酵させるための酵母を培養したもの。）の原料に使用する白米を、「こうじ米」とは、米こうじの製造に使用する白米を、<u>「かけ米」</u>【改正後：「掛米」】とは、清酒の製造に使用する白米で「酒母米」及び「こうじ米」以外のものをいう。

八　表示基準1の本表の適用に関する通則(2)について

　㊄　「これに相当する玄米」とは、外国産玄米であって、農産物規格規程（平成13年2月農林水産省告示第244号）に規定されている国内産玄米の3等以上の品位に相当することが明らかなものをいい、当分の間、農産物検査法（昭和26年法律第144号）に基づく検査により合格と格付けされたものは、これに該当するものとして取り扱う。

　　㊟　国外で製造される清酒の原料として使用される玄米についても、農産物規格規程に規定されている国内産玄米の3等以上の品位に相当することが公的検査機関の検査等により明らかなものは「これに相当する玄米」に該当するものとして取り扱うのであるから留意する。

〔編注〕農産物規格規程（平成13年2月農林水産省告示第244号）
醸造用玄米の品位

	最低限度		最高限度						
	整粒 (%)	形質	水分 (%)	被害粒、死米、着色粒、もみ及び異物					色
				計 (%)	死米 (%)	着色粒 (%)	もみ (%)	異物 (%)	
特上	90	特上標準品	15.0	5	3	0.0	0.1	0.0	品種固有の色
特等	80	特等標準品	15.0	10	5	0.0	0.2	0.1	品種固有の色
1等	70	1等標準品	15.0	15	7	0.1	0.3	0.1	品種固有の色
2等	60	2等標準品	15.0	20	10	0.3	0.5	0.4	
3等	45	3等標準品	15.0	30	20	0.7	1.0	0.6	

規格外－特上から3等までのそれぞれの品位に適合しない醸造用玄米であって、もみ及び異物を50%以上混入していないもの。

　㊤　白米には、所定の精米歩合以下に精米した後、破砕したものも含まれるのであるから留意する。

　　㊟　所定の精米歩合以下に精米した白米を更に精米して得られる米粉は、白米には含まれず、特定名称の清酒には使用できないのであるから留

意する。

ニ　表示基準１の本表の適用に関する通則(3)について

　　こうじ米の使用割合が異なる２以上の清酒を混和した場合には、混和した
それぞれの清酒のこうじ米の使用割合が15％以上であるか否かを判断する
ものとする。

ホ　表示基準１の本表の適用に関する通則(4)について

　　醸造アルコールには、でん粉質物又は含糖質物を原料として発酵させて蒸
留したアルコールに水を加えたものを含むものとする。

ヘ　表示基準１の本表の適用に関する通則(5)について

　　醸造アルコールの重量計算は、アルコール分95％に換算して行うもので
あるが、その比重は0.8157により計算し、計算過程におけるキログラム
位及びリットル位未満３位以下の端数は切り捨てるものとする。

(注)　例えば、白米1,000kg 当たり30％アルコール350ℓを使用したとす
　　れば、醸造アルコールの白米の重量に対する割合は、

　　　350ℓ×0.3＝105ℓ（アルコール分100％換算）

　　　105ℓ÷0.95＝110.52ℓ（アルコール分95％換算）

　　　110.52ℓ×0.8157（比重）＝90.15kg（重量換算）

　　　　90.15kg÷1,000kg×100＝9.01％

　　となる。

ト　表示基準１の本表の適用に関する通則(6)について

　　１％未満の端数を切り捨てた数値による判定は、表示基準２の(2)及び(3)の
精米歩合の規定についても適用されるので留意する。

チ　表示基準２の本文について

(イ)　「特定名称と類似する用語」とは、吟醸酒における「吟造り」、「吟造酒」、
「吟醸造り」、「純吟造り」等、純米酒における「純粋酒」、「純酒」、「米だ
けの酒」等、本醸造酒における「本造り」、「本仕込み」等のように特定名
称を連想させる用語をいう。

　　なお、特定名称と類似する用語は、特定名称としては使用できないもの
であるが、特定名称を表示した上で、当該用語を銘柄等に併せて使用する
ことは差し支えないものであるから留意する。

(ロ)　「特定名称に併せて」とは、特定名称と一体性を持たせて表示すること

をいう。

(ハ) 「品質が優れている印象を与える用語」とは、「極上」、「優良」、「高級」
のほかに、「超特選」、「特選」、「別選」、「特製」、「別製」、「特上」、「特醸」、
「別醸」、「デラックス」、「大」、「特別」等の用語をいう（表示基準5の(9)
「「極上」、「優良」、「高級」等品質が優れている印象を与える用語」にお
いて同じ。）。

なお、これらの用語は、「特別」を除き、同一の種別又は銘柄の清酒が
複数ある場合において、香味及び色沢が特に良好であり、かつ、その旨を
使用原材料、製造方法その他の客観的事項をもって説明できる場合には、
銘柄等と併せて表示する等特定名称と併せて用いない限り使用して差し支
えないものであるから留意する。

(ニ) 特定名称と表示基準5に規定する原酒、生酒、生貯蔵酒、樽酒の用語を
併せて用いることは差し支えない。

(ホ) 特定名称以外の清酒には、特定名称の清酒と誤認されるおそれのある表
示は行わないものとする。

リ 表示基準2の(1)について

吟醸酒には、「大吟醸酒」を含むものであるから留意する。

ヌ 表示基準2の(3)について

(イ) 「使用原材料、製造方法その他の客観的事項」とは、精米歩合が60%
以下である場合のほか、醸造用玄米の使用割合（表示基準5の(1)に規定す
る使用割合をいう。）が50%を超える場合等消費者が容易に理解できる
事項をいうものとする。この場合、精米歩合又は醸造用玄米の品種名及び
使用割合等を併せて表示しなければならないものであるから留意する。

なお、醸造アルコールの使用量の多寡は、「使用原材料、製造方法その
他の客観的事項」に該当しないものとして取り扱う。

(ロ) イの(ニ)のBに該当する本醸造酒には、「特別本醸造酒」の名称は用いな
いものとする。

(ハ) 「特別純米酒」又は「特別本醸造酒」の名称を、例えば、「純米特別
酒」、「本醸造特別酒」等とすること、及び「大吟醸酒」に併せて「特別純米
酒」、「特別本醸造酒」の名称を用いることはできないものであるから留意
する。

(3)　記載事項の表示

イ　表示基準3の(1)「原材料名」について

(イ)　原材料名の表示については、「原材料名」の文字の後に続けて原材料名を表示するものであるが、「原材料」の文字の後に続けて表示しても差し支えない。

(ロ)　原材料名の表示は、原則として法に規定する原材料名により表示するものであり、その表示方法を例示すると次のとおりである。

　　　吟醸酒……原材料名　米、米こうじ、醸造アルコール

　　　純米酒……原材料名　米、米こうじ

　　　本醸造酒……原材料名　米、米こうじ、醸造アルコール

　　　特定名称以外の清酒……原材料名　米、米こうじ、醸造アルコール（更にこれに清酒かす、焼酎、ぶどう糖、水あめ、有機酸、アミノ酸塩、清酒等を使用した場合は、その原材料名）

(ハ)　原材料名の表示に当たっては、ぶどう糖、でん粉質物を分解した糖類を「糖類」と、有機酸である乳酸、こはく酸等を「酸味料」と、アミノ酸塩であるグルタミン酸ナトリウムを「グルタミン酸Na」又は「調味料（アミノ酸）」と表示しても差し支えない。

　　　なお、発酵を助成促進し、又は製造上の不測の危険を防止する等専ら製造の健全を期する目的で、仕込水又は製造工程中に加える必要最低限の有機酸は、原材料に該当しないものとして差し支えない。

(ニ)　「原材料名の表示の近接する場所」とは、消費者が精米歩合の表示を見たときに当該表示の文字と原材料名の文字とが一体に表示されていると判断できる場所をいう。

(ホ)　精米歩合の表示については、「精米歩合」の文字の後に続けて使用した白米の精米歩合を1％未満の端数を切り捨てた数値（精米歩合が1％未満のものにあっては、「1％未満」の文字）により表示するものとし、精米歩合の異なる複数の白米を使用した場合には、精米歩合の数値の一番大きいものを表示するものとする。この場合において、使用した白米の区分

（酒母米、こうじ米、<u>かけ米</u>【改正後：掛米】等の区分をいう。）ごとに精米歩合を表示する場合には、その区分ごとに、精米歩合の数値の一番大きいものを表示するものとする。

［表示例］

1　精米歩合65％のこうじ米と精米歩合70％の<u>かけ米</u>【改正後：掛米】を原料に使用した特定名称の清酒の場合

「精米歩合　70％」又は「精米歩合　こうじ米65％<u>かけ米</u>【改正後：掛米】70％」

2　精米歩合65％のこうじ米と精米歩合70％の<u>かけ米</u>【改正後：掛米】を原料に使用した特定名称の清酒と精米歩合63％のこうじ米と精米歩合68％の<u>かけ米</u>【改正：掛米】を原料に使用した特定名称の清酒を混和した場合

「精米歩合　70％」又は「精米歩合　こうじ米65％<u>かけ米</u>【改正後：掛米】70％」

ロ　表示基準3の(2)「製造時期」について

(イ)　特定名称の清酒であって、容器に充填し冷蔵等特別な貯蔵をした上で販売するものについては、その貯蔵を終了し販売する目的をもって製品化した日を製造時期として取り扱う。

(ロ)　製造時期の表示については、「製造年月」の文字の後に続けて製造時期を表示するものであるから留意する。

なお、内容量が300㎖以下である場合及び容器の形態からみて「製造年月」の文字を表示することが困難である場合には、「年月」の文字を省略しても差し支えない。

(注)　賞味期限を表示する場合には、その期限の設定、表示方法等については、食品表示法の規定の適用を受けるものであるから留意する。

なお、賞味期限を表示した場合であっても、製造時期の表示は省略できないのであるから留意する。

(ハ)　「輸入清酒で製造時期が不明な場合」とは、当該清酒が製造された国において、製造時期の表示が義務づけられておらず、製造者による自主的な表示も行われていない場合をいうものとする。

なお、輸入年月の表示は、製造時期の表示に準じて行うものとする。

【改正後】

□　削除

ハ　表示基準３の⑶「保存又は飲用上の注意事項」について

【改正後】
ロ　表示基準３の⑵「保存又は飲用上の注意事項」について

　「保存若しくは【改正後：又は】飲用上の注意事項」の表示とは、「要冷蔵」、「冷蔵庫に保管して下さい【改正後：ください】。」、「冷やしてお早めにお飲みください。」等の消費者及び流通業者の注意を喚起するための表示をいう。

ニ　表示基準３の⑷「原産国名」について

【改正後】
ハ　表示基準３の⑶「保存又は飲用上の注意事項」について

　原産国名は「原産国名」又は「原産国」の文字の後に続けて表示するものであるから留意する。

ホ　表示基準３の⑸の「外国産清酒を使用したものの表示」について

【改正後】
ニ　表示基準３の⑷の「外国産清酒を使用したものの表示」について

　使用割合とは、国内産清酒と外国産清酒をアルコール分100％換算した容量比（パーセント未満第１位四捨五入）をいうのであるから留意する。
㊟　「国内産清酒と外国産清酒の両方を使用して製造した清酒」とは、国内産清酒と外国産清酒を混和した清酒をいうものであるから留意する。
　［表示例］
　　１　外国産清酒を５％、国内産清酒を95％使用した場合
　　　　「○○産清酒５％使用」又は「○○産清酒10％未満使用」

（〇〇には原産国名を記載する。以下<u>このホ</u>【改正後：この二】において同じ。）

　　２　外国産清酒を65％、国内産清酒を35％使用した場合

　　　「〇〇産清酒65％使用」又は「〇〇産清酒60％以上70％未満使用」

　　３　外国産清酒を95％、国内産清酒を５％使用した場合

　　　「〇〇産清酒95％使用」又は「〇〇産清酒90％以上使用」

(4)　任意記載事項の表示

　イ　表示基準５の(1)「原料米の品種名」について

　　(イ)　原料米の使用割合の計算は、選粒又は精白等をするものについては、選粒又は精白等をした後の重量によるものであるから留意する。

　　(ロ)　「原料米の使用割合を併せて表示する」とは、原料米の品種名ごとにその使用割合を表示するものであるから留意する。

　　(ハ)　原料米の使用割合の表示は、１％単位又は５％刻み（いずれもその端数は切り捨てるものとする。）により表示するものとする。ただし、５％刻みにより表示するときは、その表示に<u>かかる</u>【改正：係る】使用割合が50％を超えることとなる場合に限るものとする。

　ロ　表示基準５の(2)「清酒の産地名」について

　　(イ)　産地名には、県、市、町、村等の行政区画上の名称のほか、社会通念上、特定の地域を指す名称（例えば、明治前の旧地名等）として一般的に熟知されている名称を含むものとする。

　　(ロ)　清酒のアルコール分を調整するための加水行為を当該産地以外で行った場合は、「当該産地で醸造（加水調整をする行為を含む。）されたもの」に含まれないから留意する。

　　　従って、Ａ産地で醸造した清酒をＡ産地で加水調整した場合にはＡ産地の産地名が表示できるが、Ａ産地で加水調整を行わずＢ産地で加水調整した場合には、Ａ産地、Ｂ産地のいずれの産地名も表示できないこととなるので留意する。

　ハ　表示基準５の(3)「貯蔵年数」について

　　　「貯蔵容器」には、貯蔵タンクのほか、<u>びん</u>【改正：瓶】等の販売用容器も含むものであるから留意する。

　ニ　表示基準５の(6)「生貯蔵酒」について

「生貯蔵酒」は、「生酒」と誤認されるおそれのある表示とならないよう特に留意するものとする。

ホ　表示基準5の(7)「生一本」について

「生一本」の用語は、自己の単一の製造場（法上、一つの製造場として取り扱われる製造場をいう。）のみで醸造した純米酒である場合に表示できるものであるから、2以上の製造場を有する製造者がそれぞれの製造場で醸造した純米酒を混和したもの又は他の製造者が製造した純米酒を混和したものには「生一本」の表示はできないものであるから留意する。

ヘ　表示基準5の(9)「「極上」、「優良」、「高級」等の品質が優れている印象を与える用語」について

(イ)　「極上」、「優良」、「高級」等の品質が優れている印象を与える用語は、特定名称の清酒を含めて自社の製品のランク付けとしてのみ表示することができるものであるから留意する。

(ロ)　「同一の種別の清酒」とは、特定名称の清酒の区分が同一であるもの及び特定名称以外の清酒でその使用原材料又は製造方法が同一であるものをいうものとする。

ト　表示基準5の(10)「受賞の記述」ついて

(イ)　「公的機関」とは、国、地方公共団体及びこれらの機関をいい、海外における「公的機関」も含まれるものであるから留意する。

(ロ)　「同一の貯蔵容器に収容されていた清酒」には、同一の貯蔵容器に収容した後、これを他の容器に分割して収容しているもので、その事実が明確に確認でき、貯蔵状態が同一である清酒を含めて差し支えない。

(ハ)　受賞していない清酒の容器又は包装には、「金賞受賞蔵」、「金賞受賞杜氏」等の当該清酒が受賞した清酒であるかのような印象を与えるおそれのある表示はできないのであるから留意する。

【改正後】

ト　表示基準5の(10)「製造時期」の表示について

(イ)　製造時期については、清酒を販売する目的をもって容器に充塡し密封した時期をいうのであるが、冷蔵等適切な貯蔵をした上で販売するものについては、その貯蔵を終了し販売する目的をもって製品化した日を製

造時期として取り扱う。

　　(ロ)　保税地域から引き取られた清酒で「製造時期が不明なもの」とは、当
　　　　該清酒が製造された国において、製造時期の表示が義務付けられておら
　　　　ず、製造者による自主的な表示も行われていない場合をいうものとする。

　　(注)　賞味期限を表示する場合には、その期限の設定、表示方法等につい
　　　　ては、食品表示法の規定の適用を受けるものであるから留意する。

【改正（新設）】

チ　複合表示について

　　「生原酒」、「生貯蔵原酒」など、表示基準5に規定する原酒、生酒、生貯
　蔵酒又は樽酒の用語を複合して用いることは差し支えないが、例えば、生
　貯蔵酒等において、生酒と誤認されるおそれのある表示とならないよう留
　意する。

(5)　表示基準6「表示禁止事項」について

　イ　「当該事項の表示の近接する場所」とは、消費者が「特定名称の清酒に該
　　　当しないことが明確に分かる説明表示」を見たときに、当該表示の文字と特
　　　定名称に類似する用語の表示とが一体に表示されていると判断できる場所を
　　　いう。

　ロ　「特定名称の清酒に該当しないことが明確に分かる説明表示」とは、「吟醸
　　　酒（純米酒又は本醸造酒）の規格に該当していません。」、「こうじ米の使用
　　　割合が15％に満たないため、吟醸酒（純米酒又は本醸造酒）に該当してい
　　　ません。」等、吟醸酒、純米酒及び本醸造酒のいずれの特定名称の清酒に該
　　　当しないものであるかを消費者が理解できる表示をいう。

　　(注)1　「特定名称酒に該当しません。」又は「このお酒は普通酒です。」と
　　　　　いった表示は、いずれの特定名称の清酒に該当しないことが明らかでな
　　　　　いことから、「特定名称の清酒に該当しないことが明確に分かる説明表
　　　　　示」には該当しないのであるから留意する。

　　　　2　「特定名称の清酒に該当しないことが明確に分かる説明表示」につい
　　　　　ては、消費者の商品選択に資するために設けられたものであることから、

特定名称に類似する用語の表示とバランスのとれた大きさの文字とする
など、消費者が特定名称の清酒に該当しない清酒であることを明確に認
識することができる大きさの文字とする必要があることに留意する。

【改正（新設）】

ハ　表示基準６の(2)「品評会等で受賞したものであるかのように誤認させる
　用語」及び「官公庁が推奨しているかのように誤認させる用語」について
　　「品評会等で受賞したものであるかのように誤認させる用語」及び「官公
　庁が推奨しているかのように誤認させる用語」とは、例えば次に掲げるも
　のをいう。

　(イ)　その事実がないにもかかわらず、あたかもその事実があるかのように
　　見せかけた賞

　(ロ)　社会的な地位、責任のないものの授与した賞

　(ハ)　自己の付けた賞

　(ニ)　自己の取り扱う他の商品又は自己の行う他の事業で受けた賞であるに
　　もかかわらず、自己が製造した清酒についても、その賞を受けたもので
　　あるかのように誤認されるおそれのある表示

　(ホ)　官公庁御用達又はこれらに類する表示

　　(注)　なお、清酒の容器又は包装には、「金賞受賞蔵」、「金賞受賞杜氏」等
　　　の当該清酒が受賞した清酒であるかのような印象を与えるおそれのあ
　　　る表示はできないのであるから留意する。。

II　果実酒の製法品質表示基準

「果実酒の製法品質表示基準」は、酒類の製造場から移出する果実酒及び甘味果実酒、若しくは保税地域から引き取る果実酒及び甘味果実酒又は酒類の販売場から搬出する果実酒及び甘味果実酒に適用することとしています。

(1)　酒類の製造場は、酒類製造免許を受けた製造場のほか、酒税法第28条第6項（未納税移出）又は第28条の3第4項（未納税引取）の規定により酒類の製造免許を受けた製造場とみなされた場所が含まれます。

(2)　保税地域から引き取る果実酒及び甘味果実酒について、同法第28条の3第1項（未納税引取）又は第29条第1項（輸出免税）の規定の適用を受けるものを除きます。

〔告示〕果実酒等の製法品質表示基準を定める件

平成27年国税庁告示第18号

最終改正：令和元年6月国税庁告示第5号

酒税の保全及び酒類業組合等に関する法律（昭和28年法律第7号。以下「法」という。）第86条の6第1項の規定に基づき、果実酒等の製法品質に関する表示の基準を次のように定め、平成30年10月30日以後に酒類の製造場（酒税法（昭和28年法律第6号）第28条第6項又は第28条の3第4項の規定により酒類の製造免許を受けた製造場とみなされた場所を含む。）から移出し、若しくは保税地域から引き取る果実酒及び甘味果実酒（酒税法第28条の3第1項又は第29条第1項の規定の適用を受けるものを除く。）又は酒類の販売場から搬出する果実酒及び甘味果実酒に適用することとしたので、法第86条の6第2項の規定に基づき告示する。

果実酒等の製法品質表示基準

（定義）

1　次の各号に掲げる用語の定義は、当該各号に定めるところによる。

　(1)　「国内製造ワイン」とは、酒税法第3条第13号に規定する果実酒及び同条第14号に規定する甘味果実酒（以下「果実酒等」という。）のうち、国内で製造（同一の酒類の品目の果実酒等との混和を含む。以下同じ。）したもの（輸入ワインを除く。）をいう。

　(2)　「原材料」とは、酒税法第3条第13号及び第14号に掲げる原料並びに混和した果実酒等をいう。

　(3)　「日本ワイン」とは、国内製造ワインのうち、酒税法第3条第13号に掲げる果実酒（原料として水を使用したものを除く。）（同号ニに掲げる果実酒にあっては、別表に掲げる製法により製造したものに限る。）で、原料の果実として国内で収穫されたぶどうのみを使用したものをいう。

　(4)　「輸入ワイン」とは、保税地域（関税法（昭和29年法律第61号）第29条に規定する保税地域をいう。）から引き取る果実酒等（当該引取り後、詰め替えて販売するものを含む。）をいう。

（記載事項の表示）

2　次の各号に掲げる事項は、それぞれ当該各号に掲げるところにより、果実酒等の容器又は包装に表示するものとする。

(1)　日本ワイン

日本ワインには、「日本ワイン」と表示する。

(2)　原材料名

国内製造ワインには、次に掲げる原材料を使用量の多い順にそれぞれ次に掲げるところにより表示する。

イ　果実

果実（濃縮果汁を除く。以下この項において同じ。）の名称を表示する。

なお、3種類以上の果実を使用した場合は、使用量が上位3位以下の果実の名称を「その他果実」と表示することができる。

ロ　濃縮果汁

濃縮果汁を希釈したものは「濃縮還元〇〇果汁」と、濃縮果汁を希釈していないものは「濃縮〇〇果汁」と表示する。この場合において、「〇〇」については、果実の名称を記載するものとする。

なお、3種類以上の果実の濃縮果汁を使用した場合は、使用量が上位3位以下の果実の濃縮果汁の名称を「濃縮還元その他果汁」又は「濃縮その他果汁」と表示することができる。

ハ　輸入ワイン

「輸入ワイン」と表示する。

ニ　国内製造ワイン

使用した国内製造ワインの原材料を、原材料とみなしてイからハまでの規定により表示する。

(3)　原材料の原産地名

国内製造ワインには、前号イ及びロに掲げる原材料（同号ニの規定により同号イ及びロの原材料を表示する場合を含む。）の原産地名を「日本産」又は「外国産」と表示する。ただし、日本産の表示に代えて都道府県名その他の地名を、外国産の表示に代えて原産国名（関税法施行令（昭和29年政令第150号）第59条第1項に規定する輸入申告書に記載する原産地名をいう。以下同じ。）をそれぞれ表示することができる。

なお、同号ハの原材料（同号ニの規定により同号ハの原材料を表示する場合を含む。）として使用した輸入ワインの表示には、その原産国名を併せて表示することができる。

(4) 原産国名

輸入ワインには、当該輸入ワインの原産国名を表示する。

（特定の原材料を使用した旨の表示）

3 国内製造ワイン（原料の果実としてぶどう以外の果実を使用したものを除く。第5項から第7項までにおいて同じ。）には、前項のほか、次の各号に掲げる表示をその容器又は包装の主たる商標（商標法（昭和34年法律第127号）第2条第1項に規定する商標をいう。以下同じ。）を表示する側に行うものとする。

(1) 原材料に濃縮果汁を使用したもの（原料として水を使用したものに限る。）については、「濃縮果汁使用」など、濃縮果汁を使用したことが分かる表示

(2) 原材料に輸入ワインを使用したものについては、「輸入ワイン使用」など、輸入ワインを使用したことが分かる表示

（ぶどう以外の果実を使用した旨の表示）

4 原料の果実としてぶどう以外の果実を使用した国内製造ワインには、第2項のほか、その果実を使用したことが分かる表示をその容器又は包装の主たる商標を表示する側に行うものとする。

（地名の表示）

5 国内製造ワインに地名を表示する場合は、第2項第3号の規定による表示のほか、日本ワインに限り、次の各号に掲げる地名のみをその容器又は包装に表示できるものとする。

(1) 原料として使用したぶどうのうち、同一の収穫地で収穫されたものを85パーセント以上使用した場合の当該収穫地を含む地名（表示する地名が示す範囲に醸造地がない場合には、「○○産ぶどう使用」など、ぶどうの収穫地を含む地名であることが分かる方法により表示するものとする。この場合において、「○○」については、当該ぶどうの収穫地を含む地名を記載するものとする。）

(2) 醸造地を含む地名（醸造地を含む地名であることが分かる方法により表示を行

うとともに、別途、ぶどうの収穫地を含む地名ではないことが分かる表示を行うものとする。）

（ぶどうの品種名の表示）

6　国内製造ワインの原料として使用したぶどうの品種名については、次の各号に掲げるものであって、表示するぶどうの品種の使用量の合計が85パーセント以上を占める場合に限り、当該ぶどうの品種名をその容器又は包装に表示できるものとする。この場合において、第8項第1号に規定する別記様式以外への表示は、日本ワインに限り、表示できるものとする。

　⑴　使用量の最も多いぶどうの品種名

　⑵　使用量の多い上位2品種のぶどうの品種名（使用量の多い順に表示するものとする。）

　⑶　使用量の多い上位3品種以上のぶどうの品種名（それぞれに使用量の割合を併記し、かつ、使用量の多い順に表示するものとする。）

（ぶどうの収穫年の表示）

7　国内製造ワインの原料として使用したぶどうの収穫年については、表示する収穫年に収穫したぶどうの使用量が85パーセント以上を占める日本ワインに限り、その容器又は包装に表示できるものとする。

（表示の方式等）

8　第2項の規定により表示する事項及び法第86条の5の規定に基づき表示する酒類の品目、酒類製造業者の氏名又は名称、製造場の所在地、内容量、アルコール分等については、次に定めるところにより表示する。

　⑴　表示の方式

　　　別記様式により表示する。ただし、別記様式による表示と同等程度に分かりやすく一括して表示することとして差し支えない。

　⑵　表示に使用する文字

　　　表示（酒類の品目の表示を除く。）に使用する文字は、8ポイント（日本産業規格Z8305（1962）に規定するポイントをいう。以下同じ。）の活字以上の大きさの統一のとれた日本文字とする。ただし、容量200ミリリットル以下の

容器にあっては、6ポイントの活字以上の大きさとして差し支えない。

9　第3項の規定による表示に使用する文字は、10.5ポイントの活字以上の大きさ
の統一のとれた日本文字とする。ただし、容量360ミリリットル以下の容器に
あっては、7.5ポイントの活字以上の大きさとして差し支えない。

別記様式（第8項関係）

```
日本ワイン
品目
原材料名（原材料の原産地名）
製造者
内容量
アルコール分
原産国名
```

備考
1　日本ワインに該当する場合は、「日本ワイン」と表示する。
2　発泡性を有する果実酒等（アルコール分が10度未満のものに限る。）である場
　合は、酒類の品目に続けて発泡性を有する旨及び税率の適用区分を表す事項を表示
　する。
　　なお、酒類の品目は、容器又は包装の主たる商標を表示する側に表示した場合に
　は省略することができる。
3　原材料の原産地名は、原材料名の次に括弧を付して表示する。
4　酒類製造業者の氏名又は名称及び製造場の所在地等は、「製造者」等として表示
　する。なお、その記載に当たっては、食品表示法（平成25年法律第70号）の規
　定に従うものとする。
5　内容量は、酒類の品目とともに主たる商標を表示する側に表示した場合には省略
　することができる。
6　この様式は、縦書きとすることができる。
7　この様式に掲げる表示のほか、食品表示法その他法令により表示すべき事項及び
　消費者の選択に資する適切な表示事項を枠内に表示することができる。

8　この様式の枠を表示することが困難な場合には、枠を省略することができる。

9　「日本ワイン」の表示に続き表示する項目は、任意の順に表示することができる。

附則

　この告示の規定は、この告示の適用の日前に果実酒等を容器の容量分充てんした容器に対する表示又は当該容器の包装に対する表示については、適用しない。

別表（第1項第3号関係）

1　他の容器に移し替えることなく移出することを予定した容器内で発酵させた果実酒について、発酵後、当該容器にブランデー、糖類、香味料（国内で収穫されたぶどうの果汁又は当該ぶどうの濃縮果汁に限る。）又は日本ワインを加える製法

2　酒税法第3条第13号イからハまでに掲げる果実酒に、香味料（国内で収穫されたぶどうの果汁又は当該ぶどうの濃縮果汁に限る。）を加える製法（当該加える香味料に含有される糖類の重量が当該香味料を加えた後の果実酒の重量の100分の10を超えないものに限る。）

3　酒税法第3条第13号イからハまでに掲げる果実酒に糖類を加える製法

法令解釈通達

第86条の6　酒類の表示の基準

　3　果実酒等の製法品質表示基準の取扱い

　　　果実酒等の製法品質表示基準（平成27年10月国税庁告示第18号。以下この3において「表示基準」という。）の取扱いは、次による。

　　(1)　表示基準の意義

　　　　原料の果実としてぶどうのみを使用した果実酒が、国際貿易において主要な産品として取引されていることに鑑み、国内外における取引の円滑な運行に資する目的で国際的なルールを踏まえた表示の基準を定めるとともに、国内においては、様々な原料を用いた果実酒及び甘味果実酒（以下「果実酒等」という。）が生産されているため、消費者の商品選択に資する目的でこれらの表示を明確化することにより、表示の適正化を図るものである。

　　(2)　表示基準の対象となる果実酒等について

この表示基準は、法第28条第１項《未納税移出》の規定の適用を受けて酒類の製造場から移出する果実酒等についても適用されることに留意する。

　　なお、消費者に対して通常そのままの状態で引き渡すことを予定していない容器（例えば、タンクローリー）に充填した果実酒等への表示については、当該果実酒等の送り状、納品書、規格書その他当該果実酒等と合わせて譲渡される書類に表示することとして差し支えない。

(3)　用語の定義

　　イ　「地名」とは、行政区画（都道府県、市町村（地方自治法（昭和22年法律第67号）第281条に定める特別区を含む。以下この３において同じ。））、郡、区、市町村内の町又は字等の名称をいう。なお、社会通念上、特定の地域を指す名称（例えば、旧地名、山や川の名称等）を含むものとする。

　　ロ　「醸造地」とは、果実酒等の原料を発酵させた場所をいう。

　　ハ　「使用量」は原則として原材料の重量とする。なお、濃縮果汁の重量には希釈するために使用した水の重量も含むものとする。

　　ニ　「ぶどうの収穫年」は、当該ぶどうを収穫した日の属する暦年をいう。

(4)　「国内製造ワイン」について

　　イ　表示基準１の(1)に規定する「同一の酒類の品目の果実酒等との混和」とは、法第３条《その他の用語の定義》第13号に規定する果実酒と果実酒との混和及び同条第14号に規定する甘味果実酒と甘味果実酒との混和をいう。

　　ロ　輸出した国内製造ワインが日本に輸入され、保税地域から引き取ることとなったものについては、「輸入ワイン」に該当することに留意する。

(5)　「輸入ワイン」について

　　「輸入ワイン」については、次を除いて表示基準の適用がないことに留意する。

　　イ　表示基準２の(4)

　　ロ　表示基準８

(6)　「日本ワイン」について

　　イ　表示基準１の(3)に規定する「原料として水を使用したもの」には、濃縮果汁を希釈するため水を使用したもの又は法第３条第13号に掲げる酒類に水を加えたものを含むことに留意する。

　　ロ　表示基準１の(3)に規定する「国内で収穫されたぶどう」には、国内で収穫

されたぶどうの果汁、当該ぶどうの濃縮果汁、当該ぶどうを乾燥させたもの、当該ぶどうを煮詰めたもの又は当該ぶどうの搾りかすを含む。

ハ　表示基準2の(1)に規定する「日本ワイン」の表示は、日本ワインにのみ表示できることに留意する。

(7)　「原材料名」の表示について

イ　表示基準2の(2)に規定する「使用量の多い順」とは、果実、濃縮果汁及び輸入ワインの別にそれぞれの使用量の合計の多い順をいう。

また、果実及び濃縮果汁について複数の果実又は複数の果実の濃縮果汁を使用している場合には、複数の果実の名称をその使用量の多い順に表示する。なお、果実又は濃縮果汁の次に括弧を付して、複数の果実の名称を表示することとしても差し支えない。濃縮果汁を希釈して使用した場合も同様とする。

ロ　表示基準2の(2)ニの規定により、国内製造ワインの原材料を原材料とみなして表示する場合の使用量は、原則として、使用した当該国内製造ワインの重量に、当該国内製造ワインの原材料の重量比を乗じた量とする。

ただし、当該国内製造ワインの原材料の重量比が不明である場合に限り、表示基準2の(2)ニの規定に関わらず、原材料を「国内製造ワイン（○○）」と表示しても差し支えない。この場合において、「○○」については、当該国内製造ワインの原材料名を転記するものとする。

ハ　表示基準2の(2)で規定する以外の原材料は、同規定により表示する原材料に続けて表示することができる。

（注）　消費者の商品選択に資する観点から、表示基準2の(2)で規定する以外の原材料についても、可能な限りこれを表示することが望ましい。

(8)　表示基準2の(3)「原材料の原産地名」の表示について

イ　同一の原材料であって日本産及び外国産の両方を使用している場合には、使用量の多い順に「日本産・外国産」等と表示する。

ロ　原材料として使用した原産地の異なる果実等について、日本産の表示に代えて都道府県名その他の地名を表示する場合には、使用量の多い順に全ての都道府県名その他の地名を表示する。外国産の表示に代えて原産国名を表示する場合も同様とする。

ハ　外国産の表示に代えて原産国名を表示する場合には、原産国名に続けて当該原産国内の地名（例えば、「米国カリフォルニア産」等）を表示して差し

支えない。表示基準３において原産国名を表示する場合も同様とする。

(9) 表示基準３「特定の原材料を使用した旨の表示」について

イ　表示基準３の(1)に規定する「濃縮果汁を使用したことが分かる表示」とは、「濃縮果汁使用」のほか、外国産の濃縮果汁を使用している場合には、例えば次の表示をいう。

　　〔表示例〕

　　　・　輸入濃縮果汁使用
　　　・　輸入果汁使用
　　　・　○○（原産国名）産果汁使用

　　(注)　原材料に濃縮果汁が含まれる国内製造ワインを国内製造ワインに混和した場合についても適用されることに留意する。

ロ　表示基準３の(2)に規定する「輸入ワインを使用したことが分かる表示」とは、「輸入ワイン使用」のほか、例えば次の表示をいう。

　　〔表示例〕

　　　・　輸入果実酒使用
　　　・　○○（原産国名）産ワイン使用

　　(注)　原材料に輸入ワインが含まれる国内製造ワインを国内製造ワインに混和した場合についても適用されることに留意する。

ハ　濃縮果汁及び輸入ワインの両方を使用した場合については、例えば次のように使用量の多い順に濃縮果汁及び輸入ワインの両方を使用したことが分かる表示をする。

　　〔表示例〕

　　　・　濃縮果汁・輸入ワイン使用
　　　・　輸入果汁・輸入ワイン使用
　　　・　○○（原産国名）産果汁・○○（原産国名）産ワイン使用

(10) 表示基準４「ぶどう以外の果実を使用した旨の表示」について

　　「その果実を使用したことが分かる表示」とは、その果実の呼称として一般的に使用されている名称の表示のほか、例えば次の表示をいう。

イ　当該果実の絵又は写真

ロ　当該果実の品種名

ハ　シードル等ぶどう以外の果実を原料とする酒類の名称

⑾　表示基準5「地名の表示」について

イ　地名と同一である又は地名を含む会社名、人名、組織名又は個人事業者等の商号（法令等により明確である名称に限る。）の表示であって、次に掲げる方法により表示している場合については、表示基準5に規定する地名として取扱わないこととする。

　　㈠　会社名、組織名又は個人事業者等の商号について、「株式会社」、「㈱」、「商号」等の表示を併せて行うなど、会社名等として消費者が容易に判別できる方法により表示している場合

　　㈡　人名について氏名を併せて表示するなど、人名として消費者が容易に判別できる方法により表示している場合（例えば、「長野太郎」等）

ロ　表示基準5に規定する地名の表示には、原則として建物名、施設名等を構成する文字の一部として表示する地名も含まれるものとする。ただし、当該建物名、施設名等の名称が固有名詞として一般に流布しており、ぶどうの収穫地又は醸造地であると消費者が混同しない表示は、この限りでない。

　　㈲　消費者が混同する表示とは、「○○（地名）ワイナリー」、「○○（地名）ヴィンヤード」、「○○（地名を含む建物名等）ワイン」等をいう。

ハ　表示する地名が一の都道府県内の地域を示すもの又は都道府県を跨ぐ地域を示すものであって、当該地域を含む市町村内に醸造地がある場合又は当該地域を含む市町村に隣接した市町村（表示する地名が含まれる都道府県内の市町村に限る。）に醸造地がある場合は「表示する地名が示す範囲に醸造地がない場合」に該当しないものとして取り扱う。

ニ　「ぶどうの収穫地を含む地名であることが分かる方法」とは、次に掲げる全ての事項を満たす表示方法をいう。

　　㈠　次に掲げるいずれかの方法により地名を表示していること

　　　A　表示する地名に当該収穫地のぶどうを原料として使用した旨を併せて表示する方法

　　　　例：「○○産ぶどう使用」

　　　B　表示する地名に当該収穫地のぶどうの使用割合を併せて表示する方法

　　　　例：「○○産ぶどう100%使用」

　　　C　表示する地名にぶどうの品種名を併せて表示する方法（当該収穫地で収穫された単一品種のぶどうを85%以上使用した場合に限る。）

例：「○○シャルドネ」

　　　　㈿　表示基準２の⑶に規定するぶどうの原産地の表示について、「日本産」
　　　　　　に代えて当該表示する地名を表示していること

　　　　㈪　別記様式に醸造地を表示していること

　　ホ　「醸造地を含む地名であることが分かる方法」とは、次に掲げる表示方法
　　　　をいう。

　　　　㈾　表示する地名に「醸造」の文字を併せて表示する方法
　　　　　　　例：「○○醸造ワイン」、「○○醸造」

　　　　㈿　表示する地名に、当該醸造地で醸造した旨を併せて表示する方法
　　　　　　　例：「○○で造ったワイン」

　　ヘ　「ぶどうの収穫地を含む地名ではないことが分かる表示」とは、次に掲げ
　　　　る表示をいう。

　　　　㈾　表示基準５の⑴の規定により地名を表示できる場合のニによる表示

　　　　㈿　原料として使用したぶどうの収穫地ではないことの表示
　　　　　　　例：「○○は原料として使用したぶどうの収穫地ではありません」、
　　　　　　　「○○で収穫した以外のぶどうも○割使用しています」

　　ト　地名を含む果実酒等の商標（登録商標（商標法（昭和34年法律第127
　　　　号）第２条第５項に規定する登録商標をいう。）を含む。）を表示する場合に
　　　　ついても、地名として表示基準の規定に沿って表示しなければならないこと
　　　　に留意する。

⑿　表示基準６「ぶどうの品種名の表示」について

　　イ　表示基準６の⑴及び⑵の規定により表示するぶどうの品種名については、
　　　　その使用量の割合を併記して差し支えない。

　　ロ　表示基準６の⑶の規定により表示するぶどうの品種名については、その表
　　　　示する品種の使用量の割合の合計が85％以上となるまで表示する必要があ
　　　　ることに留意する。

　　ハ　別記様式へのぶどうの品種名の表示については、濃縮果汁としたぶどうの
　　　　品種名のほか、原材料として使用した国内製造ワイン又は輸入ワインの原料
　　　　となったぶどうの品種名も表示して差し支えない。

⒀　表示基準８「表示の方式等」について

　　　組合法第86条の５《酒類の品目等の表示義務》の規定により表示する項目

については、当該規定に従って表示が必要とされるものであり、表示基準では
その表示の方式等についてのみ規定しているものであることに留意する。

⒁　「別記様式」について

　　イ　別記様式以外に「日本ワイン」と表示した場合であっても、別記様式への
　　　表示は省略できないことに留意する。

　　ロ　備考７に規定する「消費者の選択に資する適切な表示事項」には、表示基
　　　準５から７までに規定する表示事項も含まれることに留意する。

○ 果実酒等の製法品質表示基準について（ワインのラベル表示のルール）

平成28年2月　税務署

　平成27年10月30日に酒税の保全及び酒類業組合等に関する法律第86条の6第1項の規定に基づく「果実酒等の製法品質表示基準」（平成27年国税庁告示第18号。以下「表示基準」といいます。）を定めました。この表示基準は、国が定める初めてのワインのラベル表示のルールとなります。

　酒類販売業者及び酒類販売管理者の皆様におかれましては、表示基準の目的や内容についてご理解いただき、表示基準の適用開始後※はその趣旨を踏まえて、<u>消費者の誤認を招くような表示をしないようご協力をお願いいたします。</u>

※　<u>表示基準の適用開始の日は平成30年10月30日</u>です。ただし、適用開始以前にも表示基準に則ったワインが流通することがあります。

1　表示基準の概要

(1)　表示基準制定の目的

　従来、一般的に「国産ワイン」と呼ばれていたものには、国産ぶどうのみを原料とした「日本ワイン」のほか、輸入濃縮果汁や輸入ワインを原料としたものも混在し、「日本ワイン」とそれ以外のワインの違いがラベル表示だけでは分かりにくいという問題が存在していました。そのため、消費者の方が適切に商品選択を行えるよう、表示を分かりやすくすることなどを目的として、表示基準を定めました。

(2)　日本ワイン・国内製造ワイン・輸入ワインの区分

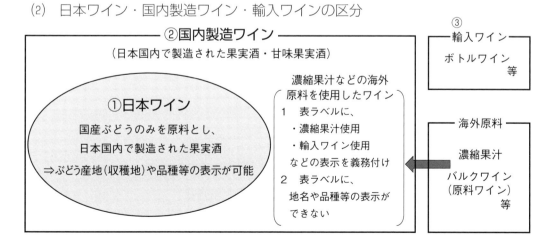

① 「日本ワイン」：国産ぶどうのみを原料とし、日本国内で製造された果実酒をいいます。

② 「国内製造ワイン」：日本ワインを含む、日本国内で製造された果実酒及び甘味果実酒をいいます。

③ 「輸入ワイン」：海外から輸入された果実酒及び甘味果実酒をいいます。

2 ラベル表示事項

(1) 日本ワインの表示事項

○ 日本ワインに限り、商品名を表示する側のラベル（表ラベル）に①「日本ワイン」という表示ができるほか、次のルールにより、そのラベルに②地名、③ぶどうの品種名、④ぶどうの収穫年を表示できます。

地名を表示できる場合

□ ワインの産地名（「東京ワイン」、「東京」等）の表示

⇒ 地名が示す範囲内にぶどう収穫地（85%以上使用）と醸造地がある場合

□ ぶどうの収穫地名（「東京産ぶどう使用」等）の表示

⇒ 地名が示す範囲内にぶどう収穫地（85%以上使用）がある場合

□ 醸造地名（「東京醸造ワイン」等）の表示

⇒ 地名が示す範囲に醸造地がある場合（併せて「東京は原料として使用したぶどうの収穫地ではありません」等の表示が必要）

ぶどうの品種名を表示できる場合

□ 単一品種の表示

⇒ 単一品種を85%以上使用した場合

□ 二品種の表示

⇒ 二品種合計で85%以上使用し、量の多い順に表示する場合

□ 三品種以上の表示

⇒ 表示する品種を合計85%以上使用し、それぞれの品種の使用量の割合と併せて、使用量の多い順に表示する場合

ぶどうの収穫年を表示できる場合

⇒ 同一収穫年のぶどうを85%以上使用した場合

日本ワインの表ラベル表示例

【ワインの産地名が表示できる場合】

①日本ワイン

②東京ワイン

③シャルドネ

④2016

東京都で収穫したぶどうを85%以上
使用して、東京都で醸造したワイン

【ぶどうの収穫地名が表示できる場合】

①日本ワイン

②東京産ぶどう使用

③シャルドネ

④2016

東京都で収穫したぶどうを85%以上
使用したワイン

【醸造地名が表示できる場合】

①日本ワイン

②東京醸造ワイン

東京は原料として使用した
ぶどうの収穫地ではありません。

④2016

東京都以外で収穫されたぶどうを
使用して、東京都で醸造したワイン

○ 記載が必要な事項をまとめて表示した欄を「一括表示欄」といいます。

○ 日本ワインの一括表示欄には「日本ワイン」と表示されるほか、原材料名及びその原産地名が表示されます。

日本ワインの一括表示欄表示例

> 日本ワイン
> 品目　果実酒
> 原材料名　ぶどう（日本産）※
> 　　　　　　　/酸化防止剤（亜硫酸塩）
> 製造者　国税株式会社
> 　　　　東京都千代田区霞が関３－１－１
> 内容量　720ml
> アルコール分　12%

※ 「日本産」に代えて地域名（「東京都産」等）を表示することもできます。

(2) 国内製造ワインの表示事項

○ 濃縮果汁又は輸入ワインを原料としたワインの表ラベルには、その旨が表示されます。

○ 国内製造ワインの一括表示欄には、原材料名及びその原産地名が表示されます。

日本ワイン以外の国内製造ワインの表ラベル表示例	日本ワイン以外の国内製造ワインの一括表示欄表示例
 まろやかワイン 輸入ワイン・濃縮果汁使用	品目　果実酒 原材料名　輸入ワイン(外国産)、 　　　　　濃縮還元ぶどう果汁(外国産)、 　　　　　ぶどう(日本産)※1、※2 　　　　　/酸化防止剤（亜硫酸塩） 製造者　国税株式会社 　　　　東京都千代田区霞が関3－1－1 内容量　720ml アルコール分　12%

※1　原材料として使用した果実（ぶどう）、濃縮果汁（濃縮還元ぶどう果汁）、輸入ワインが使用量の多い順に表示されます。

※2　「日本産」に代えて地域名（「東京都産」等）、「外国産」に代えて原産国名を表示することもできます。

(3)　輸入ワインの表示事項

　　○　輸入ワインの一括表示欄には原産国名が表示されます。

　　　⒤　輸入ワインの表ラベルに関する表示事項の規定はありません。

輸入ワインの一括表示欄表示例

品目　果実酒

輸入者　国税株式会社

所在地・引取先　東京都千代田区霞が関3－1－1

内容量　750ml

アルコール分　12%

原産国名　○○

（参考）消費者の誤認を招かないような売場の表示（イメージ）

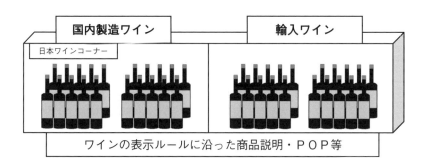

国内製造ワイン　　　輸入ワイン

日本ワインコーナー

ワインの表示ルールに沿った商品説明・ＰＯＰ等

　酒類販売業者及び酒類販売管理者の皆様におかれましても、表示基準の適用開始（平成30年10月30日）後は、消費者の方が適切に商品選択を行えるようにするという表示ルールの趣旨を踏まえ、売場における商品説明やＰＯＰ等について消費者の誤認を招くような表示をしないようご協力をお願いいたします。

平成28年6月初版・最終改正平成30年4月　国税庁

本Q＆Aにおいては、以下の略称を使用しています。

表示基準	果実酒等の製法品質表示基準（平成27年10月国税庁第18号）
通達	酒税法及び酒類行政関係法令等解釈通達（平成11年6月25日課酒1－36）第8編第1章第86条の6関係3《果実酒等の製法品質表示基準の取扱い》
組合法	酒税の保全及び酒類業組合等に関する法律（昭和28年法律第7号）
一括表示欄	表示基準で定める別記様式
食品関連事業者	食品表示基準（平成27年内閣府令第10号）第3条で定める食品関連事業者

【定義（第1項関係）】

問1－1

酵母の水戻し、製造工程中に加える物品等の溶解・分散等のために水を使用した場合、日本ワインから除かれる「原料として水を使用したもの」に該当しますか。

答　酵母の水戻し、製造工程中に加える物品等の溶解・分散等のため必要最小限の水を使用したものは、その酵母や加える物品として取り扱います。したがって、日本ワインから除く「原料として水を使用したもの」には該当しません。

（表示基準1－(3)、通達(6)－イ）

問1－2

日本ワインをカーボネーション（炭酸ガスを混和）したスパークリングワインは、日本ワインに該当しますか。

答　酒税法上、炭酸ガスの混和は製造行為に該当しますが、酒類に炭酸ガスの混和をした酒類の品目は、混和前の酒類の品目とすることとされています。

日本ワインは酒税法の果実酒の定義を基本にしていることから、ご質問のスパークリングワインは、日本ワインとして取り扱います。

（酒税法3十三・43②、表示基準第1－(3)）

問1-3

輸入したワインを国内でカーボネーション（炭酸ガスを混和）したスパークリングワインは、輸入ワインに該当しますか。

答 国内での炭酸ガスの混和は、酒税法の製造行為に該当します。したがって、ご質問のスパークリングワインは、輸入ワインを原料とした国内製造ワインに該当します。

　ただし、微量の炭酸ガスを含むワインを輸入したもので、輸送途中に減少した分を国内で補充（添加）したものは、輸入ワインとして取り扱います。

　（酒税法第43①、表示基準1-(1)・(4)、通達第2編第3条（共通事項）7〈酒類の原料として取扱わない物品〉(2)-ヘ）

問1-4

輸入したワインに輸出時の亜硫酸濃度と同程度まで亜硫酸を添加したワインは、輸入ワインに該当しますか。

答 酒類の保存のために亜硫酸を添加することは、酒税法上の製造とみなさないものとされています。したがって、ご質問のワインは輸入ワインに該当します。

　（酒税法43、酒税法施行規則13⑧、表示基準1-(4)）

問1-5

オークチップを使用したワインは日本ワインに該当しますか。

答 酒税法第3条第13号ホにおいて、同号イからニに掲げる果実酒にオークチップを浸してその成分を浸出させた酒類は果実酒とされています。

　表示基準では、国内製造ワインのうち、酒税法第3条第13号に掲げる果実酒で、原料の果実として国内で収穫されたぶどうのみを使用したものを「日本ワイン」と規定していますので、日本ワインにオークチップを使用した果実酒は日本ワインに該当します。

　なお、酒税法第3条第13号ニに掲げる果実酒にオークチップを使用する場合は、使用する前の果実酒が別表に掲げる製法により製造したもの（日本ワインに該当するもの）でなければ、日本ワインに該当しません。

《参考》オークチップは、表示基準で原材料名の表示が義務付けられている原材料

（果実、濃縮果汁、輸入ワイン及び国内製造ワイン）ではありませんので、一括表示欄に原材料名として表示する必要はありませんが、これらの原材料に続けて表示することができます。

㊟　ワインに樽香味を付与する目的で添加し、最終製品からは除去されるオークチップは、そのもの自体を食さない食品素材に該当するため、添加物ではありませんので、食品表示基準に基づく添加物としての表示は不要です。

（酒税法３十三、酒税法施行令７④、表示基準１－(3)・２－(2)、別表、通達(7)－ハ）

【記載事項の表示（第２項関係）】

問２－１

日本ワインには、必ず「日本ワイン」と表示しなければなりませんか。

答　日本ワインには、一括表示欄に８ポイント（容量200㎖以下の容器の場合は６ポイント）の活字以上の大きさで「日本ワイン」と表示しなければなりません。

一括表示欄以外への「日本ワイン」の表示についての規定は設けていませんが、消費者の商品選択に資する観点からは、主たる商標を表示する面にも「日本ワイン」の表示を行っていただくことが望ましいと考えています。

なお、一括表示欄以外の場所に「日本ワイン」の表示をした場合であっても、一括表示欄には「日本ワイン」の表示が必要になります。

（表示基準２－(1)・８、別記様式備考１、通達(6)－ハ・(14)－イ）

問２－２

日本ワインを英語で表示できますか。

答　日本ワインは、一括表示欄に日本語で「日本ワイン」と表示しなければなりませんが、一括表示欄以外は日本語に限定していません。したがって、一括表示欄以外に英語で表示することができます。

なお、国税庁では日本ワインを英語表記する場合、「Japan Wine」としています。

《参考》　国税庁レポート2017（英語版）「Column 9 Recent trends in Japanese liquors」

（http://www.nta.go.jp/foreign_language/Report_pdf/2017e_08.pdf）

（表示基準２−(1)、別記様式備考１、通達(6)−ハ・(14)−イ）

問2−3

原材料名の表示順は、必ず重量で判断しなくてはいけないのですか。

答　原材料名の表示順は、原則として使用した原材料の重量順としています。食品全般の表示方法を定めている食品表示基準においても、原材料については、原材料に占める重量の割合の高い順に表示することとされています。

　一方、酒類は液体であり、例えば、国内製造ワインと輸入ワインを混和した場合など、それぞれの原材料の重量を算出することが困難な場合には、重量に代えて、容量の順により表示しても差し支えありません。

（表示基準第２−(2)、通達(3)−ハ・(7)、食品表示基準３）

問2−4

濃縮ぶどう果汁で製造した国内製造ワインと輸入ワインをブレンドして製造した国内製造ワインの原材料表示はどのようにしたらよいでしょうか。

答　例えば、輸入した濃縮ぶどう果汁を水で希釈したものを原材料として国内で製造したワイン（国内製造ワイン）に、輸入ワインをブレンドして新たに国内製造ワインを製造した場合、一括表示欄の原材料表示として、ブレンドに使用した国内製造ワインの原材料である「濃縮還元ぶどう果汁（外国産）」と「輸入ワイン」を表示することとなります。

　〈表示例〉

　　・原材料名　濃縮還元ぶどう果汁（外国産）、輸入ワイン

　この例では、濃縮還元果汁を希釈するために使用した水の量も含めた重量と、輸入ワインの重量により表示順を決めることとなりますが、国内製造ワインの原材料と輸入ワインのそれぞれの重量を算出することが困難な場合には、重量に代えて、混和割合（容量比）による表示順としても差し支えありません。

（表示基準２−(2)ロ・ニ、通達(3)−ハ・(7)−イ・ロ）

問2-5

原材料に使用した国内製造ワインの原材料の重量比が不明である場合、原材料表示はどのようにしたらよいでしょうか。

答 他の酒類製造業者から酒類の原料とするために国内製造ワインを未納税移入した場合など、原材料に使用した国内製造ワインの原材料の重量比が不明である場合には、原材料として「国内製造ワイン」と表示し、併せて当該国内製造ワインの原材料を転記することとしています。

例えば、国内製造ワイン（外国産の濃縮還元ぶどう果汁を原材料とした国内製造ワインと輸入ワインをブレンドして製造したもの。原材料の重量比不明）と輸入ワインをブレンドして製造した場合など、その原材料とした国内製造ワインの重量比が不明である場合については、「国内製造ワイン（濃縮還元ぶどう果汁（外国産）、輸入ワイン）」といった表示を行うこととなります。

〈表示例〉

・原材料名　国内製造ワイン（濃縮還元ぶどう果汁（外国産）、輸入ワイン）、輸入ワイン

なお、ワインの原材料が不明という事態が生じないよう、他の酒類製造業者へ未納税移出する酒類についても、表示基準の対象となることに留意してください。この場合、消費者に対して通常そのままの状態で引き渡すことを予定していない容器（例えば、タンクローリー等）に充塡した果実酒等への表示については、当該果実酒等の送り状、納品書、規格書その他当該果実酒等と合わせて譲渡される書類に行うこととなります。

（表示基準前文・2-(2)ニ、通達(2)・(7)-ロ）

問2-6

表示基準に規定された原材料（果実、濃縮果汁、輸入ワイン）以外の原材料は表示しなくてもよいですか。

答 表示基準に規定された原材料以外でも、食品表示法その他の法令によって表示が義務付けられている物品を原材料とした場合については、表示する必要があります。

例えば、食品表示法で表示が義務付けられている添加物（酸化防止剤（亜硫酸

84

塩）等）を使用した場合は、これを表示する必要があります。

　また、消費者の商品選択に資する観点からは、表示基準やその他の法令で義務付けられている以外の原材料についても、可能な限り表示することが望ましいと考えます。

　なお、添加物の表示については、食品表示基準別記様式１の表示方法に従って、一括表示欄に事項欄を設けずに、原材料名の欄に原材料名と明確に区分して表示することができます。

　〈表示例〉・原材料名　ぶどう（日本産）／酸化防止剤（亜硫酸塩）

　（表示基準第２－(2)、別記様式備考７、通達(7)－ハ、酒税法３十三、食品表示法４一、食品表示基準３、別記様式１備考２）

【特定の原材料を使用した旨の表示（第３項関係）】

問３－１

　なぜ、主たる商標を表示する側に「特定の原材料を使用した旨の表示」を行う必要があるのですか。

答　店頭に陳列されたワインについて、消費者が日本ワインと他の国内製造ワインとを容易に区別ができるよう、一般的に正面側を向いて陳列が行われる主たる商標が表示されている側に当該表示を行うこととしたものです。

　（表示基準３、通達(9)）

問３－２

　国内で製造された濃縮ぶどう果汁を原材料とした国内製造ワインでも、「濃縮果汁使用」などの表示をしなければなりませんか。

答　濃縮果汁が国産か外国産かに関わらず表示する必要があります。

　なお、表示基準第３項の「特定の原材料を使用した旨の表示」として容器等の主たる商標を表示する側に濃縮果汁を使用したことが分かる表示を行う必要があるのは、原料として水を使用した場合に限りますので、例えば、濃縮果汁を水で希釈せず、濃縮果汁のまま添加する場合は、当該表示を行う必要はありません。

　（表示基準３－(1)）

　　容器等の主たる商標を表示する側に一括表示欄を表示し、当該一括表示欄の原材料名の表示として、10.5ポイント（360㎖以下の容器の場合は7.5ポイント）の活字以上の大きさで「濃縮還元ぶどう果汁」と表示していますが、これとは別個に、「特定の原材料を使用した旨の表示」として「濃縮果汁使用」などの濃縮果汁を使用したことが分かる表示を行う必要がありますか。

答　　主たる商標を表示する側であって、陳列された際にその面が消費者から見える位置に一括表示欄を設け、「特定の原材料を使用した旨の表示」として「濃縮果汁使用」などの濃縮果汁を使用したことが分かる表示が行われている場合には、一括表示欄と別個に表示基準第3項1号の「濃縮果汁を使用したことが分かる表示」を行う必要はありません。

　　（表示基準3－⑴）

【ぶどう以外の果実を使用した旨の表示（第4項関係）】

　　いわゆるフルーツワインについても、主たる商標を表示する側に「濃縮果汁使用」などの表示を行う必要がありますか。

答　　いわゆるフルーツワインについては、何の果実を使用しているかが消費者にとって最も重要な情報であるため、主たる商標を表示する側にぶどう以外の原料果実の名称などを表示することとしています。そのため、日本ワインとその他の国内製造ワインとを容易に区別できることを目的とする「特定の原材料を使用した旨の表示」の表示を行う必要はありません。

　　なお、いわゆるフルーツワインについては、表示基準第5項から第7項に定める地名、ぶどうの品種名及びぶどうの収穫年の表示に関する規定の適用もありません。

　　（表示基準4）

　ぶどうを99％、レモンを１％使用したワインを製造しています。ぶどう以外の果実を１％しか使用していなくてもぶどう以外の果実を使用した旨の表示を行う必要がありますか。

答　ぶどう以外の果実を使用した場合には、使用量にかかわらず、ぶどう以外の果実を使用したことを主たる商標を表示する側に表示する必要があります。

　なお、ぶどう以外に複数の果実を使用した場合には、例えば、商品の特性に影響の大きいぶどう以外の果実を表示すれば、その他の果実を表示する必要はありません。

　（表示基準４、通達(10)）

【地名の表示（第５項関係）－総則】

　地名の表示が日本ワインに限られているのはなぜですか。

答　ワインのラベルに表示される地名は消費者が商品を選択する上で重要な判断要素となります。現在、①欧州、米国、チリ等の海外から輸入したワイン、②海外から輸入された濃縮果汁や輸入ワインを原料として国内で製造されたワイン、③日本国内で生産されたぶどうを原料として製造されたワインの３種類が流通しています。

　現状では、②も③にも、ラベルに国内の地名が表示されていることがあり、②については、日本で生産されたぶどうを使用したワインであると誤認するおそれがあります。

　ワインの品質に最も影響を与えるのは原料のぶどうであると考えられています。ぶどうは栽培された地域の気象・土壌・地勢等の条件によって大きく左右されますので、どこで収穫されたぶどうであるかが重要視されます。古くからワインを製造している欧州などの海外諸国では、ワインとは新鮮なぶどうのみから造られるものとされており、ラベルに表示できるぶどうの収穫地の地名もその土地で収穫されたぶどうを一定量以上使用していないと表示できないこととされています。

　日本ワインの品質が海外においても評価されてきておりますが、ワインの表示に関する公的なルールがない状況では、日本においてはどのような原料を使用しても

地名を名乗ることができ、ぶどうの収穫地ではない地名でもラベル表示を行えるのかと誤解され、日本ワインに対する信用を失ってしまうことになります。

　このような状況を踏まえ、消費者の商品選択に資する観点から、国際的なルールとの整合性等を考慮して表示基準を制定しました。表示基準では、国内で製造されたワインのうち、原料の果実として国内で収穫されたぶどうのみを使用したものを日本ワインとして定義し、日本ワインに限り地名を表示することができることとしました。

　なお、国内では、契約栽培等によりワインの醸造地とは離れた場所で収穫されたぶどうを使用する場合が多く見られます。このような国内のワイナリーの状況についても考慮し、ぶどうの収穫地に加え、ワインの醸造地の地名も表示できることとしています。

問5（総則－2）

　日本ワイン以外のワインの地名（ぶどうの収穫地）の表示ルールを教えてください。

答　日本ワイン以外の国内製造ワインについては、表示基準第2項3号の「原材料の原産地名」として、一括表示欄の原材料名の次に括弧を付して地名（ぶどうの収穫地）を表示することができますが、それ以外の地名は表示できないこととしています。

　輸入ワインについては、表示基準第2項4号の「原産国名」を一括表示欄に表示する必要があります。

　（表示基準2－(3)・3・5、通達(5)・(8)－ロ・(8)－ハ）

問5（総則－3）

　日本ワインに表示する地名として、都道府県よりも広い、「東北」や「九州」等の地名は表示することができますか。

答　「地名」には、社会通念上、特定の地域を指す名称が含まれますので、「東北」や「九州」等の地名を表示することができます。

　（表示基準5、通達(3)－イ）

　当社では、ぶどう品種「甲州」を100%使用した日本ワインを製造しています。このぶどうは甲州市で収穫されたものではなく、醸造地も甲州市ではありませんが、ぶどうの品種名として「甲州」を表示することができますか。

答　「甲州」や「甲斐ノワール」等、ぶどうの品種名と地名が同一又はぶどうの品種名に地名が含まれている場合がありますが、これらは、ぶどうの品種名として表示基準第6項に従って表示することができます。

　（表示基準5・6）

　当社では「○○ワイン」という商標のワインを販売しています。他県に○○と読む地名が存在しますが、当社の○○は表示することができますか。

答　表示基準は、日本ワインへのぶどうの収穫地やワインの醸造地の表示を規定するものですが、偶然ぶどうの収穫地やワインの醸造地と同一の漢字又は同一の読み方をする場合においてまで、それを地名として取り扱うものではありませんので、表示することができます。

　例えばスパークリングワインのラベルに「ＡＷＡ」と表示されているものは、発泡性を意味する「泡」を表しており、地名として「阿波」を表示しているものではないため表示することができます。

　なお、「ＡＷＡ」のように明確に判別できるもの以外にあっては、ラベルに表示されている名称が地名以外の意味を持つ名称であることを消費者に対して説明できるようにする必要があります。この場合、そのワインのラベルに「○○は□□を表しています。」などと表示する方法があります。

　（表示基準5、通達(11)）

　ワインのびん詰場所の地名を表示することができますか。

答　国内製造ワインに地名を表示する場合は、一括表示欄への原材料の原産地名の表示のほか、日本ワインに限り、ぶどうの収穫地又は醸造地の地名を表示できること

としています。びん詰場所はこれらに該当しませんので、表示することができません。

　なお、食品表示基準により一括表示欄に「加工所」として表示する義務のあるびん詰場所については地名に該当しないこととして取り扱います。

　（表示基準５－(1)）

問５（総則－７）
　地名を含む商品名等を商標登録しています。このワインが日本ワインでない場合又は地名の表示ルールに適合しない場合でも、この商標は表示することができますか。

答　表示基準は「国内外における取引の円滑な運行に資する目的」及び「消費者の商品選択に資する目的」という公益性の観点から規定しています。

　表示基準によって、個別の商標権の権利に何らかの変動を与えるものではありませんが、その行使（ラベルへの表示）に当たっては、当該表示基準により、公益性から求められる一定の制限に従っていただく必要があるため、当該基準の範囲内でのみ商標権の行使が可能と考えます。

　したがって、商標登録された商品名等であっても、地名を含むものについては、日本ワインではない場合又は表示基準第５項の地名の表示ルールに適合しない場合には、表示することができません。

　（表示基準５、通達(1)・(11)－ト）

【地名の表示（第５項関係）－会社名、人名等】

問５（会社名－１）
　地名を含む会社名を表示する場合、併せて表示する「㈱」等の表示を、会社名よりも小さい表示としても構いませんか。

答　地名を含む会社名を表示する場合については、会社名として消費者が容易に判別できる方法により表示する必要があります。併せて表示する「㈱」等の表示が、会社名の表示と比べて小さい文字、薄い色、見にくい色、異なる字体等で表示されている、または、「㈱」等の表示と会社名が離れた位置に表示されているなど一体的に表示されていない場合には、消費者が容易に判別できる方法により表示されているとはいえません。

したがって、原則として、「㈱」等の表示は会社名と同程度の大きさ、色調等で会社名と一体的に表示する必要があります。

なお、英語で表示された地名を含む会社名に併せて「Co.,Ltd.」などの表示がなされている場合には、会社名が表示されているものとして取り扱います。

（表示基準第5、通達(11)－イ－(イ)）

問5（会社名－2）

ロゴマークに地名を含む会社名を表示しています。このようなロゴマークは表示することができますか。

答 ロゴマークの中に表示されている地名がぶどうの収穫地等と誤認されるおそれがありますが、ロゴマークとして会社名を表示しているものであり、かつ、ロゴマークと同一面に会社名が表示されている場合には、会社名として消費者が容易に判別できるため、地名として取り扱うものではありませんので、表示することができます。

（表示基準5、通達(11)－イ－(イ)）

問5（人名－1）

ワインのラベルに人名（例：長野太郎）の一部をつけた「キュベ長野」と表示することができますか。

答 人名を表示する場合は氏名を併せて表示するなど、人名として消費者が容易に判別できる方法により表示する必要があります。

ご質問の「キュベ」という言葉には様々な意味があります。元は発酵容器を意味する「キューヴ」に由来し、そこから特別なロット又はブレンドという意味があります。この特別な選別を行う醸造責任者の人名と併せて「キュベ長野」と表示されることがあります。

ご質問の例では、ラベルに「醸造責任者：長野太郎」と氏名が記載されているなど、人名として消費者が容易に判別できる方法がなされていれば、表示することができます。

（表示基準5、通達(11)－イ－(ロ)）

【地名の表示（第５項関係）－建物名、施設名等】

問5（建物名等－1）

　プライベートブランドの商品を受託製造しています。委託者の名称や委託者が運営する施設の名称に地名が含まれる場合（例：○○（地名）ゴルフ場、○○観光ホテルなど）にこれらの名称をラベルに表示することができますか。

答　国内では、観光地における土産品にその土地の地名を表示したワインやランドマークとなる建物名や施設名を表示したワインが多く流通しています。しかし、これらのワインの中には輸入ワイン（原料として製造したものを含む。）に国内の観光地の地名を表示しているもの、輸入濃縮果汁を国内で醸造した国内製造ワインに地名を冠した建物名等を表示しているものなどがあります。

　　プライベートブランドのラベルについても、そのラベルに表示される建物名や施設名に地名が含まれている場合は、原則として、その地名を示す範囲内にぶどうの収穫地及びワインの醸造地がないことが広く一般に知られていない限り、地名が含まれる建物名や施設名を表示することはできません。

　　（表示基準5、通達(11)－ロ）

【地名の表示（第５項関係）－収穫地、醸造地】

問5（収穫地等－1）

　ラベルに表示した都道府県の名称について、当該都道府県内の別々の市町村にそれぞれぶどうの収穫地と醸造地がある場合でも、その地名が示す範囲に醸造地があるといえますか。

答　表示するぶどうの収穫地が都道府県の名称であれば、その都道府県内の別の市町村に醸造地がある場合であっても、その地名が示す範囲に醸造地があることとなります。

　　なお、ぶどうの収穫地として市町村など都道府県より小さい地域の名称を表示する場合は、その市町村などの地域内に醸造地がある場合のほか、同一都道府県内の隣接した市町村に醸造地がある場合にも、表示する地名が示す範囲に醸造地があるものと取り扱います。

　　（表示基準5、通達(11)－ハ）

「表示する地名が示す範囲に醸造地がない場合」に該当しない場合を、具体的に教えて下さい。

答 「表示する地名が示す範囲に醸造地がない場合」に該当しない場合を図で示すと、次のようになります（○：該当しない場合。×：該当する場合）。

【事例1：地名としてB市を表示する場合】

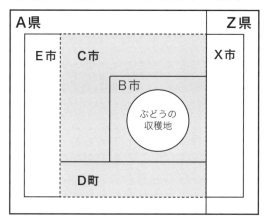

○ A県B市、C市又はD町に醸造地がある場合
× A県E市に醸造地がある場合……A県B市に隣接していないため
× Z県X市に醸造地がある場合……A県B市に隣接しているが、県が異なるため

【事例2：地名として複数の県を跨ぐB地域を表示する場合】

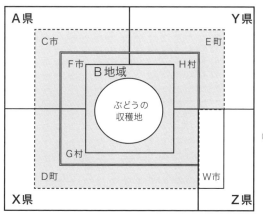

○ A県C市、F市、X県D町、G村、Y県E町又はH村に醸造地がある場合
× Z県W市に醸造地がある場合……B地域が示す範囲にあるX県G村に隣接しているが、県が異なるため

（表示基準第5－(1)、通達(11)－ハ）

当社は、Ａ市内のＢ地区で収穫されたぶどうを100％使用して、同じＡ市内の
Ｃ地区で醸造した日本ワインを製造しています。この場合、Ｂ地区の範囲に醸造
地がないことになりますが、「Ｂワイン」等と表示することができますか。

答　通達(11)ハのとおり、表示する地名（Ｂ地区）を含む市町村内（Ａ市内）に醸造地
（Ｃ地区）がある場合は、「表示する地名が示す範囲に醸造地がない場合」に該当し
ないものとして取り扱いますので、「Ｂワイン」等の表示を行うことができます
（問5（収穫地等－2）参照）。

　（表示基準5－(1)、通達(11)－ハ）

当社では、Ａ市産ぶどうを90％、Ｂ市産ぶどうを10％使用した日本ワインを
製造しています。この日本ワインはＡ市産ぶどうを85％以上使用しているので、
一括表示欄の原材料の原産地名として「ぶどう（Ａ市産）」と表示することがで
きますか。

答　ぶどうの原産地名の一括表示欄での表示は、原則として「ぶどう（日本産）」と
表示します。これに代えて、「Ａ市産」を表示する場合には、Ａ市産ぶどうを
85％以上使用している場合であっても、「ぶどう（Ａ市産、Ｂ市産）」と、使用量
の多い順に全ての原産地名を表示する必要があります。

　（表示基準第2－(3)、通達(8)）

（参考）原材料の原産地名ごとの使用割合に応じた表示例

○　一括表示欄への原材料の原産地名の表示（表示基準２－⑶・8、別記様式備考３）

	原料ぶどうの使用割合	表示例
例1	塩尻市産85% 松本市産15%	例1－①　原材料：ぶどう（日本産） 例1－②　原材料：ぶどう（長野県産） 例1－③　原材料：ぶどう（塩尻市産・松本市産）
例2	塩尻市産70% 松本市産30%	例2－①　原材料：ぶどう（日本産） 例2－②　原材料：ぶどう（長野県産） 例2－③　原材料：ぶどう（塩尻市産・松本市産）
例3	塩尻市産40% 松本市産40% 北海道産20%	例3－①　原材料：ぶどう（日本産） 例3－②　原材料：ぶどう（長野県産・北海道産） 例3－③　原材料：ぶどう（塩尻市産・松本市産・北海道産）
例4	塩尻市産85% チリ産15%	例4－①－① 　原材料：ぶどう（日本産）、濃縮還元ぶどう果汁（外国産） 例4－①－② 　原材料：ぶどう（日本産）、濃縮還元ぶどう果汁（チリ産） 例4－②－① 　原材料：ぶどう（長野県産）、濃縮還元ぶどう果汁（外国産） 例4－②－② 　原材料：ぶどう（長野県産）、濃縮還元ぶどう果汁（チリ産） 例4－③－① 　原材料：ぶどう（塩尻市産）、濃縮還元ぶどう果汁（外国産） 例4－③－② 　原材料：ぶどう（塩尻市産）、濃縮還元ぶどう果汁（チリ産）

㊟　使用割合を表示することも可。なお、例１から例３は「日本ワイン」の表示を義務付け。

○ 一括表示欄以外（表ラベル）へのぶどうの収穫地の表示（表示基準第5項1号、通達(11)二）

	原料ぶどうの使用割合	表示例
例1	塩尻市産85% 松本市産15%	① 日本産ぶどう使用 ② 長野県産ぶどう使用 ③ 塩尻市産ぶどう使用 ※ 醸造地が同じ産地（収穫地）内にある場合、「長野」、「塩尻」、「長野ワイン」などの表示が可能
例2	塩尻市産70% 松本市産30%	① 日本産ぶどう使用 ② 長野県産ぶどう使用 ※ 醸造地が同じ産地（収穫地）内にある場合、「長野」、「長野ワイン」などの表示が可能
例3	塩尻市産40% 松本市産40% 北海道産20%	日本産ぶどう使用 ※ 長野県産ぶどうは85%未満のため、「長野県産ぶどう使用」とは表示不可
例4	塩尻市産85% チリ産	日本ワインに該当しないため、表示不可。 ※ 主たる商標を表示する側に「輸入濃縮果汁使用」等の表示が必要です。

(注) 使用割合を表示することも可。

問5（収穫地等－5）

　①A市産ぶどうを85%未満使用した日本ワインと、②A市産ぶどうを100%使用した日本ワインをブレンド（混和）し、混和後のワインがA市産ぶどうを85%以上使用したものとなる場合、地名としてA市を表示することができますか。

　なお、①、②ともにA市で醸造しています。

答 異なる日本ワインをブレンド（混和）したワインについても「日本ワイン」に該当します。

　したがって、混和後のワインが、A市産ぶどうを85%以上使用したものとなる場合には、地名としてA市を表示することができます。

　（表示基準1－(3)・5－(1)）

問5 （収穫地等－6）

当社は、A県産ぶどうを100％使用し、A県内で醸造した日本ワインを製造していますが、びん詰はB県にある自社の別の製造場で行っています。

この場合、「Aワイン」等の表示を行うことができますか。

答　A県産ぶどうを85％以上使用し、A県で醸造した日本ワインを他県にある自社の別の製造場でびん詰した場合も、「Aワイン」等の表示を行うことができます。

また、他県にある他社の製造場にびん詰を委託する場合やびん詰だけでなくワインのカーボネーション（炭酸ガスの混和）を委託する場合についても、同様に「Aワイン」等の表示を行うことができます。

（表示基準5－(1)）

問5 （収穫地等－7）

他の製造場で醸造されたワインを購入（未納税移入）し、自社の製造場で醸造したワインとブレンド（混和）した場合、自社の製造場の地名を醸造地として表示することができますか。

答　ご質問のワインには、醸造地が2箇所存在することとなります。したがって、醸造地を表示する場合には、その2箇所の醸造地を両方表示する必要があります。

（表示基準5－(2)）

問5 （収穫地等－8）

当社は、A市産ぶどうを100％使用し、A市に隣接する同一県内のB市で醸造した日本ワインを製造しています。

この場合、ぶどうの収穫地であるA市と、醸造地であるB市は隣接した市町村になることから、「Bワイン」等、地名としてB市を表示することができますか。

答　ご質問のケースでは、「Aワイン」等、ぶどうの収穫地であるA市を表示することは可能ですが、B市を表示したい場合は、醸造地を含む地名として「B市醸造ワイン」等と表示する必要があり、併せて、「B市は原料として使用したぶどうの収穫地ではありません」等の表示が必要となります。

（表示基準5、通達(11)－ハ・(11)－ホ）

　長野県で収穫されたぶどうを100％使用し、山梨県で醸造した「長野産シャルドネ」というワインを製造しています。一括表示欄に醸造地はどのように記載しなければなりませんか。

答　国内製造ワインに地名を表示する場合は、日本ワインに限り原料としたぶどうのうち、同一の収穫地で収穫されたものを85％以上使用した場合に収穫地を含む地名を表示することができます。

　表示する地名が示す範囲に醸造地がない場合には、ぶどうの収穫地を含む地名であることが分かる方法として一括表示欄に醸造地を表示することとしています。

　この場合の表示方法は醸造地の所在地を表示するものであり、都道府県名又は市町村名までの表示とすることも可能です。

　ご質問の場合、醸造した場所が一括表示欄に製造所として表示されている場所と同一である場合は、製造所の表示をもって醸造地の表示が行われているものとして取り扱います。

　なお、製造所の所在地が製造所固有記号で表示されている場合には、醸造地が消費者には容易に判別できないため、別途、醸造地の所在地を表示する必要があります。

　（表示基準5－(1)・8、通達⑾－ニ－(ﾘ)）

【ぶどうの品種名の表示（第6項関係）】

問6－1

　日本ワイン以外の場合にも容器又は包装にぶどうの品種名を表示することができますか。

答　日本ワイン以外の国内製造ワインについては、一括表示欄に限り、表示基準第6項のぶどうの品種名の表示ルールに従って、ぶどうの品種名を表示することができます。

　なお、輸入ワイン及びぶどう以外の果実を使用したいわゆるフルーツワインについては、表示基準第6項の規定の適用はありません。

　（表示基準3・6、通達(5)）

ぶどうの収穫地と醸造地が同じ地域にない場合でも、「山形シャルドネ」など
を表示することができますか。

答　通達(11)−ニのとおり、「山形シャルドネ」のようにぶどうの収穫地とぶどうの品
　　種名の組合せによる表示は、当該収穫地で収穫された単一品種のぶどうを85％以
　　上使用しており、一括表示欄に①醸造地の表示及び②原材料のぶどうの原産地とし
　　て、表示したぶどうの収穫地である「山形県産」を表示している場合は、表示する
　　ことができます。

　　（表示基準5−(1)、通達(11)−ニ）

当社では、ぶどうの品種として、シャルドネ60％、リースリング25％、ケル
ナー 10％、ソーヴィニヨン・ブラン5％を使用した国内製造ワインを製造して
います。この場合、どのようなぶどうの品種名を表示することができますか。

答　ぶどうの品種名の表示については、使用量の多い順に使用量の割合の合計が
　　85％以上となるまで表示する必要があります。また、3品種以上表示する場合に
　　は、必ず使用量の割合を併記する必要があります。

　　ご質問の品種構成の場合、次のいずれかの表示が可能です。

　　①　シャルドネ、リースリング

　　　※　2品種の場合、使用量の割合を併記する必要はありません。

　　②　シャルドネ60％、リースリング25％

　　③　シャルドネ60％、リースリング25％、ケルナー 10％

　　④　シャルドネ60％、リースリング25％、ケルナー 10％、ソーヴィニヨン・
　　　ブラン5％

　　　※　使用量の多い順に表示する必要があるため、ケルナーを表示せずにソー
　　　　ヴィニヨン・ブランを表示することはできません。

　　（表示基準6、通達(12)−イ・(12)−イ、ロ）

問6−4

ぶどうの品種名に使用量の割合を併記する場合、割合の１％未満の端数の処理については、切り上げ、切り捨て等の決まりはありますか。

答 表示するぶどうの品種の使用量の合計が85％以上となるかどうかの判断については、端数処理を行う前の割合で判断する必要があります。ぶどうの品種名に併記する使用量の割合については、１％未満の端数の処理（切り上げ、切り捨て等）に関する決まりはありません。

（表示基準６、通達⑿）

【ぶどうの収穫年の表示（第７項関係）】

問7−1

日本ワイン以外の場合にも容器又は包装にぶどうの収穫年を表示することができますか。

答 日本ワイン以外の国内製造ワインについては、容器又は包装にぶどうの収穫年を表示することはできません。

なお、輸入ワイン及びぶどう以外の果実を使用したいわゆるフルーツワインについては、表示基準第７項のぶどうの収穫年に関する規定の適用はありません。

（表示基準３・７、通達⑸）

問7−2

当社は、2015年に収穫したぶどう90％と前年の2014年に収穫したぶどう10％を使用した日本ワインを製造しています。

この場合、ぶどうの収穫年について「2015年産90％、2014年産10％」等、割合を表示することができますか。

答 ぶどうの収穫年については、表示する収穫年に収穫したぶどうの使用量が85％以上の場合に、その収穫年（2015）を表示できることとしており、それ以外の収穫年（2014）を表示することはできません。

（表示基準７）

ラベルに「Since○○」と会社の創業年を表示することができますか。

答 「Since」や「創業」など、会社の創業年やワイナリーの開設年と容易に判別できる場合には、収穫年の表示には当たりません。

したがって、ご質問の場合には、日本ワインに限らず表示することができます。
（表示基準7）

【表示の方式等（一括表示欄の表示関係）（第8項関係）】

問8-1

酒類の品目は、一括表示欄に記載していれば、主たる商標を表示する側への表示を行う必要はないのですか。

答 酒類の品目を表示する場所については、通達第8編86条の5関係2-(2)のとおり、主たる商標を表示する側への表示を基本としていますが、酒類の品目の表示以外の表示義務事項等と一括して表示する場合には、主たる商標を表示する側以外の場所に表示することとしても差し支えないこととしておりますので、一括表示欄に他の表示義務事項と一括して品目を記載している場合には、主たる商標を表示する側への品目の表示を行わなくても差し支えありません。

（通達第8編86条の5関係2-(2)）

問8-2

一括表示欄に「果実酒」等の酒類の品目を表示する場合の文字は、何ポイントの活字以上の大きさで表示すればよいのですか。

答 一括表示欄に酒類の品目を表示する場合は、次のポイントの活字以上の大きさで表示する必要があります。

内容量 酒類の品目	360㎖以下	360㎖超 1ℓ以下	1ℓ超 1.8ℓ以下
果実酒	10.5	14	16
甘味果実酒	7.5	10.5	14

ただし、主たる商標を表示する側に上記のポイントの活字以上で酒類の品目を表

示している場合には、一括表示欄への表示は8ポイント（容量200㎖以下の容器
の場合は6ポイント）の活字以上の大きさで表示しても差し支えありません。また、
この場合の一括表示欄への品目の表示は省略することができます。

（表示基準別記様式備考2、通達第8編86条の5関係2-(3)-イ）

問8-3

　製造者、加工者、販売者がそれぞれ異なる場合、一括表示欄はどのように記載
すればよいでしょうか。

答　一括表示欄への記載に当たっては、食品表示基準の規定に従って表示する必要が
あります。具体的な表示例を示すと、次のようになります。

【事例】他社の製造場において、①製造（製造者：甲酒造㈱）され、②容器詰め
（加工者：乙ボトリング㈱）された酒類を、③未納税移入した後に課税移出し
て販売（販売者：丙酒類販売㈱）した場合

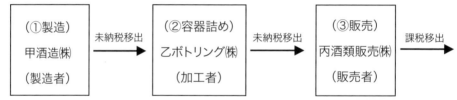

（製造者の氏名又は名称等）
氏名又は名称：甲酒造㈱
本店所在地：東京都千代田区
（食品関連事業者の住所）　霞が関〇-〇-〇
製造場の所在地：東京都千代田区
　　　　　　　　霞が関〇-〇-〇

（加工者の氏名又は名称等）
氏名又は名称：乙ボトリング㈱
本店所在地：東京都中央区
（食品関連事業者の住所）　築地〇-〇-〇
加工場の所在地：東京都千代田区
　　　　　　　　大手町〇-〇-〇

（販売者の氏名又は名称等）
氏名又は名称：丙酒類販売㈱
本店所在地：埼玉県さいたま市中央区
（食品関連事業者の住所）　新都心〇-〇-〇
販売場の所在地：大阪府大阪市中央区
　　　　　　　　大手前〇-〇-〇

（表示例1）製造者を食品関連事業者とした場合

　　日本ワイン
　　品　目　果実酒
　　　～　中略　～
　　販売元　丙酒類販売株式会社（酒類製造者の名称）
　　　　　　大阪府大阪市中央区大手前〇-〇-〇（酒類製造場の所在地）
　　製造者　甲酒造株式会社（食品関連事業者の名称）
　　　　　　東京都千代田区霞が関〇-〇-〇（食品関連事業者の住所）

　　加工所　乙ボトリング株式会社（加工者の名称）
　　　　　　東京都中央区大手町〇-〇-〇（加工所の所在地）

（表示例２）加工者を食品関連事業者とした場合

> 日本ワイン
> 品　目　果実酒
> 　〜　中略　〜
> 販売元　丙酒類販売株式会社（酒類製造者の名称）
> 　　　　大阪府大阪市中央区大手前〇−〇−〇（酒類製造場の所在地）
> 加工者　乙ボトリング株式会社（食品関連事業者の名称）
> 　　　　東京都中央区築地〇−〇−〇（食品関連事業者の住所）
>
> 加工所　東京都千代田区大手町〇−〇−〇（加工所の所在地）

（表示例３）販売者を食品関連事業者とした場合

> 日本ワイン
> 品　目　果実酒
> 　〜　中略　〜
> 販売者　丙酒類販売株式会社（食品関連事業者の名称）
> 　　　　埼玉県さいたま市中央区新都心〇−〇−〇（食品関連事業者の住所）
> 販売場　大阪府大阪市中央区大手前〇−〇−〇（酒類製造場の所在地）
>
> 加工所　乙ボトリング株式会社（加工者の名称）
> 　　　　東京都中央区大手町〇−〇−〇（加工所の所在地）

㊟　表示例１から３のいずれの場合も、「〇〇産ぶどう使用」など、ぶどうの収穫地を含む地名であることが分かる方法により表示する場合は、醸造地（東京都千代田区）を表示する必要があります（問５（収穫地等−９）参照）。

（表示基準５−⑴、別記様式備考４、通達⑾−ニ−㈥、食品表示基準３・８）

（参考）【国内製造ワイン・日本ワイン・輸入ワインの区分判定フロー】

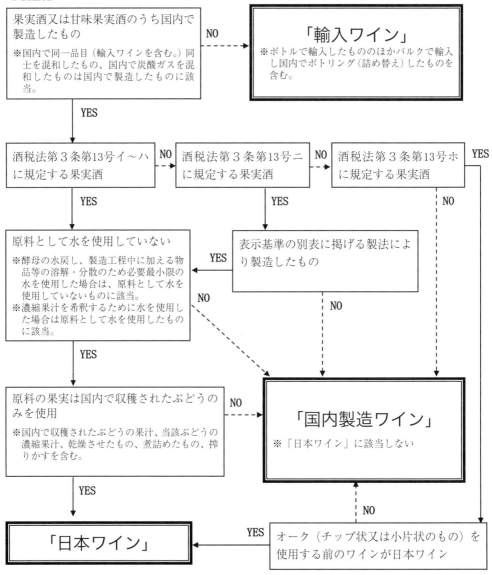

YES ⟶　　NO --▸

START

果実酒又は甘味果実酒のうち国内で製造したもの

※国内で同一品目（輸入ワインを含む。）同士を混和したもの、国内で炭酸ガスを混和したものは国内で製造したものに該当。

→ NO → 「輸入ワイン」

※ボトルで輸入したもののほかバルクで輸入し国内でボトリング（詰め替え）したものを含む。

↓ YES

酒税法第3条第13号イ～ハに規定する果実酒 → NO → 酒税法第3条第13号ニに規定する果実酒 → NO → 酒税法第3条第13号ホに規定する果実酒 → YES

↓ YES

原料として水を使用していない

※酵母の水戻し、製造工程中に加える物品等の溶解・分散のため必要最小限の水を使用した場合は、原料として水を使用していないものに該当。
※濃縮果汁を希釈するために水を使用した場合は原料として水を使用したものに該当。

← YES ← 表示基準の別表に掲げる製法により製造したもの

↓ YES（水を使用 NO → 国内製造ワイン）

原料の果実は国内で収穫されたぶどうのみを使用

※国内で収穫されたぶどうの果汁、当該ぶどうの濃縮果汁、乾燥させたもの、煮詰めたもの、搾りかすを含む。

→ NO → 「国内製造ワイン」

※「日本ワイン」に該当しない

↓ YES

「日本ワイン」 ← YES ← オーク（チップ状又は小片状のもの）を使用する前のワインが日本ワイン

（オーク使用前 NO → 国内製造ワイン）

（酒税法第3条第13号ニ YES → 表示基準の別表、NO → 国内製造ワイン）
（酒税法第3条第13号ホ NO → 国内製造ワイン）

104

平成30年10月　国税庁

貴方が好きなそのワイン、
ラベルごと好きになってほしいから…

ワインラベルが語ること

国税庁

ワインのラベル表示のルール
（果実酒等の製法品質表示基準）

　海外では多くの国において公的なワインの表示に関するルールが定められている一方で、国内にはワインのラベル表示に関する公的なルールが存在しませんでした。

　そのため、国産ぶどうのみを原料とした「日本ワイン」と、輸入濃縮果汁や輸入ワインを原料としたワインの違いが、ラベル表示だけでは分かりにくいという問題が存在していました。

　国内におけるワインへの関心が高まっている状況の下、消費者の方が適切に商品選択を行えるよう、表示を分かりやすくすることなどを目的として、公的なワインのラベル表示のルール（果実酒等の製法品質表示基準）を定めました。

　この表示ルールによって、国内に流通するワインは国内製造ワインと輸入ワインに区分され、さらに国内製造ワインの中でも国産ぶどうのみを原料としたワインが「日本ワイン」と表示されるようになりました。

ワインの分類

国内製造ワイン
日本国内で製造された果実酒等

日本ワイン
国産ぶどうのみを原料とした
国内製造ワイン
地名や品種等を表示できる

海外原料使用ワイン
表ラベルに
・濃縮果汁使用
・輸入ワイン使用
などの表示を義務付け
地名や品種等を表示できない

輸入ワイン
フランスワイン
ドイツワイン
チリワイン
など

海外原料
輸入濃縮果汁
バルクワイン
（原料ワイン）

ワインのラベル表示から分かること

❖ 日本ワインは裏ラベルに必ず「日本ワイン」と表示されています。

❖ 日本ワインのみ、①地名、②ぶどうの品種名、③ぶどうの収穫年を表示することができます。

❖ 地名は、ぶどうの収穫地又はワインの醸造地に限り表示することができます（これら以外の地名を表示することはできません）。

❖ ぶどうの品種名が表示されていれば、表示されたぶどう品種を85%以上使用していることがわかります。なお、複数（3品種以上）のぶどう品種を表示する場合には、それぞれの使用割合を併記するとともに、使用割合の合計が85%となるまで表示することとなっています。

❖ ぶどうの収穫年が記載されていれば、表示された収穫年に収穫したぶどうの使用量が85%以上であることがわかります。

❖ 海外原料使用ワインには、表ラベルに濃縮ぶどう果汁使用、輸入ワイン使用などと表示されています。

（参考）地名が表示されている場合の見方

① 「山梨県産ぶどう使用」「長野シャルドネ」など、ぶどうの産地について記載があれば、それは**ぶどうの収穫地**の表示です。

   ❯ 地名が示す範囲内にぶどうの収穫地（85%以上使用）がある。

② 「北海道醸造」「醸造地：山形」など、ワインの醸造地について記載があれば、それは**ワインの醸造地**の表示です。

   ❯ 地名が示す範囲内に醸造地がある。

③ 「大阪」「滋賀ワイン」など、①②以外の形で記載があれば、それは**ワインの産地**の表示です。

   ❯ 地名が示す範囲内にぶどうの収穫地（85%以上使用）と醸造地がある。

実際のラベルを
見てみよう

表

日本ワインの表示
（任意表示）

地名の表示
（ワインの産地）
虎ノ門で収穫されたぶどうを
原料にして虎ノ門で醸造され
たワインです。

ぶどうの品種名の表示
このワインはマスカット・ベー
リーAという品種のぶどうを
85％以上使用して醸造されて
います。

ぶどうの収穫年の表示
このワインは2018年に収穫さ
れたぶどうを85％以上使用し
て醸造されています。

日本ワイン

虎ノ門ワイン

マスカット・ベーリーA

2018

果実酒

日本ワインの例

裏

日本ワインの表示
裏ラベルには必ず表示されています。

原材料の表示
使用された主要な原材料が使用量順に表示されています。

一括表示欄
日本ワインであること、品目、原材料名、製造者、製造場、醸造地、内容量、アルコール分などがまとめて表示されています。

(注1) 品目、内容量は表ラベルに表示されている場合は省略されていることもあります。

(注2) 製造者、製造場、醸造地が同一の場合には製造場や醸造地は省略されていることもあります。

マスカット・ベーリーA　2018

虎ノ門で収穫されたマスカット・ベーリーAを丁寧に醸造しました。甘い香りと適度な酸味をお楽しみください。

日本ワイン
品目　果実酒
原材料名　ぶどう(東京都港区虎ノ門産)／酸化防止剤(亜硫酸塩)
製造者　虎ノ門ワイナリー株式会社
東京都港区虎ノ門・・・
内容量750ml
アルコール分　12%

・満20歳未満の方の飲酒は法律で禁止されています。
・妊娠中の授乳期の飲酒は、胎児、乳児の発育に悪影響を与える恐れがあります。

実際のラベルを
見てみよう

表

海外原料を使用したワインには、
・地名
・ぶどうの品種名
・ぶどうの収穫年
を表示することができません。

特定原料の表示
このワインには、海外から輸入
した濃縮果汁とワインが原料と
して使用されています。

愛 ♥
WINE

輸入濃縮果汁・輸入ワイン使用

果実酒

虎ノ門ワイナリー株式会社　醸造

地名を含む会社名や人名は、
会社名や人名だと分かるように
表示されています。

実際のラベルを
見てみよう

表

海外原料を使用したワインには、
・地名
・ぶどうの品種名
・ぶどうの収穫年
を表示することができません。

特定原料の表示

このワインには、海外から輸入
した濃縮果汁とワインが原料と
して使用されています。

愛 ♥ WINE

輸入濃縮果汁・輸入ワイン使用

果実酒

虎ノ門ワイナリー株式会社　醸造

地名を含む会社名や人名は、
会社名や人名だと分かるように
表示されています。

ワインの表示に関する詳細な情報は、国税庁ホームページに
掲載しています。

国税庁ホームページアドレスは https://www.nta.go.jp です。

「税の情報・手続・用紙 》お酒に関する情報 》酒類の表示 》
果実酒等の製法品質表示基準について」からご覧ください。

国税庁法人番号：7000012050002

Ⅲ　酒類における有機の表示基準

この基準は、酒類の製造場から移出し、若しくは保税地域から引き取る酒類又は酒類の販売場から搬出する酒類に適用する酒類における有機等に関する表示の基準を定めたものです。

　この基準を適用する製造場は、酒税法第28条第6項（未納税移出）又は第28条の3第4項（未納税引取）の規定により酒類の製造免許を受けた製造場とみなされた場所を含み、保税地域から引き取る酒類は、同法第28条第1項（未納税移出）、第28条の3第1項（未納税引取）又は第29条第1項（輸出免税）の規定の適用を受けるものは除かれます（基準附則）。

【編注】　1　この基準は、農林水産物及び食品の輸出の促進に関する法律等の一部を改正する法律の施行の日（施行日：未定）に合わせて廃止されることが予定されています。

　　　　　　　なお、廃止に伴う経過措置として、一定の期間、従前の表示制度の適用を可能とすることも予定されています。

　　　　2　令和4年10月1日以降、JAS認証を取得すると、有機JASマークの表示ができるようになります（詳細は134頁を参照）。

○「酒類における有機の表示基準」の概要

国税庁HP

制定の経緯等

「酒類における有機の表示基準」(平成12年12月国税庁告示第7号。以下「表示基準」といいます。)は、有機米使用清酒、オーガニックビール等といった「有機」等の表示を行っている酒類が市場に流通していること、また、遺伝子組換え農産物が商品化されるようになり、酒類の原料としても、使用される可能性もあること等から、消費者の適切な商品選択に資するため、中央酒類審議会の答申を受け、平成12年12月に定め、平成13年4月から適用しています。

現在の「表示基準」には、有機農産物、有機加工食品、有機畜産物及び有機農畜産物加工酒類を原料として製造した酒類における「有機」等の表示に関する事項を規定しており、「有機加工食品の日本農林規格」(平成17年10月農林水産省告示第1606号)等に準拠して策定しています。

なお、平成27年4月1日に食品表示法が施行され、酒類もその規定が適用されることになったため、遺伝子組換え表示に関する規定は酒類における有機等の表示基準を定める件の一部を改正する件(平成27年10月国税庁告示第20号)により削除しました。

酒類における有機等の表示基準(概要)

1 有機農畜産物加工酒類における有機等の表示

次の基準をすべて満たす酒類(有機農畜産物加工酒類)については、酒類の容器又は包装に「有機」又は「オーガニック」の表示をすることができます。

(1) 使用できる原材料

① 日本農林規格等に関する法律(昭和25年法律第175号。以下「JAS法」といいます。)に基づく格付をされた有機農産物、有機加工食品及び有機畜産物

② 有機農畜産物加工酒類

③ ①以外の農産物、畜産物、水産物及びこれらの加工品のうち、組換えDNA技術が用いられていないなど一定の要件を満たすもの

④ ②以外の酒類のうち、組換えDNA技術が用いられていないなど一定の要件を満たす酒類

⑤　水

⑥　表示基準の別表1に定める食品添加物のうち、組換えDNA技術が用いられていないもの

(2)　原材料の使用割合

原材料（水及び加工助剤を除く。）の重量に占める有機農畜産物等（有機農産物、有機畜産物、有機加工食品及び有機農畜産物加工酒類）の重量の割合が95%以上であること。

(3)　製造その他の工程に係る管理

製造は、物理的又は生物の機能を利用した方法による等の一定の要件を満たしていること。

(4)　品目の表示

酒類の品目の表示に合わせて「（有機農畜産物加工酒類)」と表示されていること。
「（有機農畜産物加工酒類)」の表示の文字の書体及び大きさは、酒類の品目の表示の文字と同じであること。

なお、我が国のJAS法に規定する格付制度と同等の制度を有する諸外国から輸入される酒類については、一定の要件の下に、上記(1)から(3)の基準を満たすものとして取り扱います。

2　**有機農畜産物等を原材料に使用した酒類における有機農畜産物等の使用表示**

有機農産物等を原材料に使用した有機農産物加工酒類以外の酒類については、次の要件をすべて満たしている場合に、有機農産物等を原材料に使用していることの表示をすることができます。

(1)　酒類の品目の表示に合わせて「（有機農畜産物○%使用)」と表示されていること。

(2)　有機農畜産物等の使用表示は、酒類の一般的な名称又は商品名と一体的でないこと。

(3)　有機農畜産物等の使用表示に使用する文字は、次によること。

イ　有機農畜産物等の使用割合が50%以上のものは、商品名の文字の活字のポイントよりも小さいものであること。

ロ　有機農畜産物等の使用割合が50%未満のものは、20歳未満の者の飲酒防止に関する表示等の文字の活字のポイントを超えないものであること。

「酒類における有機の表示基準」フロー図

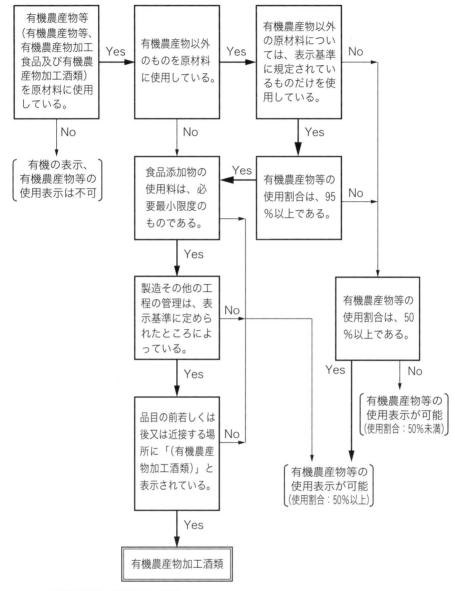

※　有機農産物等の使用表示の要件
　＊　酒類の品目の前若しくは後又は近接する場所に、有機農産物等の使用割合が「(有機農産物
　　　○% 使用)」と表示されていること。
　＊　使用表示は、酒類の一般的な名称又は商品名と一体的に表示されていないこと。
　＊　使用表示に使用する文字の大きさ
　　・　使用割合 50% 以上のもの
　　　　酒類の一般的な名称又は商品名の表示の活字のポイントより小さいこと。
　　・　使用割合 50% 未満のもの
　　　　20 歳未満の者の飲酒防止に関する表示等の活字のポイントを超えないこと。

〔告示〕酒類における有機の表示基準

平成12年国税庁告示第7号

（最終改正：令和元年6月国税庁告示第7号）

酒税の保全及び酒類業組合等に関する法律（昭和28年法律第7号。以下「法」という。）第86条の6第1項の規定に基づき、酒類における有機等に関する表示の基準を次のように定めたので、法第86条の6第2項の規定に基づき告示する。

【編注】本告示は、農林水産物及び食品の輸出の促進に関する法律等の一部を改正する法律の施行の日（施行日：未定）に廃止される。

酒類における有機の表示基準

（有機農畜産物加工酒類における有機等の表示）

1　有機農畜産物加工酒類（次項に規定する有機農畜産物加工酒類の製造方法等の基準を満たす酒類をいう。以下同じ。）は、当該酒類の容器又は包装に、「有機又はオーガニック」（以下「有機等」という。）の表示をすることができるものとする。

　　この場合において、有機等の表示に使用する文字は、日本文字とし、明瞭に判読できる書体とすること。

（有機農畜産物加工酒類の製造方法等の基準）

2　有機農畜産物加工酒類の製造方法及び品目（酒税法（昭和28年法律第6号）に規定する酒類の品目をいう。以下同じ。）の表示方法の基準は、次の各号に掲げるとおりとする。

　(1)　原材料（加工助剤を含む。）は、次に掲げるものに限り使用することができる。ただし、ハ又はホに掲げるものについては使用する原材料と同一の種類の有機農産物、有機畜産物又は有機加工食品の、へに掲げるものについては使用する原材料と同一の品目の有機農畜産物加工酒類の入手が困難な場合に限る。

　　イ　以下のうち、その容器、包装又は送り状に格付の表示（日本農林規格（日本農林規格等に関する法律（昭和25年法律第175号）第2条第2項《定義等》に規定する日本農林規格をいう。）により格付したことを示す特別な表示をい

う。）が付されているもの。ただし、その有機農畜産物加工酒類を製造する者により生産され、同法第10条《格付》又は第30条《格付》の規定により格付されたものにあってはこの限りでない。

　　(イ)　有機農産物（有機農産物の日本農林規格（平成17年農林水産省告示第1605号）第3条《定義》に規定する有機農産物をいう。）

　　(ロ)　有機加工食品（有機加工食品の日本農林規格（平成17年農林水産省告示第1606号）第3条《定義》に規定する有機加工食品をいう。）

　　(ハ)　有機畜産物（有機畜産物の日本農林規格（平成17年農林水産省省告示第1608号）第3条《定義》に規定する有機畜産物をいう。）

　ロ　有機農畜産物加工酒類（当該酒類を製造する者が製造した酒類で第1号から第3号の規定に該当するもの及び当該酒類の製造場に移入し、又は引き取った酒類（酒税法第28条第1項《未納税移出》又は第28条の3第1項《未納税引取》の規定の適用を受けた酒類をいう。）で第1号から第3号の規定に該当することについての証明があるものを含む。）

　ハ　イ以外の農畜産物。ただし、以下のものを除く。

　　(イ)　原材料として使用した有機農産物及び有機畜産物と同一の種類の農畜産物

　　(ロ)　放射線照射が行われたもの

　　(ハ)　組換えDNA技術（酵素等を用いた切断及び再結合の操作によって、DNAをつなぎ合わせた組換えDNA分子を作製し、それを生細胞に移入し、かつ、増殖させる技術をいう。以下同じ。）を用いて生産されたもの

　ニ　水産物（放射線照射が行われたもの及び組換えDNA技術を用いて生産されたものを除く。）

　ホ　ハ又はニの加工品（原材料として使用した有機加工食品と同一の種類の加工食品、放射線照射が行われたもの及び組換えDNA技術を用いて生産されたものを除く。）

　ヘ　ロ以外の酒類。ただし、以下のものを除く。

　　(イ)　原材料として使用した有機農畜産物加工酒類と同一の品目の酒類

　　(ロ)　放射線照射が行われたもの

　　(ハ)　組換えDNA技術を用いて生産されたもの

　ト　水

　チ　別表1の食品添加物（組換えDNA技術を用いて製造されたものを除く。以

下同じ。）

(2) 原材料の使用割合は、次のとおりとする。

　　　原材料（水及び加工助剤を除く。）の重量に占める有機農産物、有機畜産物、有機加工食品、有機農畜産物加工酒類及び別表1の食品添加物のうち有機加工食品として格付けされた一般飲食物添加物（一般に食品として飲食に供されている物であって添加物として使用されるものをいう。）（以下「有機農畜産物等」という。）の重量の割合（以下「有機農畜産物等の使用割合」という。）が95％以上であること。

(3) 製造その他の工程に係る管理は、次のとおりとする。

　　イ　製造は、物理的又は生物の機能を利用した方法（組換えDNA技術を用いて生産された生物を利用した方法を除く。以下同じ。）によることとし、食品添加物を使用する場合は、必要最小限度とすること。

　　ロ　原材料として使用される有機農畜産物等は、有機農畜産物等以外の農畜産物、農畜産物の加工食品及び酒類（以下「農畜産物等」という。）が混入しないように管理を行うこと。

　　ハ　有害動植物の防除は、物理的又は生物の機能を利用した方法によること。ただし、物理的又は生物の機能を利用した方法のみによっては効果が不十分な場合には、別表2の薬剤に限り使用することができる。この場合においては、原材料及び製品への混入を防止すること。

　　ニ　ハの方法のみによっては有害動植物の防除の効果が不十分な場合には、有機農畜産物加工酒類を製造し、又は保管していない期間に限り、別表2に掲げられていない薬剤を使用することができる。この場合においては、有機農畜産物加工酒類の製造開始前に、これらの薬剤を除去すること。

　　ホ　有害動植物の防除、酒類の保存又は衛生の目的での放射線照射を行わないこと。

　　ヘ　製造された有機農畜産物加工酒類が洗浄剤、消毒剤その他の資材により汚染されないように管理を行うこと。

(4) 品目の表示は、次のとおりとする。

　　イ　品目の前若しくは後又は近接する場所に「（有機農畜産物加工酒類）」又は「（有機農産物加工酒類）」（有機畜産物を原材料として使用していないものに限る。）と表示されていること。

□ 「(有機農畜産物加工酒類)」又は「(有機農産物加工酒類)」の表示に用いて
いる文字の書体及び大きさは、品目の表示に用いている文字と同じであること。

（有機農畜産物加工酒類の名称等の表示）

3　有機農畜産物加工酒類の名称の表示、原材料に使用した有機農畜産物等の名称の
表示及び有機農畜産物等を原材料に使用していることの表示（以下「有機農畜産物
等の使用表示」という。）をする場合は、次の各号に掲げるところにより行うもの
とする。

(1)　有機農畜産物加工酒類の名称の表示は、「有機〇〇加工酒類」、「有機〇〇使用
酒類」等、有機農畜産物加工酒類であることを表す事項を記載すること。

この場合において、「〇〇」については農畜産物等の一般的な名称を記載する
ものとし、「有機」については「オーガニック」と記載することとして差し支え
ない（第3号において同じ。）。

(2)　原材料に使用した有機農畜産物等の名称の表示は、農畜産物等の一般的な名称
の前又は後に「有機」又は「オーガニック」の文字を記載すること。

この場合において、原材料に使用した有機農産物又はこれを原材料として製造
若しくは加工したもののうち、その名称に「転換期間中」と表示されているもの
があるときは、「転換期間中」の文字を併せて記載すること。

(3)　有機農畜産物等の使用表示は、「有機農畜産物加工酒類使用」、「有機〇〇使用」
等、有機農畜産物等を原材料に使用していることを表す事項を記載すること。

（輸入酒類に係る取扱い）

4　有機農産物及び有機農産物加工食品について、日本農林規格等に関する法律に規
定する格付制度と同等の制度を有する国から輸入される酒類のうち、当該国の制度
の下で認証、格付その他これらに類するもの（以下「認証等」という。）を受けた
もので、認証等を受けた酒類であることの当該国の政府機関等が発行する証明書が
添付されている輸入酒類については、第2項第1号から第3号の規定を満たすもの
とする。

（有機農畜産物等を原材料に使用した酒類における有機農畜産物等の使用表示）

5　有機農畜産物等を原材料に使用した酒類（有機農畜産物加工酒類を除く。）は、

次の各号に掲げる区分により、当該各号に定める要件を全て満たす場合に限り、当該酒類の容器又は包装に有機農畜産物等の使用表示をすることができるものとする。

この場合において、有機農畜産物等の使用表示は、第3項第3号に規定するところによるものとし、当該酒類の品質が有機農畜産物加工酒類と同等又は当該酒類より優れている印象を与えない方法によること。

(1) 有機農畜産物等の使用割合が50％以上のもの。

　イ　酒類の品目の前若しくは後又は近接する場所に、有機農畜産物等の使用割合が「（有機農畜産物〇％使用）」と表示されていること。

　　　この場合において、「（有機農畜産物〇％使用）」の表示に使用する文字については酒類の品目の表示に用いている文字の書体及び大きさと同じものとし、「〇％」については1％単位又は5％刻みによる数字（いずれもその端数は切り捨て）により表示すること（以下同じ。）。

　ロ　有機農畜産物等の使用表示は、酒類の一般的な名称又は商品名と一体的に表示されていないこと。

　ハ　有機農畜産物等の使用表示に使用する文字は、酒類の一般的な名称又は商品名の表示に用いている文字の活字のポイントより小さいものであること。

(2) 有機農畜産物等の使用割合が50％未満のもの。

　イ　酒類の品目の前若しくは後又は近接する場所に、有機農畜産物等の使用割合が「（有機農畜産物〇％使用）」と表示されていること。

　ロ　有機農畜産物等の使用表示は、酒類の一般的な名称又は商品名と一体的に表示されていないこと。

　ハ　有機農畜産物等の使用表示に使用する文字は、当該酒類の容器又は包装に表示されている法第86条の5《酒類の品目等の表示義務》に規定する事項（品目を除く。）及び二十歳未満の者の飲酒防止に関する表示基準（平成元年国税庁告示第9号）第2項《酒類の容器又は包装に対する表示》に規定する事項の文字の活字のポイントを超えないものであること。

別表1

クエン酸、乳酸、リンゴ酸、L－アスコルビン酸、L－アスコルビン酸ナトリウム、タンニン（抽出物）、炭酸ナトリウム、炭酸水素ナトリウム、炭酸カリウム、炭酸カルシウム、炭酸アンモニウム、炭酸マグネシウム、塩化カリウム、塩化カルシウム、塩化マ

グネシウム、Ｌ－酒石酸、Ｌ－酒石酸水素カリウム、リン酸二水素カルシウム、硫酸カルシウム、アルギン酸ナトリウム、カラギナン、グアーガム、アラビアガム、ベントナイト、ケイソウ土、パーライト、二酸化ケイ素、活性炭、木灰、香料（化学的に合成されたものでないこと。）、窒素、二酸化炭素、酸素、酵素、一般飲食物添加物、二酸化硫黄、酵母細胞壁

(注) 使用に当たっては、酒税法その他の法令等の使用方法を遵守すること。

別表2

除虫菊抽出物（共力剤としてピペロニルブトキサイドを含まないものに限ること。また、農産物に対して病害虫を防除する目的で使用する場合を除く。）、ケイソウ土、ケイ酸ナトリウム（農産物に対して病害虫を防除する目的で使用する場合を除く。）、重曹、二酸化炭素、カリウム石鹸《軟石鹸》（農産物に対して病害虫を防除する目的で使用する場合を除く。）、エタノール（農産物に対して病害虫を防除する目的で使用する場合を除く。）、ホウ酸（容器に入れて使用する場合に限ること。また、農産物に対して病害虫を防除する目的で使用する場合を除く。）、フェロモン（昆虫のフェロモン作用を有する物質を有効成分とする薬剤に限ること。また、農産物に対して病害虫を防除する目的で使用する場合を除く。）、カプサイシン（忌避剤として使用する場合に限ること。また、農産物に対して病害虫を防除する目的で使用する場合を除く。）

(注) 使用に当たっては、薬剤の容器等に表示された使用方法を遵守すること。

附則

1　この告示は、平成12年12月26日から施行し、平成13年４月１日以後に酒類の製造場（酒税法第28条第６項又は第28条の３第４項の規定により酒類の製造免許を受けた製造場とみなされた場所を含む。）から移出し、若しくは保税地域から引き取る酒類（酒税法第28条第１項、第28条の３第１項又は第29条第１項の規定の適用を受けるものを除く。）又は酒類の販売場から搬出する酒類に適用する。

2　平成13年３月31日以前に酒類の原材料として受け入れた農産物又は農産物加工食品（以下この項において「農産物等」という。）の容器、包装又は送り状に格付の表示が付されていないものがある場合において、当該農産物等が有機農産物の日本農林規格又は有機農産物加工食品の日本農林規格に適合するものであることが確認できる場合には、当該農産物等を酒類における有機等の表示基準第２項第１号に規定する有機農産物又は有機農産物加工食品とみなす。

第86条の6　酒類の表示の基準

4　酒類における有機等の表示基準の取扱い等

酒類における有機等の表示基準（平成12年12月26日付国税庁告示第7号。以下この4において「表示基準」という。）の取扱い等は、次による。

(1)　表示基準の意義

近年、消費者の食品に対する認識は、安全、健康といった観点から有機農産物、有機畜産物、有機加工食品への関心が高まっており、酒類製造者においても有機米純米酒、有機ワイン等といった名称の酒類が生産されているところであるが、これらの酒類における有機等の表示の基準を明確化するとともに、表示の適正化を図るものである。

(2)　有機農畜産物加工酒類における有機等の表示

イ　有機又はオーガニック（以下この4において「有機等」という。）の表示は、有機農畜産物加工酒類の製造方法等の基準を満たしている酒類について表示ができるものであり、その表示を義務付けるものではないのであるから留意する。

ロ　有機等の表示には、「オルガニック」のように、有機等の表示に類似する表示を含むものとする。

ハ　表示基準の対象となる表示は、日本文字による表示であり、外国において現地の表示制度に従って表示されている日本文字以外の表示は、表示基準の対象とならないのであるから留意する。

(3)　有機農畜産物加工酒類の製造方法等の基準

イ　表示基準2の(1)「原材料」について

(イ)　「加工助剤」とは、食品の加工の際に添加される物であって、当該食品の完成前に除去されるもの、当該食品の原材料に起因してその食品中に通常含まれる成分と同じ成分に変えられ、かつ、その成分の量を明らかに増加させるものではないもの又は当該食品中に含まれる量が少なく、かつ、その成分による影響を当該食品に及ぼさないものをいう。

(ロ)　表示基準2の(1)のロに規定する「当該酒類の製造場に移入し、又は引き取った酒類で第1号から第3号の規定に該当することについての証明があ

るもの」とは、当該酒類の送り状等に当該酒類が表示基準２の(1)から(3)の
規定を満たしていることを確認することができる書面及び資料（以下「書
面等」という。）が添付されているものをいう。

　なお、当該酒類が日本農林規格等に関する法律（昭和25年法律第175
号。以下この４において「JAS法」という。）に規定する格付制度と同等
の制度を有する国から輸入されたものであるときは、表示基準4に規定す
る証明書の添付によることができる。

(ハ)　表示基準２の(1)のハからヘ及びチから除くこととしている放射線照射が
行われたもの及び組換えDNA技術を用いて生産等されたものかどうかは、
当該原材料の容器等の表示の有無に関わらず、実態により判断するものと
する。

(二)　有機農畜産物加工酒類に同一の品目の有機農畜産物加工酒類以外の酒類
を混和した場合の表示基準の適用は、次による。

　Ａ　混和した有機農畜産物加工酒類以外の酒類が有機農畜産物加工酒類と
同一の酒類製造場において製造されたものであり、かつ、表示基準２の
(1)及び(3)に定める基準を満たす場合には、それぞれの酒類の製造に使用
した原材料の合計重量により混和後の酒類の原材料の使用割合を計算し、
表示基準を適用する。

　Ｂ　混和した有機農畜産物加工酒類以外の酒類がＡ以外の場合には、混和
後の酒類は有機農畜産物加工酒類に該当しないこととなる。

　　なお、この場合においても、表示基準５に規定する有機農畜産物等の
使用表示は行うことができるのであるから留意する。

ロ　表示基準２の(2)「原材料の使用割合」について

(イ)　原材料の重量から除くこととされている水の重量は、酒類の原材料とし
て使用した水の重量をいい、酒類の原材料として使用した有機農畜産物等
に含まれている水分は、当該有機農畜産物等の重量に含まれるものとする。

(ロ)　使用割合の計算は、実際に酒類の原材料として使用したものの重量によ
り行うものであるが、酒類製造場に搬入後加水した原材料の重量について
は、加水前の重量により行うものとする。例えば、原料用アルコールを酒
類の原材料として使用した場合における使用割合の計算については、酒類
製造場に移入後加水した場合は加水前の重量により、加水後に酒類製造場

に移入した場合は移入時の重量により計算することとなる。

(ハ)　使用割合の計算における食品添加物の重量には、製造した酒類に残留するかどうかにかかわらず、使用した食品添加物の重量を全て含むのであるから留意する。

ハ　表示基準２の(3)「製造その他の工程に係る管理」について

(イ)　製造の方法における「物理的方法」とは、機械的方法を含み、粉砕、混合、加熱・冷却、加圧・減圧、乾燥、分離（ろ過、圧搾、蒸留）等の加工方法をいい、「生物の機能を利用した方法」とは、カビ、酵母、細菌等を利用した糖化、発酵等の方法をいう。

(ロ)　食品添加物を使用する場合の「必要最小限度」とは、酒類の製造の健全を期するため等の食品添加物の使用目的を達成するために必要な最小限の量をいう。

　なお、食品添加物の使用量が、その使用目的を達成するために必要な最小限の量を超えている酒類は、有機農畜産物等の使用割合が95%以上であっても、有機農畜産物加工酒類には該当しないのであるから留意する。

(ハ)　「製造その他の工程に係る管理」は、酒類業者の業態に応じて以下に掲げる管理方法によることとする。

　ただし、ＪＡＳ法第14条《登録認定機関の登録》の規定に基づき有機加工食品に係る登録認証機関の登録を受けた者（以下「登録認証機関」という。）に酒類の原材料及び製造工程等の検査を依頼し、当該登録認証機関から表示基準を満たしている旨の証明（当該登録認証機関が行う酒類に関する有機の認証を含む。）を受けた酒類については、表示基準２の(1)から(3)の定める基準を満たすものとして取り扱う。

Ａ　酒類製造における管理方法

(A)　酒類の製造における品質管理を担当する責任者（品質管理責任者）として、酒類の製造、加工又は試験研究に３年以上従事した経験を有する者を１人以上置き、次に掲げる職務を行わせていること。

ａ　品質管理（外注管理（製造又は設備管理の一部を外部の者に委託して行わせている場合における外注先の選定基準、外注内容、外注手続等当該外注に関する管理をいう。）を含む。以下このＡにおいて同じ。）に関する計画の立案及び推進

b　工程に生じた異常、苦情等に関する処置及びその対策に関する指
　　　導及び助言
　⒝　次に掲げる事項について、その管理の実施方法に関する内部規程を
　　　具体的かつ体系的に整備していること。
　　a　原材料の受入れ及び保管に関する事項
　　b　原材料の配合割合に関する事項
　　c　製造及び加工の方法に関する事項
　　d　製造及び加工に使用する機械及び器具に関する事項
　　e　生産工程の検査に関する事項
　　f　出荷又は処分に関する事項
　　g　記録の作成及び保存に関する事項
　　h　品質管理の実施状況についての組合法第91条《質問検査権》に
　　　基づく当該職員による質問、検査の適切な実施に関し必要な事項
　⒞　内部規程に基づいて品質管理を適切に行い、その管理記録及び当該
　　　管理記録の根拠となる書類を当該有機農畜産物加工酒類ごとに作成し、
　　　当該帳票等の閉鎖の日から３年以上保持すること。
　⒟　内部規程は、適切な見直しを定期的に行い、かつ、従業員に十分周
　　　知すること。
　Ｂ　酒類の詰替えにおける管理方法
　⒜　酒類の詰替えにおける責任者（詰替え責任者）として、酒類の販売
　　　に３年以上従事した経験を有する者を１人以上置き、次に掲げる職務
　　　を行わせていること。
　　a　詰替えに関する計画の立案及び推進
　　b　詰替えの工程に生じた異常、苦情等に関する処置及びその対策に
　　　関する指導及び助言
　⒝　次に掲げる事項について、その管理の実施方法に関する内部規程を
　　　具体的かつ体系的に整備していること。
　　a　有機農畜産物加工酒類の受入れ及び保管に関する事項
　　b　詰替え前の有機農畜産物加工酒類の表示の確認に関する事項
　　c　詰替えの方法に関する事項
　　d　詰替えに使用する機械及び器具に関する事項

e　出荷又は処分に関する事項

　　　f　記録の作成及び保存に関する事項

　　　g　詰替えの実施状況についての組合法第91条《質問検査権》に基
　　　　づく当該職員による質問、検査の適切な実施に関し必要な事項

　　㈢　内部規程に基づいて詰替えを適切に行い、その管理記録及び当該管
　　　理記録の根拠となる書類を当該有機農畜産物加工酒類ごとに作成し、
　　　当該帳票等の閉鎖の日から3年以上保持すること。

　Ｃ　酒類の輸入における管理方法

　　㈠　輸入酒類の受入れ及び保管の責任者（受入保管責任者）として、酒
　　　類の販売に3年以上従事した経験を有する者を1人以上置き、次に掲
　　　げる職務を行わせていること。

　　　a　輸入酒類の受入れ及び保管に関する計画の立案及び推進

　　　b　工程に生じた異常、苦情等に関する処置及びその対策に関する指
　　　　導及び助言

　　㈡　次に掲げる事項について、その管理の実施方法に関する内部規程を
　　　具体的かつ体系的に整備していること。

　　　a　有機農畜産物加工酒類の受入れ及び保管に関する事項

　　　b　外国の政府機関等が発行する証明書の確認に関する事項

　　　c　出荷又は処分に関する事項

　　　d　記録の作成及び保存に関する事項

　　　e　輸入酒類の受入れ及び保管の実施状況についての組合法第91条
　　　　《質問検査権》に基づく当該職員による質問、検査の適切な実施に
　　　　関し必要な事項

　　㈢　内部規程に基づいて輸入酒類の受入れ及び保管を適切に行い、その
　　　管理記録及び当該管理記録の根拠となる書類を当該有機農畜産物加工
　　　酒類ごとに作成し、当該帳票等の閉鎖の日から3年以上保持すること。

ニ　表示基準2の(4)「品目の表示」について

　㈠　「品目の前若しくは後又は近接する場所」とは、消費者が「（有機農畜産
　　物加工酒類）」又は「（有機農産物加工酒類）」の表示を見たときに当該表
　　示の文字と品目の文字とが一体に表示されていると判断できる場所をいう。
　　なお、「（有機農畜産物加工酒類）」又は「（有機農産物加工酒類）」の表

示は、消費者が品目の文字と一体に表示されていると判断できるものであれば、2段書き等により表示することとしても差し支えない。

　　㊁　「品目の表示に用いている文字」とは、第86条の5《酒類の品目等の表示義務》の2《酒類の容器に対する品目等の表示の取扱い》の(3)に定める文字の大きさをいう。

(4)　表示基準3「有機農畜産物加工酒類の名称等の表示」について

　イ　表示基準3の(1)に規定する「有機農畜産物加工酒類であることを表す事項」には、例えば、有機果実酒（ワイン）、有機ビールなどのように有機等の文字と酒類の一般的な名称（酒類の品目を含む。）又は商品名の文字を一体的に表示する場合を含むものとする。

　ロ　表示基準3の(1)及び(2)に規定する「農畜産物等の一般的な名称」とは、例えば、米、麦、米こうじ、麦芽、卵などのように農畜産物等の内容を的確に表現し、一般的に理解される名称をいう。

　ハ　「転換期間中」の意義

　　　表示基準3の(2)に規定する「有機農産物又はこれを原材料として製造若しくは加工したもののうち、その名称に「転換期間中」と表示されているもの」とは、転換期間中のほ場（有機農産物の日本農林規格（平成17年農林水産省告示第1605号）第4条《生産の方法についての基準》の「ほ場」の基準2に該当するほ場をいう。）において生産された有機農産物及び当該有機農産物を原材料に使用した有機加工食品をいう。

　　㊟　「ほ場」とは、田、畑、果樹園など、農作物を栽培するために人為的に手が加えられ整備された所をいう。

(5)　表示基準4「輸入酒類に係る取扱い」について

　イ　「日本農林規格等に関する法律に規定する格付制度と同等の制度を有する国」とは、JAS法第12条第2項《輸入業者による格付の表示》の規定に基づき農林水産省令で定められた国をいう。

　ロ　「当該国の政府機関等」とは、当該国の政府機関、公的な認証機関及び当該国の制度の下で認証等を行うことができる機関等をいう。

　ハ　「証明書」とは、当該国の制度の下での認証等に係る酒類の名称、認証等に係るほ場・製造場等の名称及び住所、認証等の番号及び年月日、製造者の住所及び氏名又は名称、原産国、証明を行った政府機関等の住所及び氏名又

は名称等の記載があることにより、当該酒類が当該国の制度の下で認証等を受けたものであることが確認できる書面等をいう。

ニ　イに規定する国以外の国から輸入される酒類については、当該酒類の送り状等に当該酒類が表示基準2の(1)から(3)の規定を満たしていることを確認することができる書面等が添付されており、かつ、当該書面等を当該酒類を保税地域から引き取る者が保存している場合に限り、表示基準2の(1)から(3)の規定を満たすものとする。

なお、この場合において、原材料として使用する有機農産物、有機畜産物及び有機加工食品は、日本農林規格の格付けがなされているものを使用する必要があるのであるから留意する。

(6)　表示基準5「有機農畜産物等を原材料に使用した酒類における有機農畜産物等の使用表示」について

イ　有機農畜産物等の使用表示は、表示基準5の各号に定める要件を全て満たしている酒類について表示ができるものであり、その表示を義務付けるものではないのであるから留意する。

なお、有機農畜産物等の使用表示をする場合は、有機農畜産物等の使用割合を表示する必要があることから、例えば、酒類を混和し、混和後の酒類における有機農畜産物等の使用割合が計算できないときは有機農畜産物等の使用表示はできないのであるから留意する。

ロ　「当該酒類の品質が有機農畜産物加工酒類と同等又は優れている印象を与える方法」とは、「有機○○100％使用」、「100％有機○○使用」、「有機○○のお酒」、「有機だけのお酒」、「有機○○からつくったお酒」などのように有機農畜産物等が原材料の一部であるにもかかわらず、原材料の全部が有機農畜産物等であるかのような誤認を与える表示をいう。

(注)　「○○」は、「米」、「ぶどう」、「麦」、「卵」等、農畜産物等の一般的な名称である。

ハ　「品目の前若しくは後又は近接する場所」及び「品目の表示に用いている文字」の取扱いは、(3)のニに定めるところによる。

ニ　「酒類の一般的な名称又は商品名と一体的に表示」とは、「有機米使用清酒」、「有機ぶどう使用ワイン」などのような表示をいう。

ホ　輸入酒類に有機農畜産物等の使用表示をする場合における有機農畜産物等

の使用割合の確認の取扱いは、(5)に準じて行うものとする。

　　ヘ　有機農畜産物等の使用表示を行う場合における原材料として使用した酒類
　　の地理的表示に関する表示基準を定める件（平成27年国税庁告示第19号）
　　有機農畜産物等及び原材料の配合割合等の製造工程に関する記録の取扱いは、
　　(3)のハの(ハ)に準じて行うものとする。

(7)　表示基準の附則2の取扱い

　　「当該農産物等が有機農産物の日本農林規格又は有機農産物加工食品の日本
　　農林規格に適合するものであることが確認できる場合」とは、登録認定機関又
　　は生産工程管理者（農林物質の規格化等に関する法律及び独立行政法人農林水
　　産消費安全技術センター法の一部を改正する法律（平成29年法律第70号）
　　による改正前の日本農林規格等に関する法律第14条第2項《製造者等の行う
　　格付》の規定に基づき農林水産大臣又は登録認定機関による認定を受けた者）
　　から当該農産物等が有機農産物及び有機農産物加工食品の日本農林規格に適合
　　するものであることを証明する書面の交付を受け、当該書面を酒類製造者にお
　　いて保存している場合をいう。

〔編注〕本項は、国税庁告示の廃止に合わせ削除が予定されている（改正日：未定）。

○　酒類における有機の表示基準の廃止に関する資料

〈国税庁ホームページ（国税審議会酒類分科会資料）から抜粋〉

酒類における有機の表示基準の廃止及び重要基準の一部改正について

○　農林水産物・食品の輸出拡大実行戦略（令和3年12月改訂）において、日本農林規格等に関する法律（JAS法）を改正し、有機JAS制度について次の見直しを行う方向性が示された。

◆　JAS規格の対象に「有機酒類」を追加する。

◆　JAS規格と海外の規格との同等性の承認を得るための交渉（同等性交渉）を進める。

改 正 事 項 ①	改 正 事 項 ②
JAS法改正を前提に、酒類業組合法第86条の6第2項に基づく現行の「酒類における有機の表示基準」（平成12年国税庁告示第7号）を廃止	有機表示基準の廃止に伴い、「酒類の表示の基準における重要基準」（平成15年国税庁告示第15号）（※）における有機表示基準に関する規定を削除 （※）財務大臣は、表示基準のうち、酒類の取引の円滑な運行及び消費者の利益に資するため、特に表示の適正化を図る必要があるものを重要基準として定めることができることとされている。

　㊟　改正JAS法の公布後にパブリックコメント等の必要な手続を実施。

酒類の有機表示制度に関する主な改正事項

ＪＡＳ法の改正及びその目的・効果

・JAS法を改正しJAS規格の対象に「有機酒類」を追加。これに併せて、現行の「酒類における有機の表示基準」（告示）を改正JAS法の施行日をもって廃止。

・JAS法への酒類の有機表示制度の移管に伴い、同法を財務省と農林水産省の共管法に変更。

> 有機認証の同等性交渉を加速し、有機酒類の輸出の拡大を図る。

> 諸外国の多くでは、有機認証を受けなければ「有機」と表示不可。一方、国家間で「有機同等性」が認められれば、日本での有機認証をもって相手国で有機表示が可能。

JAS制度と同等の制度を有する国・地域（令和３年３月時点）
農林水産省ホームページより抜粋

○有機加工食品（有機農産物加工食品のみの場合を含む。）についてJAS規格による格付の制度と同等の水準にあると認められる格付の制度を有している国・地域

アメリカ合衆国・オーストラリア・カナダ・スイス・アルゼンチン・英国・ニュージーランド・EU・台湾※

※ 台湾は、公益財団法人日本台湾交流協会と台湾日本関係協会との間の民間取り決めを踏まえたもの。

経過措置

・ＪＡＳ法への酒類の有機表示制度の移管に伴い、一定の期間、酒類の製造場から移出（国内流通）し、又は保税地域から輸入する酒類について、従前の表示制度の適用を可能とする等の経過措置を設ける。

※ 廃止前の告示で定める食品添加物・薬剤の扱いについては、新JAS規格に定めるところに準ずるものとする。

〔編注〕「酒類の表示の基準における重要基準を定める件の一部改正」関係は省略。

○ 有機酒類に有機JASマークの表示ができるようになります！

〈農林水産省〉

プレスリリース	有機酒類に有機JASマークの表示ができるようになります！

令和4年9月30日
農林水産省

～有機酒類の輸出拡大に向けて～

これまでJASの対象ではなかった有機酒類について、JAS法の改正により、令和4年10月1日（土曜日）からJAS認証を取得すると、有機JASマークの表示ができるようになります。

1.背景

米国・EU等の海外市場においては、有機食品の人気が高く、野菜、果実などの生鮮食品に加えて、加工食品でも有機製品が高値で販売されるなど、その市場が拡大しています。
現在、農産物及び農産物加工品は、米国、カナダ、EU等と、JAS法（※）に基づく有機認証制度の同等性（同等の水準にあると認められていること）を締結しています。そのため、日本において有機JAS認証を取得することで、輸出先国・地域の有機認証を別途取得しなくても、有機農産物等として輸出することが可能です。
一方、酒類は、これまでJAS法の対象ではなかったため、農産物等とは異なり、諸外国との有機同等性の対象外となっていました。

2.今後期待されること

今般、JAS法が改正され、令和4年10月1日から有機加工食品のJAS規格の対象に有機酒類が追加されることとなりました。このため、有機酒類も、有機加工食品のJAS認証を取得すると、有機JASマークの表示ができるようになります。
なお、10月1日以降も、有機酒類は、主要市場国・地域との間に締結されている有機同等性の対象品目ではありません。そのため、農林水産省は、財務省と連携しながら、海外の主要市場国・地域との間で、有機酒類の同等性の相互承認に向けても取り組んでまいります。

日本農林規格等に関する法律（昭和25年法律第175号）
（参考）
○JAS法改正の概要について
https://www.maff.go.jp/j/jas/r4_jashou_kaisei.html

○2022年10月1日から有機酒類に有機JASマークの表示ができるようになりました！
（令和7年10月1日以降、酒類に「有機」、「オーガニック」等と表示するには、有機JAS認証を取得し、有機JASマークを付すことが必要）
https://www.maff.go.jp/j/jas/jas_kikaku/attach/pdf/yuuki-37.pdf(PDF：397KB)

○有機同等性について
https://www.maff.go.jp/j/jas/jas_kikaku/attach/pdf/yuuki-135.pdf(PDF：99KB)

お問合せ先
新事業・食品産業部食品製造課基準認証室

IV　酒類の地理的表示に関する表示基準

この基準は、酒類の地理的表示に関する表示基準を定めたものです。

　酒類の地理的表示制度とは、地域の共有財産である「産地名」の適切な使用を促進する制度です。

　お酒にその産地ならではの特性が確立されており、産地からの申立てに基づき、国税庁長官の指定を受けることで産地名を独占的に名乗ることができます。

　産地にとっては、地域ブランド確立による「他の製品との差別化」、消費者にとっては、一定の品質が確保されていることによる「信頼性の向上」という効果があります。

　WTO（世界貿易機構）の発足に際し、ぶどう酒と蒸留酒の地理的表示の保護が加盟国の義務とされたことから、平成6年に国税庁が制度を制定しました。後に平成27年に見直しが行われ、すべての酒類が制度の対象となりました。

平成27年国税庁告示第19号

（最終改正：令平成29年3月国税庁告示第6号）

　酒税の保全及び酒類業組合等に関する法律（昭和28年法律第7号）第86条の6第1項の規定に基づき、酒類の地理的表示に関する表示基準を次のように定めたので、同条第2項の規定に基づき告示する。

　なお、地理的表示に関する表示基準を定める件（平成6年12月国税庁告示第4号）及び地理的表示に関する表示基準第2項に規定する国税庁長官が指定するぶどう酒、蒸留酒又は清酒の産地を定める件（平成7年6月国税庁告示第6号）は、平成27年10月29日をもって廃止する。

酒類の地理的表示に関する表示基準

（定義）

1　次の各号に掲げる用語の定義は、当該各号に定めるところによる。

　⑴　「酒類」とは、酒税法（昭和28年法律第6号）第2条第1項に規定する酒類をいう。

　⑵　「酒類の品目」とは、酒税法第3条第7号から第23号までに掲げる酒類の区分をいう。

　⑶　「地理的表示」とは、酒類に関し、その確立した品質、社会的評価又はその他の特性（以下「酒類の特性」という。）が当該酒類の地理的な産地に主として帰せられる場合において、当該酒類が世界貿易機関の加盟国の領域又はその領域内の地域若しくは地方を産地とするものであることを特定する表示であって、次に掲げるものをいう。

　　イ　国税庁長官が指定するもの

　　ロ　日本国以外の世界貿易機関の加盟国において保護されるもの

　⑷　「酒類区分」とは、ぶどう酒、蒸留酒、清酒又はその他の酒類による区分をいう。

　⑸　「ぶどう酒」とは、酒類の品目のうち、果実酒及び甘味果実酒であって、原料とする果実がぶどうのみのものをいう。

(6) 「蒸留酒」とは、酒類の品目のうち、連続式蒸留焼酎、単式蒸留焼酎、ウイスキー、ブランデー、原料用アルコール及びスピリッツをいう。

(7) 「清酒」とは、酒類の品目のうち、清酒をいう。

(8) 「その他の酒類」とは、前3号に掲げる酒類以外の酒類をいう。

(9) 「使用」とは、酒類製造業者又は酒類販売業者が行う行為で、次に掲げる行為をいう。

　　イ　酒類の容器又は包装に地理的表示を付する行為

　　ロ　酒類の容器又は包装に地理的表示を付したものを譲渡し、引き渡し、譲渡若しくは引渡しのために展示し、輸出し、又は輸入する行為

　　ハ　酒類に関する広告、価格表又は取引書類に地理的表示を付して展示し、又は頒布する行為

（地理的表示の指定）

2　国税庁長官は、酒類の産地に主として帰せられる酒類の特性が明確であり、かつ、その酒類の特性を維持するための管理が行われていると認められるときには、次の各号に掲げる事項（以下「生産基準」という。）、名称、産地の範囲及び酒類区分を前項第3号イに掲げる地理的表示として指定することができる。

(1) 酒類の産地に主として帰せられる酒類の特性に関する事項

(2) 酒類の原料及び製法に関する事項

(3) 酒類の特性を維持するための管理に関する事項

(4) 酒類の品目に関する事項

3　国税庁長官は、前項の規定にかかわらず、次の各号のいずれかに該当する表示は、地理的表示として指定しない。

(1) 酒類に係る登録商標（商標法（昭和34年法律第127号）第2条第5項に規定する登録商標をいう。以下同じ。）と同一又は類似の表示であって、その地理的表示としての使用が当該登録商標に係る商標権を侵害するおそれがある表示

(2) 日本国において、酒類の一般的な名称として使用されている表示

(3) 産地の範囲が日本国以外の世界貿易機関の加盟国にある場合において、当該国で保護されない表示

(4) 前3号に掲げるもののほか、保護することが適当でないと認められる表示

（指定した地理的表示の取消し）

4　国税庁長官は、指定した地理的表示が次の各号のいずれかに該当するときは、指定を取り消すことができる。

⑴　使用されなくなった場合

⑵　指定した日以後に、地理的表示が前項第１号から第３号までの表示に該当することとなった場合

⑶　指定した日前に地理的表示が前項第１号から第３号までの表示に該当していたことが、当該指定した日から３箇月以内に明らかになった場合

⑷　前３号に掲げるもののほか、指定が適当でないと認められる場合

（指定した地理的表示の変更）

5　国税庁長官は、指定した地理的表示の生産基準、名称、産地の範囲及び酒類区分を変更することができる。

（地理的表示の確認）

6　国税庁長官は、第１項第３号ロに掲げる地理的表示を保護するに当たっては、当該地理的表示が第３項各号に該当しないことを世界貿易機関の加盟国との交渉を通じ又は世界貿易機関における地理的表示の登録情報により確認することができる。

（地理的表示の指定等に係る意見募集）

7　国税庁長官は、第２項の指定又は前項の確認をするときは、関連する資料をあらかじめ公示し、広く一般の意見を求める。

（地理的表示の指定等の公告）

8　国税庁長官は、第２項の指定、第４項の取消し、第５項の変更又は第６項の確認をした場合は、その旨を官報に公告する。

（地理的表示の保護）

9　地理的表示の名称は、当該地理的表示の産地以外を産地とする酒類及び当該地理的表示に係る生産基準を満たさない酒類について使用してはならないものとする。

当該酒類の真正の産地として使用する場合又は地理的表示の名称が翻訳された上で使用される場合若しくは「種類」、「型」、「様式」、「模造品」等の表現を伴い使用される場合においても同様とする。

（適用除外）

10 次の各号のいずれかに該当するときは、前項の規定は適用しない。

(1) 産地の範囲が日本国以外の世界貿易機関の加盟国にあるぶどう酒又は蒸留酒の地理的表示の名称を、平成６年４月15日前の少なくとも10年間又は同日前に善意で、ぶどう酒又は蒸留酒の商標（商標法第２条第１項に規定する商標をいう。以下同じ。）として日本国で継続して使用してきた場合に、当該商標を使用していた者がそのぶどう酒又は蒸留酒に当該商標を使用する場合

(2) 地理的表示の名称と同一若しくは類似の表示又はこれらの表示を含む登録商標について、平成８年１月１日前又は第２項の指定（第５項の規定により名称を変更した場合には当該変更）若しくは第６項の確認をした日前の商標登録出願に係る登録商標に係る商標権者その他商標法の規定により当該登録商標の使用（同法第２条第３項に規定する使用をいう。）をする権利を有する者が、その商標登録に係る指定商品又は指定役務（同法第６条第１項の規定により指定した商品又は役務をいう。）について当該登録商標を使用する場合

(3) 第２項の指定（第５項の規定により名称を変更した場合には当該変更）又は第６項の確認をした日前に使用されていた商標その他の表示について、国税庁長官が第８項の規定による公告の際に、前項の規定を適用しないものとして公示した当該商標その他の表示を使用する場合

(4) 自然人の氏名又は法人の名称として地理的表示の名称と同一又は類似の表示を使用する場合（公衆が地理的表示と誤認するような方法で使用する場合を除く。次号及び第６号において同じ。）

(5) 酒類製造業者の製造場又は酒類販売業者の販売場の所在地として地理的表示の名称と同一又は類似の表示を使用する場合

(6) 酒類の原料の産地として地理的表示の名称と同一又は類似の表示を使用する場合

(7) 地理的表示の酒類区分と異なる酒類区分の酒類に地理的表示の名称と同一又は類似の表示を使用する場合

⑻　第6項の確認をした地理的表示が次のいずれかに該当することとなり、その旨を官報により公告した地理的表示を使用する場合

　　イ　確認した日以後に、地理的表示が第3項第1号から第3号までの表示に該当することとなった場合

　　ロ　確認した日前に地理的表示が第3項第1号から第3号までの表示に該当していたことが、確認した日から3箇月以内に明らかになった場合

（地理的表示であることを明らかにする表示）

11　第1項第3号イに掲げる地理的表示を使用する場合（同項第9号イに掲げる行為により使用する場合に限る。）は、使用した地理的表示の名称のいずれか1箇所以上に「地理的表示」、「Geographical Indication」又は「ＧＩ」の文字を併せて使用するものとする。ただし、第2項の指定の日から2年を経過していない地理的表示その他国税庁長官がこの項を適用しないこととした地理的表示については、この限りでない。

12　地理的表示を使用していない酒類には、「地理的表示」、「Geographical Indication」又は「ＧＩ」の文字を使用してはならないものとする。

附則

1　この告示は、平成27年10月30日から適用する。ただし、第11項の規定は、平成29年10月30日以降に使用する地理的表示から適用する。

2　地理的表示に関する表示基準第2項に規定する国税庁長官が指定するぶどう酒、蒸留酒又は清酒の産地を定める件（平成7年6月国税庁告示第6号）において国税庁長官が指定していたぶどう酒、蒸留酒又は清酒の産地については、この告示の適用の日において、第1項第3号イの指定を受けたものとみなす。

3　この告示の適用の日前に、日本国以外の世界貿易機関の加盟国において保護される地理的表示として、世界貿易機関の加盟国との交渉を通じ確認した地理的表示については、なお従前の例による。

法令解釈通達

第86条の6　酒類の表示の基準

5　酒類の地理的表示に関する表示基準の取扱い

　　酒類の地理的表示に関する表示基準（平成27年10月国税庁告示第19号）の取扱いは、別に定めるところによる。

酒類の地理的表示に関する表示基準の取扱いについて（法令解釈通達）

平成27年10月30日課酒1-76

（最終改正：令和3年5月25日）

　　酒税の保全及び酒類業組合等に関する法律（昭和28年法律第7号）第86条の6第1項の規定に基づく酒類の地理的表示に関する表示基準（平成27年10月国税庁告示第19号）の取扱いを別冊「酒類の地理的表示に関するガイドライン」のとおり定めたから、平成27年10月30日からこれによられたい。

別冊　酒類の地理的表示に関するガイドライン

第1章　総論

1　意義

　　世界貿易機関を設立するマラケシュ協定附属書1-C知的所有権の貿易関連の側面に関する協定（平成6年12月28日条約第15号。以下「TRIPS協定」という。）を受け、日本国において酒類の地理的表示が酒類の表示の適正化を通じて保護されること、及び酒類の産地に主として帰せられる酒類の特性が明確であり、かつ、その酒類の特性を維持するための管理が行われている酒類を地理的表示として指定することを定めることにより、日本国内において製造、輸入又は販売される酒類並びに輸出される酒類の地理的表示の適正化を図るものである。

2　用語の定義

　　この酒類の地理的表示に関するガイドライン（以下単に「ガイドライン」という。）において、次の各号に掲げる用語の定義は、当該各号に掲げるところによる

ものとする。

　なお、酒類の地理的表示に関する表示基準（平成27年10月国税庁告示第19号。以下「表示基準」という。）で定義されている用語については、当該定義されているところによる。

⑴　「酒類製造業者」又は「酒類販売業者」とは、酒税の保全及び酒類業組合等に関する法律（昭和28年法律第7号。以下「酒類業組合法」という。）第2条《定義》第2項又は第3項に規定する酒類製造業者又は酒類販売業者をいう。

⑵　「製造場」とは、酒税法（昭和28年法律第6号）第7条《酒類の製造免許》第1項の規定により酒類の製造免許を受けた場所及び同法第28条《未納税移出》第6項の規定により製造場とみなされた場所をいう。

⑶　「販売場」とは、酒税法第9条《酒類の販売業免許》第1項の規定により酒類の販売業免許を受けた場所をいう。

⑷　「指定した日」とは、表示基準第8項の規定により地理的表示の指定をしたことを官報に公告した日のことをいう。

　　表示基準第4項の取消し、表示基準第5項の変更又は表示基準第6項の確認の日についても、それぞれその旨を官報に公告した日のことをいう。

⑸　「登録商標」とは、商標法（昭和34年法律第127号）第2条《定義等》第5項に規定する登録商標をいう。

3　「容器」又は「包装」の取扱い

　酒類の容器又は包装の取扱いは、「平成11年6月25日課酒1-36他4課共同　酒税法及び酒類行政関係法令等解釈通達の制定について（法令解釈通達）」の別冊第8編第1章第86条の6《酒類の表示の基準》の1⑴《表示の基準における「容器」又は「包装」の取り扱い等》の規定に関わらず、次のとおり取り扱う。

⑴　「容器」とは、酒類を収容し当該酒類とともに消費者（酒場、料理店等を含む。以下この第3項において同じ。）に引き渡されるびん、缶、たる等の器をいう。

⑵　「包装」とは、酒類を収容した容器とともに消費者に引き渡される化粧箱、包み紙その他これらに類するものをいう。

　　㊟　清酒のこもかぶり品のように、容器又は包装に直接表示することができない場合にさげ札等を用いて表示を行う場合は、当該さげ札等も酒類の「包装」に含まれるのであるから留意する。

⑶　「容器」又は「包装」には、運送、保管等のためだけに用いられるものも含む
ものとする。

4　地理的表示の指定

⑴　地理的表示の指定

　　表示基準第2項の規定による地理的表示の指定は、指定しようとする産地の酒
類に係る生産基準、名称及び産地の範囲を確認し、酒類製造業者及び酒類販売業
者（以下「酒類製造業者等」という。）の意見及び表示基準第7項の規定による
意見を勘案した上で、その内容が第2章で規定する「地理的表示の指定に係る指
針」に準拠していると認められた場合に行う。

⑵　商標権を侵害するおそれがある表示について

　　表示基準第3項第1号の規定に該当する表示は、地理的表示を指定した場合に、
当該地理的表示の名称と同一又は類似の登録商標に係る商標権者又は専用使用権
者（以下「商標権者等」という。）が、同法の規定による権利侵害として当該地
理的表示による侵害の停止等を請求することができることとなる表示をいう。

　　ただし、当該地理的表示に対して侵害の停止等を請求されるおそれがない場合
はこの限りではない。

㊟　例えば、「侵害の停止等を請求されるおそれがない場合」は、次の場合をい
う。

①　当該登録商標の商標権者が、その産地の自主的な取組みにより酒類の特性
を維持するための管理を行っている者と同一の場合（当該登録商標に係る商
標権について専用使用権が設定されているときは、酒類製造業者等が当該登
録商標を地理的表示として使用することについて、当該専用使用権の専用使
用権者の承諾を得ている場合に限る。）

②　当該登録商標の専用使用権者が、その産地の自主的な取組みにより酒類の
特性を維持するための管理を行っている者と同一の場合であって、酒類製造
業者等が当該登録商標を地理的表示として使用することについて、当該登録
商標の商標権者及び当該専用使用権者以外の当該専用使用権の専用使用権者
の承諾を得ている場合

⑶　酒類の一般的な名称について

　　表示基準第3項第2号の規定における「酒類の一般的な名称」とは、その名称

が日本国において特定の場所、地域又は国を産地とする酒類を指し示す名称ではなく、かつ、一定の原料若しくは製法により製造された酒類又は一定の性質を有する酒類を、日本国において日常の言語の中で用いられている用語として一般的に指し示す名称のことをいう。

　酒類の一般的な名称の判断は、次の事項を総合的に勘案した上で行う。

イ　新聞、書籍及びウェブサイト等の情報

ロ　日本国におけるその名称を用いた酒類の製造、販売状況

(4)　保護することが適当でないと認められる表示について

　次の表示は、表示基準第3項第4号における「保護することが適当でないと認められる表示」として取り扱う。

イ　不正競争防止法（平成5年法律第47号）第2条《定義》第1項第1号又は第2号に掲げる行為を構成する表示

　　(注)　例えば、次の表示をいう。なお、当該表示が登録商標であるか否かは問わない。

　　　①　他人の商品、営業の表示として需要者の間に広く認識されている表示であって、その使用により、その他人の商品、営業と混同を生じさせる表示

　　　②　他人の商品、営業の表示として著名な表示

ロ　指定しようとする表示の名称が、表示基準第2項の規定による地理的表示の指定又は表示基準第6項の規定による確認をした地理的表示の名称と同一の名称である場合。ただし、相互に区別することができる措置をした場合はこの限りでない。

5　日本国以外の世界貿易機関の加盟国において保護される地理的表示の確認

(1)　確認の意義

　表示基準第6項の規定による確認は、表示基準第9項において保護の対象となる表示基準第1項第3号ロに掲げる地理的表示について、その生産基準、名称、産地の範囲及び酒類区分を把握するとともに、第1項第3号ロに掲げる地理的表示が第3項各号に該当しないことを確認した上で、表示基準第9項において使用が禁止される場合を明らかにすることにより、行政が不正な地理的表示の使用に対して酒類業組合法第86条の6第3項に基づく指示等の行政処分を確実に行えるようにする目的で行うものである。

(2)　世界貿易機関における地理的表示の登録情報について

　　表示基準第6項の規定における「世界貿易機関における地理的表示の登録情報」とは、TRIPS協定第23条第4項に規定する、ぶどう酒及び蒸留酒についての多数国間通報登録制度により登録された情報をいう。

　㊟　多数国間通報登録制度が成立していないことから、表示基準第1項第3号ロに掲げる地理的表示については、現状では、加盟国との交渉を通じることによってのみ確認を行うことができる。

　　　なお、ぶどう酒及び蒸留酒以外の酒類の地理的表示については、当該制度の対象となっていないため、当該制度の成立後も加盟国との交渉を通じることによってのみ確認を行うことができる。

6　地理的表示の取消し等

(1)　表示基準第3項第1号の規定に該当することとなった場合について

　　次に掲げる場合には、表示基準第4項第2号の規定における「指定した日以後に、表示基準第3項第1号の表示に該当することとなった場合」として取り扱う。

　イ　地理的表示としての使用が登録商標に係る商標権を侵害するおそれがある表示ではないことを、当該登録商標の商標権者等の承諾を得ることにより担保している場合であって、その承諾が取消された場合

　ロ　地理的表示の名称と同一又は類似の商標が登録されたことにより、当該地理的表示の使用が当該登録商標に係る商標権を侵害するおそれがあることとなった場合（指定した日前に地理的表示の名称と同一又は類似の商標に係る登録の出願が行われ、指定した日以後に登録商標となった場合も含まれる。）

　　㊟　知的財産権においては、一般的に出願の日により権利の抵触に関する先後関係を決めることとなるが、表示基準における地理的表示の指定は国税庁長官の職権により行われるため、「指定した日」を基準として先後関係を判断することとしたものである。

(2)　指定が適当でないと認められる場合について

　　次の場合には、表示基準第4項第4号における「指定が適当でないと認められる場合」として取り扱う。

　イ　地理的表示の産地の範囲に当該地理的表示の酒類の品目に係る製造場を有する全ての酒類製造業者が、当該地理的表示の指定の取消しを求めている場合

ロ　酒類の特性を維持するための管理が適切に行われていないことが地理的表示
の指定後に判明した場合

(3)　取消しを求める申立て

表示基準第2項の規定により指定した地理的表示について、当該地理的表示が
表示基準第4項に該当すると考える者は、その理由を明らかにした上で、取消し
を求める旨の申立てを国税庁長官に行うことができる。

(4)　保護しないことを求める申立て

表示基準第6項の規定により確認した地理的表示について、当該地理的表示が
表示基準第10項第8号に該当すると考える者は、その理由を明らかにした上で、
保護しないことを求める旨の申立てを国税庁長官に行うことができる。

7　指定した地理的表示の変更

表示基準第5項の規定による指定した地理的表示の変更については、その変更内
容が第2章で規定する「地理的表示の指定に係る指針」に準拠していると認められ
た場合にのみ行う。

なお、生産基準のうち酒類の産地に主として帰せられる酒類の特性に関する事項
の変更については、地域ブランド価値の向上等を図るための変更を除き、原則とし
て行わない。

また、名称、産地の範囲、酒類区分又は生産基準のうち酒類の品目に関する事項
の変更については、原則として法令改正又は他の地理的表示の指定に起因する変更
についてのみ行う。

8　地理的表示の指定等に係る意見募集

意見募集については、表示基準第7項で規定する場合のほか、表示基準第4項の
取消し又は表示基準第5項の変更をする場合においても、必要に応じて意見募集を
行うものとする。

9　地理的表示の保護

(1)　複合名称の使用について

複数の語句からなる地理的表示の名称について、当該名称の個別の語句を使用
する場合は地理的表示の名称の使用に該当しない。ただし、表示基準第7項の地

理的表示の指定等に係る意見募集及び第8項の地理的表示の指定等の公告に際して、複数の語句からなる地理的表示の名称のうち、当該名称の個別の語句に下線を付すこと等により、その語句の使用も地理的表示の名称の使用に該当することを明確に示した場合を除く。

(2)　地理的表示の名称の翻訳について

　　表示基準第9項の規定における「翻訳」には、音訳（例えば、漢字の地理的表示の名称の読みをカタカナやローマ字等に置き換えて使用する場合等）も含まれることに留意する。

　　また、「地理的表示の名称が翻訳された上で」には、地理的表示を使用する者が翻訳した上で使用する場合のほか、地理的表示の名称を使用する者以外が地理的表示の名称を翻訳したものを使用する場合も含まれることに留意する。

(3)　酒類業組合法第86条の6第3項による基準を遵守すべき旨の指示について

　　次に掲げる酒類に係る地理的表示の使用に対しては、表示基準第9項に基づく酒類業組合法第86条の6第3項による基準を遵守すべき旨の指示を行わない。

イ　表示基準第1項第3号ロに掲げる地理的表示のうち、表示基準第6項の規定による確認をしていない地理的表示の名称を使用している酒類

ロ　表示基準第2項による地理的表示の指定の日又は表示基準第6項の規定による確認の日前に、当該地理的表示の名称と同一又は類似の表示を使用して市場に流通していたことが明らかである酒類

(4)　地理的表示の保護の申立て

　　酒類製造業者等が地理的表示の名称（表示基準第1項第3号ロに掲げる地理的表示については、表示基準第6項の確認をしたものに限る。）を使用してはならない酒類に地理的表示の名称を使用していることによって営業上の利益を侵害され又は侵害されるおそれがある者は、当該酒類製造業者の製造場又は当該酒類販売業者の販売場の所在地を所轄する税務署長に適切な措置を行うべきことを申立てることができる。

10　適用除外

(1)　登録商標との調整規定について

　　地理的表示の名称と同一若しくは類似又は地理的表示の名称を含む商標について、当該地理的表示を指定した日前に登録商標（当該日前に商標登録出願してお

り、当該日以後に登録商標になったものを含む。）であったものの使用について
は、表示基準第10項第2号に基づき、表示基準第9項の適用が除外されること
に留意する。

(注)　表示基準第10項第2号の規定は、地理的表示の名称と同一若しくは類似の
　　表示又はこれらの表示を含む登録商標の使用権と、表示基準第9項で規定する
　　地理的表示の使用の禁止に関する優劣関係の調整規定である。

　　　商標権の行使に当たっては、一般的に公益目的のために定められる公法上の
　　規制に服することとなるため、当該表示基準においても、酒類の取引の円滑な
　　運行、消費者の利益という公益目的に沿って商標権者は当該表示基準の規定の
　　範囲内で権利の行使が可能となる。一方で、TRIPS協定第24条第5項では、
　　地理的表示と商標権について優劣関係を定めているため、表示基準第10項第
　　2号において当該優劣関係を整理しているものである。

(2)　先使用されていた商標その他の表示の地理的表示の保護の適用除外について
　　　表示基準第10項第3号で規定する「国税庁長官が第8項の規定による公告の
　　際に、前項の規定を適用しないものとして公示した商標その他の表示」について
　　は、地理的表示を指定等した日前から使用していた登録商標ではない商標その他
　　の表示が、地理的表示の指定に伴って使用できなくなることにより、地理的表示
　　の指定、地理的表示の確認又は保護に関する行政執行に支障をきたすおそれがあ
　　ると認められる場合に限り、必要最小限の範囲で認めることとする。

(注)　地理的表示の名称と同一若しくは類似の表示又はこれらの表示を含む登録商
　　標に係る商標法第32条《先使用による商標の使用をする権利》及び第32条
　　の2の規定により「先使用による商標の使用をする権利」を有している者の当
　　該権利に係る商標について、表示基準第9項の適用を除外する場合については、
　　当該規定に基づき公告の際に公示することが必要であることに留意する。

(3)　酒類の原料の産地として地理的表示の名称と同一又は類似の表示を使用する場
　　合について
　　　表示基準第10項第6号の規定における「酒類の原料の産地として地理的表示
　　の名称と同一又は類似の表示を使用する場合」とは、例えば次のような表示の使
　　用が考えられる。なお、この場合にあっても公衆が地理的表示の名称と誤認する
　　ような方法で使用する場合は除かれることに留意する。

(例)　ぶどう酒の地理的表示「山梨」に関して、名称と同一である「山梨」という

表示を、長野県を産地とするぶどう酒の原料ぶどうの産地として使用（例えば、「山梨産ぶどう使用」と容器に表示する場合等）する場合。

11　地理的表示であることを明らかにする表示

表示基準第12項の規定は、表示基準第1項第3号ロに掲げる地理的表示の名称を使用している酒類について、当該地理的表示が表示基準第6項の確認をしたものであるかを問わず適用されることに留意する。

なお、「ＧＩ」の文字の使用については、公衆が地理的表示と誤認するような方法で使用している場合に限り、この規定を適用することとして差し支えない。

第2章　地理的表示の指定に係る指針

第1節　指定の要件

表示基準第2項においては、地理的表示として指定する要件として、

①　酒類の産地に主として帰せられる酒類の特性が明確であること、かつ、

②　その酒類の特性を維持するための管理が行われていること、

の2つを掲げている。

これら2要件の具体的内容は、以下のとおりである。

1　酒類の産地に主として帰せられる酒類の特性が明確であること

「酒類の産地に主として帰せられる酒類の特性が明確である」と認めるためには、以下の要素を全て満たしている必要がある。

①　酒類の特性があり、それが確立していること

②　酒類の特性が酒類の産地に主として帰せられること

③　酒類の原料・製法等が明確であること

(1)　酒類の特性があり、それが確立していること

「酒類の特性があり、それが確立していること」とは、次のとおりである。

イ　酒類の特性があること

酒類の特性については、表示基準第1項第3号における「酒類の特性」の定義（酒類に関し、その確立した品質、社会的評価又はその他の特性）に基づき、(イ)品質、(ロ)社会的評価のいずれかの特性（又はその他の特性）があることが必要である。

㈄　品質について

　　品質について特性があるとは、他の地域で製造される同種の酒類と比べて、原料・製法や製品により区別できることをいう。例えば以下の場合が該当する。

- ・　原料の種類、品種、化学的成分等が独特である場合
- ・　独特の製法によって製造される場合
- ・　製品が、独特の官能的特徴や化学的成分等を有している場合

㈁　社会的評価について

　　社会的評価があるとは、広く社会的に評価及び認知されていることを言い、それが新聞、書籍、ウェブサイト等の情報により客観的に確認できることが必要である。

　　また、表彰歴や市場における取引条件などにおいて、他の地域で製造される同種の酒類と区別でき、それが広く知られていることが必要である。

　　上記特性は、次の要素により整合的に説明できる必要がある。

- ・　官能的要素（香味色たく、口あたり等）
- ・　物理的要素（外観、重量、密度、性状等）
- ・　化学的要素（化学成分濃度、添加物の有無等）
- ・　微生物学的要素（酵母等の製品への関与等）
- ・　社会学的要素（統計、意識調査等）

　　なお、上記の全ての要素を網羅的に説明できる必要はなく、その酒類の特性に必要な要素のみ説明できればよいが、官能的要素については必ず説明できることが必要である。

　　また、説明に当たっては、「おいしい」、「味が良い」、「良質」、「すばらしい」又は「美しい」等の抽象的な表現は使用しない。

　　各要素については、可能な範囲で計数や指標を使用することによって検証可能な形で説明し、他の地域で製造される同種の酒類との違いについても説明できることが望ましい。

ロ　酒類の特性が確立していること

　　酒類の特性が確立しているとは、酒類の特性を有した状態で一定期間製造されている実績があることをいう。

㈨　「一定期間」の長さについては個別に判断することとなるが、その産地で

酒類の製造が開始されてからこれまでの期間で判断するのではなく、その産地で製造される酒類の品質が安定し、酒類の特性が形成された時点以降の期間で判断する。

　なお、「酒類の特性が形成された時点」とは、単にその産地で酒類製造免許を取得した時点を指すのではなく、酒類の特性を有する酒類の製造が始まった時点を示す必要があり、酒類の製造記録、新聞、書籍やウェブサイト等の情報により確認できる必要がある。また、当該産地の範囲に当該酒類の品目の製造場を有する者が複数いる場合、酒類の特性が形成された時点では、その全ての酒類製造業者において酒類の特性を有した酒類が取り扱われている必要はない。

(2)　酒類の特性が酒類の産地に主として帰せられること

　イ　基本的な考え方

　　「酒類の特性が酒類の産地に主として帰せられる」とは、酒類の特性とその産地の間に繋がり（因果関係）が認められることであって、その産地の自然的要因や人的要因によって酒類の特性が形成されていることをいう。

　　「自然的要因」とは、産地の風土のことであり、地形（標高、傾斜等）、地質、土壌、気候（気温、降水量、日照等）等が考えられる。

　　「人的要因」とは、産地で人により育まれ伝承されている製法等のノウハウのことであり、発明、技法、教育伝承方法、歴史等が考えられる。

　　すなわち、単に独自の原料・製法によって製造されているだけでは不十分であり、酒類の特性が産地と結びついていることが必要である。

　　(注)　酒類の「社会的評価が酒類の産地に主として帰せられる」と言えるためには、その地域に存在する個別の酒類製造業者の商品について評価及び認知されているだけでは不十分であり、その地域の酒類が全体としてその地域と繋がりがあるものとして社会的に評価及び認知されていることが必要であることに留意する。

　ロ　酒類区分ごとの考え方

　　「酒類の特性が酒類の産地に主として帰せられる」と言えるためには、酒類の区分ごとに、例えば、以下のような点が合理的に説明できることが必要である。

　　(イ)　ぶどう酒

- ・ 自然的要因としては、地形（標高、傾斜等）、地質、土壌、気候（気温、降水量、日照等）等がぶどうの品種、糖度、酸度、香味等にどのような影響を与えているかなど、人的要因としては、ぶどうの栽培方法の改良等がどのようにその産地のぶどう酒の特性を形成しているかなどについて、合理的に説明できることが必要である。
- ・ 単にその産地内で収穫されるぶどうを原料としているだけでは、産地に主として帰せられる特性とは言えない。

(ロ)　清酒

- ・ 自然的要因としては、当該産地の地質等が醸造用水の水質（硬度）にどのような影響を与えているか、気象条件がもろみの発酵温度にどのように影響を与えているかなど、人的要因としては、当該産地で開発された酵母の使用や、杜氏による伝承技術がどのように清酒の特性を形成しているかなどについて、合理的に説明できることが必要である。
- ・ 単に他の地域から高品質な品種の米を購入して原料としているだけでは、産地に主として帰せられる特性とは言えない。

(ハ)　蒸留酒

- ・ 自然的要因としては、当該産地の気候や地理的条件等に適した原料・製法が特性に与えている影響など、人的要因としては、他と区別される原料・製法（蒸留技術、貯蔵技術等）が伝承し、その原料を発酵させ蒸留した香味やその後の熟成により生み出された香味が、どのように蒸留酒の特性を形成しているかなどについて、合理的に説明できることが必要である。
- ・ 単に他の地域とは異なる珍しい原料を使用しているだけでは、産地に主として帰せられる特性とは言えない。

八　産地の範囲について

　　上記の基本的な考え方に鑑みれば、産地の範囲は、酒類の特性に鑑み必要十分な範囲である必要があり、過大や過小であってはならない。

(注)　産地の範囲については、原則として行政区画（都道府県、市町村（地方自治法（昭和22年法律第67号）第281条に定める特別区を含む。以下同じ。））、郡、区、市町村内の町又は字等の区分によることとし、それらによる区分が困難な場合には、経緯度、道路や河川等により明確に線引きできる必要がある。

(3)　酒類の原料・製法等が明確であること

　　原料・製法等が明確であるとは、酒類区分ごとに示した次の項目について、明確に示すことができることをいう。

　　なお、次に掲げる項目以外の項目についても、酒類の特性を明確にする観点から産地が自主的に定めることができる。

イ　ぶどう酒

　(イ)　原料

　　・　産地内で収穫されたぶどうを85％以上使用していること

　　・　酒類の特性上、原料とするぶどうの品種を適切に特定し、品種ごとのぶどうの糖度の範囲を適切に設定すること

　　・　原料として水を使用していないこと

　　・　原則として、ブランデーやアルコール等を加えていないこと

　(ロ)　製法

　　・　産地内で醸造が行われていること

　　・　酒類の特性上、製造工程において貯蔵が必要なものについては、産地内で貯蔵が行われていること

　　・　糖類及び香味料を加えること（補糖・甘味化）を認めること又は認めないことを示していること。認める場合については、加えることのできる糖類及び香味料の量を適切に設定すること

　　・　酸類を加えること（補酸）を認めること又は認めないことを示していること。認める場合については、加えることのできる酸の量を適切に設定すること

　　・　除酸することを認めること又は認めないことを示していること。認める場合については、減ずることのできる酸の量を適切に設定すること

　　・　総亜硫酸の重量を、ぶどう酒1キログラム当たり350ミリグラム以下の範囲で設定すること

　　　(注)　補糖・甘味化、補酸、除酸及び総亜硫酸の値の設定に当たっては、地域の気候・風土やぶどう品種を勘案し、過大なものであってはならない。

　(ハ)　製品

　　・　「果実酒等の製法品質表示基準」に規定する「日本ワイン」であること

　　・　アルコール分について適切に設定すること

- 総酸の値を適切に設定していること
- 揮発酸の値を適切に設定していること

ロ　清酒

(イ)　原料

- 原料の米及び米こうじとして、日本国で収穫された米を使用していること
- 産地内で採水した水を使用していること
- 米、米こうじ及び水以外の原料の使用を認める場合には、使用することのできる当該原料の重量の上限値を設定すること

（注）　一般的に、米、米こうじ及び水以外の原料の使用量は少ない方が酒類と産地との繋がりが明確になると考えられる。

(ロ)　製法

- 産地内で醸造が行われていること
- 酒類の特性上、製造工程において貯蔵が必要なものについては、産地内で貯蔵が行われていること

ハ　蒸留酒

(イ)　原料

- 酒類の特性上、必要な原料が明確であること

(ロ)　製法

- 産地内で原料の発酵及び蒸留が行われていること
- 酒類の特性上、製造工程において貯蔵が必要なものについては、産地内で貯蔵が行われていること
- 酒類の特性上、必要な製法が明確であること

（注）　蒸留酒においては、原料・製法がその酒類の特性を決定する特に重要な要素であり、明確に説明されていることが必要である。

ニ　その他の酒類

(イ)　原料

- 酒類の特性上、必要な原料が明確であること

(ロ)　製法

- 産地内で主要な製造工程が行われていること
- 酒類の特性上、必要な製法が明確であること

2 その酒類の特性を維持するための管理が行われていること

　地理的表示として指定するためには、その産地の自主的な取組みにより、酒類の特性を維持するための確実な管理が行われていることが必要である。

　「酒類の特性を維持するための管理」が行われていると認めるためには、一定の基準を満たす管理機関が設置されており、地理的表示を使用する酒類が、

①　生産基準で示す酒類の特性を有していること

②　生産基準で示す原料・製法に準拠して製造されていること

について、管理機関により継続的に確認が行われていることをいう。

㊟　生産基準で示す原料・製法等が酒税法その他の法令の規定により明瞭であり、かつ、国税庁が行う検査等により酒類の特性が継続的に管理されている場合については、管理機関による継続的な確認と同様の管理が行われているものとして認めることができる。

(1)　管理機関の構成等

　管理機関は、次に掲げる基準を満たしている団体である必要がある。

　イ　主たる構成員が地域内の酒類製造業者であること

　ロ　代表者又は管理人の定めがあること

　ハ　構成員は任意に加入し、又は脱退することができること

　ニ　管理機関が実施する業務について、構成員でない酒類製造業者も利用できること

　ホ　管理機関の組織としての根拠法、法人格の有無は問わないが、特定の酒類製造業者が組織の意思決定に関する議決権の50%超を有していないこと

(2)　管理機関の業務

　管理機関は、次に掲げる業務を実施している必要がある。

　なお、管理機関は、業務実施要領を作成し、構成員に配付するとともに、主たる事務所に備えて置く必要がある。

　イ　地理的表示を使用する酒類が、生産基準のうち酒類の特性に関する事項及び原料・製法に関する事項に適合していることの確認（以下「確認業務」という。）

　ロ　消費者からの問い合わせ窓口

　ハ　地理的表示の使用状況の把握、管理

ニ　国税当局からの求めに応じて、業務に関する資料及び情報を提供すること

ホ　その他イから二までに付随する業務

(3)　確認業務の実施方法等

イ　実施方法

確認業務は書類等の確認により行うほか、理化学分析及び官能検査により行うものであり、業務実施要領において、酒類の特性に関する事項及び原料・製法に関する事項ごとに、個々の酒類の特性に応じた確認方法、確認時期や頻度等を設定する必要がある。

イ　酒類の特性に関する事項の確認

酒類の特性に関する事項の確認は、理化学分析及び官能検査により行うものとする。

管理機関が直接実施する理化学分析等の他、酒類の製造業者に実施を義務付ける理化学分析等がある場合には、業務実施要領にその旨を規定する。

また、ぶどう酒及び清酒については、地理的表示を付した酒類の出荷前に、酒類の特性に関する事項について、管理機関が確認を行うことが必要である。

なお、理化学分析及び官能検査について管理機関が他の機関に委託して実施することとして差し支えない。

(注)　蒸留酒については、原料・製法がその酒類の特性の特に重要な要素であるため、管理機関が確認業務のうち酒類の特性に関する事項の確認を実施していない場合でも、管理が行われているとして取り扱う。

ロ　原料・製法に関する事項の確認

原料・製法に関する事項の確認は、書類等の確認及び理化学分析により行うものとする。

管理機関が書類等の確認を行うため、所定の記帳等を酒類の製造業者に義務付ける場合には、業務実施要領にその旨を規定する。

なお、書類等の確認による原料・製法に関する事項の確認については、最低でも年1回は実施する。

ロ　理化学分析

理化学分析については、あらかじめ定めた成分の基準に合致しているかを確認するために行い、公定法又は公定法に準ずる方法により製品ロットごとに行う。

八　官能検査

　　官能検査では、酒類の特性としてあらかじめ定めた官能的要素に合致していないような明らかな欠点が無いことを確認する。確認に当たっては、あらかじめ業務実施要領に審査基準を定めた上で実施する。

第２節　その他の指定に関する留意事項

1　酒類製造業者の同意について

　　地理的表示の指定に当たっては、原則として産地の範囲に当該酒類の品目の製造場を有する全ての酒類製造業者が、適切な情報や説明を受けた上で、地理的表示として指定することについて反対していないことが確認できた場合に行う。

2　産地の範囲の重複について

　　同一の酒類区分における産地の範囲の重複については、原則として、次に掲げる場合にのみ認めることとする。

⑴　ある地理的表示の産地の範囲内に包含される狭い範囲の地理的表示を指定する場合には、その生産基準が広い範囲の地理的表示の生産基準をすべて満たした上で、その産地に主として帰せられる酒類の特性を明確にしていること。

⑵　ある地理的表示の産地の範囲を包含する、より広い範囲の地理的表示を指定する場合には、狭い範囲の地理的表示の生産基準を踏まえた内容であること。

　　㊟　上記⑴、⑵によりがたい場合には、既存の地理的表示の産地の範囲から狭い産地の範囲を除くなど、地理的表示の範囲が重ならない形で指定することとする。

3　酒類の品目について

　　地理的表示を使用することとなる酒類の「酒類の品目」については、酒税法第３条《定義》第７号から第23号までに掲げる酒類の区分に従って定める必要があり、当該酒類が複数の酒類の区分に該当する場合には、その全てを定めることができる。

　　ただし、原則として酒類区分を異にする酒類の品目については定めることができない。

　　なお、当該定めた「酒類の品目」以外の酒類の品目に係る酒類に地理的表示を使用した場合は、生産基準を満たしていないとして違反表示となることに留意する。

4 　地理的表示の名称について

(1)　保護すべき地理的表示の名称が複数存在する場合は、その全てを名称として指定することができる。

(2)　指定しようとする地理的表示が、既に指定されている地理的表示の名称と同一の名称である場合は、相互に区別することができる名称とする必要がある。

(3)　地理的表示の名称は、原則として地名（産地名）である必要がある。

　　地名（産地名）には行政区画（都道府県、市町村）、郡、区、市町村内の町又は字等の名称のほか、社会通念上、特定の地域を指す名称（例えば旧地名）として一般的に熟知されている名称が含まれる。

　　なお、その名称が日本国において特定の場所、地域又は国を産地とする酒類を指し示す名称）であれば、地名（産地名）でなくとも地理的表示の名称とすることができる。

5 　管理機関について

(1)　管理機関が第2章第1節第2項の(1)で規定する基準を満たしている団体であることについては、管理機関の定款その他の基本約款により確認できる必要があることに留意する。

(2)　管理機関が第2章第1節第2項の(2)で規定する業務を実施していることについては、業務実施要領により確認できる必要があることに留意する。

第3章　地理的表示に関する手続き
第1節　地理的表示の指定手続き
1 　酒類の産地からの申立てについて

(1)　地理的表示の指定は、原則として、酒類の産地からの申立てに基づき行う。

(注)　産地からの申立てによらず地理的表示を指定する場合は、国税庁長官が生産基準、産地の範囲及び名称を第2章で規定する「地理的表示の指定に係る指針」に準じて定め、酒類製造業者等の意見及び表示基準第7項の意見を勘案した上で行う。

(2)　地理的表示の指定を希望する酒類製造業者及び酒類製造業者を主たる構成員とする団体は、その酒類に関する生産基準、名称及び産地の範囲について、当該産

地の範囲に当該酒類区分に係る製造場を有する全ての酒類製造業者と協議した上で、当該産地の範囲を所管する国税局長（沖縄国税事務所長を含む。以下同じ。）を通じて国税庁長官に、「地理的表示の指定に係る申立書」（様式1）により地理的表示の指定に係る申立てを行うことができる。

(3)　産地の範囲が日本国以外の世界貿易機関の加盟国にある場合において、表示基準第1項第3号イに掲げる地理的表示として指定を希望する者は、その酒類に関する生産基準、名称及び産地の範囲を取りまとめ、「地理的表示の指定に係る申立書」（様式1）により日本語で国税庁長官に地理的表示の指定に係る申立てを行うことができる。

(4)　申立てに当たっては、第2章で規定する「地理的表示の指定に係る指針」を踏まえて、申立書に必要な情報を記載するものとする。

　㊟　表示基準第2項の指定は、申立者に対して行政手続法第2条第1項第2号に規定する処分として行うものではないから、申立ては同法第2条第1項第3号に規定する申請ではないことに留意する。

2　申立て内容の確認について

　申立てを受けた国税局長は、地理的表示の指定をすることについて当該産地の範囲（必要に応じて当該産地近隣）の酒類製造業者等からの意見聴取、現地調査等を行った上で、申立て内容が第2章で規定する「地理的表示の指定に係る指針」を踏まえた適切なものであるか否かを確認する。

　申立て内容が適切であることが確認できた場合には、酒類区分、表示基準第3項に該当しないこと及び地理的表示の指定により使用できなくなる当該酒類の商標その他の表示のうち、引き続きその使用を認めるべき商標等の存在について確認し、申立て内容と合わせて国税庁長官に報告する。

　㊟1　地理的表示の指定により、その産地の酒類のうち一定の要件を満たした酒類だけが独占的に産地名を名乗ることができることとなるため、要件を満たさない酒類を製造している酒類製造業者は、産地名が名乗れなくなることにより事業活動に影響が生じる可能性がある。

　　　　また、酒類販売業者が行う広告における表示や店頭での販売促進のための表示等においても、適切に地理的表示の名称を表示した酒類のみ当該名称を名乗って販売することができることとなるため、事業活動に影響が生じる可能性

がある。

> したがって、地理的表示の指定は、原則として産地の範囲に当該酒類の品目の製造場を有する全ての酒類製造業者が、適切な情報や説明を受けた上で、地理的表示の指定に反対していないことを確認できた場合に行うこととしており、また、当該産地の範囲の酒類販売業者からの意見聴取も必要としていることに留意する。

(注)2　地理的表示の指定により使用できなくなる当該酒類の商標その他の表示のうち、引き続きその使用を認めるべき商標等は、必要最小限の範囲で認めることとする。

> なお、登録商標については、表示基準第10項第2号の規定により引き続き使用ができることに留意する。

(注)3　第1節第1項の(2)により申立てを受けた国税庁長官は、当該規定に準じて申立て内容の確認を行う。

3　生産基準等について

　国税庁長官は、国税局長からの報告内容及び関係書類を精査した上で、次に掲げる事項を踏まえ、表示基準第2項で規定する生産基準、名称、産地の範囲及び酒類区分を定める。

(1)　生産基準等を定めるに当たっては、申立書の内容を含め、産地の事業者団体等の意見を十分に勘案する。

(2)　生産基準のうち「酒類の特性を維持するための管理に関する事項」においては、原則として、次の事項を定める必要があることに留意する。

　イ　指定しようとする地理的表示に係る管理機関の名称及び主たる事務所の所在地

　ロ　地理的表示の名称を使用するためには、当該使用する酒類の出荷前に管理機関による酒類の特性の確認を受ける必要があるとする場合にはその旨

(3)　指定しようとする地理的表示について、表示基準第11項で規定する「地理的表示であることを明らかにする表示」を適用しないこととする場合については、名称においてその旨を定める必要があることに留意する。

4 地理的表示の指定等に係る意見募集について

　表示基準第7項による一般の意見募集を実施する。一般の意見募集は、行政手続法第39条に基づく意見公募手続として実施し、少なくとも30日間行う。

　なお、意見募集に当たっては、地理的表示の名称について、表示基準第9項に基づきその翻訳も保護の対象となる旨を併せて示す必要があることに留意する。

5 地理的表示の指定について

(1) 公告

　国税庁長官は、一般の意見募集の結果を踏まえ、地理的表示として指定することが適当であると認める場合には、地理的表示の指定を行う。

　地理的表示の指定に当たっては、表示基準第8項の規定に基づき、指定する地理的表示の名称、産地の範囲及び酒類区分について官報に公告する。この際、指定する地理的表示の生産基準については、国税庁ホームページに掲載する旨を併せて官報に公告する。

　また、指定した地理的表示の生産基準及び表示基準第10項3号の規定により表示基準第9項の規定を適用しないものとする商標その他の表示を国税庁ホームページに掲載し、公衆の縦覧に供する。

(2) 地理的表示として指定することが適当でない場合について

　国税庁長官は、一般の意見募集の結果を踏まえ、地理的表示として指定することが適当でないと認める場合については、地理的表示の指定を行わない。

　なお、当該指定手続きが酒類の産地からの申立てに基づき開始されたものである場合については、当該申立てを行った者に対して、第1節第2項により報告を行った国税局長を通じて地理的表示として指定することが適当でない理由を伝達する。

(注) 当該伝達は、その時点において地理的表示の指定が困難であったことを示すものに過ぎないから、地理的表示として指定することが適当でない理由が解消された場合には、改めて地理的表示の指定の検討を行うことができることに留意する。

第2節　その他の手続き

1　地理的表示の変更手続き

(1)　地理的表示の変更は、法令改正又は他の地理的表示の指定に起因する変更の場合を除き、当該地理的表示の管理機関からの申立てに基づき行う。

(2)　地理的表示の変更を希望する当該地理的表示の管理機関は、当該産地の範囲を所管する国税局長を通じて国税庁長官（産地の範囲が日本国以外の世界貿易機関の加盟国にある場合においては、国税庁長官。）に、「地理的表示の指定の変更に係る申立書」（様式２）により地理的表示の変更に係る申立てを行うことができる。

(3)　地理的表示の変更に係る申立てを受けた国税局長は、第１節第２項の規定に準じて申立て内容の確認等を行い、その結果を国税庁長官に報告する。

(4)　国税庁長官は、国税局長からの報告内容を精査した上で、変更が適当であると認める場合には、表示基準第２項で規定する生産基準、名称、産地の範囲及び酒類区分の変更を行う。

(5)　地理的表示の変更に当たっては、表示基準第８項の規定に基づき、変更する地理的表示の名称、産地の範囲及び酒類区分について官報に公告する。この際、指定する地理的表示の生産基準については、国税庁ホームページに掲載する旨を併せて官報に公告する。

　　また、変更した地理的表示の生産基準を国税庁ホームページに掲載し、公衆の縦覧に供する。

(6)　地理的表示の変更が適当でないと認める場合であって、当該変更手続きが管理機関からの申立てに基づき開始されたものである場合については、(3)により報告を行った国税局長を通じて、地理的表示の変更が適当でない理由を伝達する。

2　地理的表示の指定の取消しを求める申立て手続き

(1)　第１章第６項の(3)の規定による申立ては、取消しを求める地理的表示の産地の範囲を所管する国税局長を通じて、国税庁長官に対して「地理的表示の指定の取消しに係る申立書」（様式３）により行うことができる。

(2)　申立てを受けた国税局長は、取消しを求める理由について、当該地理的表示の管理機関、当該産地の範囲（必要に応じて当該産地近隣）の酒類製造業者等からの意見を踏まえた上で事実関係の確認を行い、その結果を国税庁長官に報告する。

(3)　国税庁長官は、国税局長からの報告内容を精査した上で、当該理由が表示基準第4項で規定する事由に該当すると認めた場合には、地理的表示の指定を取り消す。

　　地理的表示の指定の取消しに当たっては、表示基準第8項の規定に基づき、取消した旨を官報に公告する。

㊟　地理的表示の指定の取消しを求める申立てによらず地理的表示の指定を取り消す場合は、国税庁長官が当該地理的表示の管理機関、当該産地の範囲（必要に応じて当該産地近隣）の酒類製造業者等からの意見を踏まえた上で、表示基準第4項で規定する事由に該当している場合に行うものとする。

3　地理的表示を保護しないことを求める申立て手続き

　第1章第6項の(4)の規定による申立ては、国税庁長官に対して「地理的表示の保護をしないことを求める申立書」（様式4）により行うことができる。

　申立てを受けた国税庁長官は、地理的表示を保護しないことを求める理由について、当該地理的表示の産地の範囲がある国等の関係者の意見を踏まえた上で精査を行い、当該理由が表示基準第10項第8号で規定する事由に該当すると認めた場合には、当該地理的表示を保護しないこととし、その旨を官報に公告する。

　また、当該地理的表示を保護しないことを国税庁ホームページに掲載し、公衆の縦覧に供する。

4　地理的表示の保護の申立て手続き

　第1章第9項の(4)の規定による申立ては、税務署長に対して「地理的表示の保護を求める申立書」（様式5）により行うことができる。

　申立てを受けた税務署長は、当該申立て内容を国税局長を通じて国税庁長官に連絡した上で、酒類業組合法第91条（質問検査権）に基づく調査を実施する。

　調査が終了した場合には、調査結果等を国税局長を通じて国税庁長官に連絡する。

㊟　調査結果等については、申立てを行った者に対して回答しないことに留意する。

164

様式1　地理的表示の指定に係る申立書

様式1

地理的表示の指定に係る申立書

令和　年　月　日

国税庁長官殿

（申立者）
住所又は所在地
氏名又は名称
代表者名
電話番号

　下記の酒類については、別紙に掲げる理由から「酒類の地理的表示に関する表示基準（平成27年10月国税庁告示第19号）」第2項に規定する地理的表示として指定をすることが適当であると考えられますので、関係書類を添えて申し立てます。

記

1　名称

2　産地の範囲

3　酒類区分

4　酒類の品目

（関係書類）
- □　産地の範囲に当該酒類区分に係る製造場を有する全ての酒類製造業者の名簿
- □　産地における地理的表示の指定に関する協議の状況
- □　管理機関の定款その他の基本約款
- □　管理機関の業務実施要領
- □　名称が表示基準第3項第1号の規定に該当する表示である場合においては、侵害の停止等を請求されるおそれがないことを証する書類
- □　産地の範囲が日本国以外の場合の世界貿易機関の加盟国にある場合においては、当該国で保護されていることが分かる書類

様式1　地理的表示の指定に係る申立書（別紙）

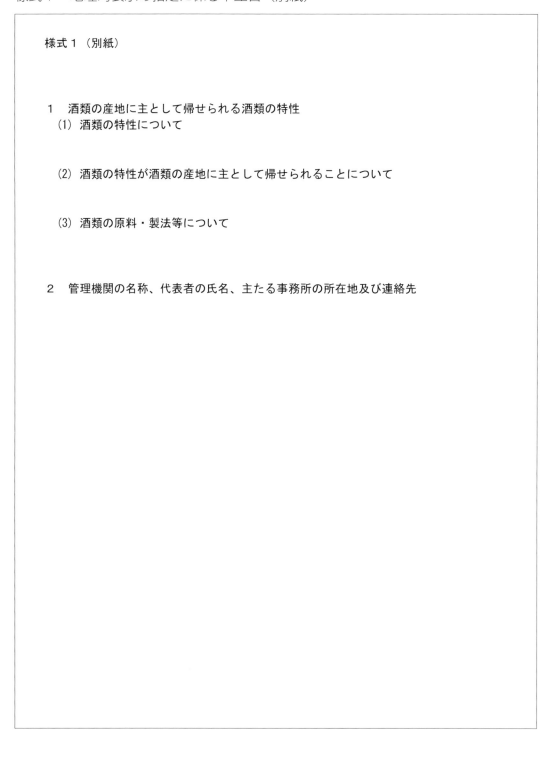

様式1（別紙）

1　酒類の産地に主として帰せられる酒類の特性
　(1)　酒類の特性について

　(2)　酒類の特性が酒類の産地に主として帰せられることについて

　(3)　酒類の原料・製法等について

2　管理機関の名称、代表者の氏名、主たる事務所の所在地及び連絡先

様式2　地理的表示の指定の変更に係る申立書

様式2

地理的表示の指定の変更に係る申立書

令和　年　月　日

国税庁長官殿

（申立者）
管理機関の名称
代表者名
電話番号

　地理的表示「　　　　　　」は、下記のとおり変更することが適当であると考えられますので申し立てます。

記

1　変更内容

2　変更理由

様式3　地理的表示の指定の取消しに係る申立書

様式3

地理的表示の指定の取消しに係る申立書

令和　年　月　日

国税庁長官殿

（申立者）
住所又は所在地
氏名又は名称
代表者名
電話番号

　地理的表示「　　　　　」は、下記の理由から指定を取り消すことが適当であると考えられますので申し立てます。

記

1　地理的表示の指定の取消しが必要な理由

2　表示基準第4項の該当条項
　□　第4項第1号
　□　第4項第2号
　□　第4項第3号
　□　第4項第4号

様式4

地理的表示の保護をしないことを求める申立書

令和　年　月　日

国税庁長官殿

（申立者）
住所又は所在地
氏名又は名称
代表者名
電話番号

　地理的表示「　　　　　　」は、下記の理由から保護をしないことが適当であると考えられますので申し立てます。

記

1　地理的表示の保護をしないことが適当な理由

2　表示基準第 10 項第 8 号の該当条項
　・第 10 項第 8 号イ
　　□　第 3 項第 1 号
　　□　第 3 項第 2 号
　　□　第 3 項第 3 号

　・第 10 項第 8 号ロ
　　□　第 3 項第 1 号
　　□　第 3 項第 2 号
　　□　第 3 項第 3 号

様式5

地理的表示の保護を求める申立書

令和　年　月　日

税務署長殿

（申立者）
住所又は所在地
氏名又は名称
代表者名
電話番号

　下記のとおり、酒類製造業者等が地理的表示を使用してはならない酒類に地理的表示を使用していると考えられますので、当該地理的表示を保護すべきことを申し立てます。

記

1　保護を求める地理的表示

2　当該地理的表示を使用している酒類製造業者等
　（1）住所又は所在地

　（2）氏名又は名称

3　使用実態

令和3年7月　国税庁

「酒類の地理的表示に関する表示基準」Q＆A　改正履歴

版数	発行日	改訂履歴
第1版	令和3年7月2日	初版発行

本Q＆Aでは以下の略称を使用しています。

表示基準	酒類の地理的表示に関する表示基準（平成27年10月30日国税庁告示第19号）
ガイドライン	酒類の地理的表示に関する表示基準の取扱いについて（法令解釈通達）
ＧＩ	地理的表示

【地理的表示の指定（第2項、第3項関係）】

問1

地域団体商標を登録していますが、類似の名称で地理的表示の指定を受けることはできますか。

答　通常「東京ワイン」など産地名と商品名のみからなる商標は商標登録ができませんが、商標法第7条の2で規定されている「地域団体商標制度」に基づき一定の要件を満たした場合には商標登録を受けることができます。

地理的表示の指定より先に、このような類似の名称が商標登録されている場合は、地理的表示の名称の使用により商標権を侵害するおそれが生じるため、表示基準第3項(1)により地理的表示の指定はできません。ただし、当該登録商標の権利者が、地理的表示の管理機関を組成しようとしている者と同一の場合等はこの限りではありません。

この場合、地域団体商標では自主的な取り組みにより行われている品質維持に関する取り組みについて、地理的表示では生産基準として明文化していただく必要が生じます。

地域団体商標における品質ルールと地理的表示における品質ルールが異なる場合は、その「同一性」に疑義が生じるため、地理的表示の指定をすることができません。また、地理的表示の指定後、地域団体商標における品質ルールが地理的表示の生産基準と乖離してしまった場合には、酒類の特性を維持するための管理が適切に行われていないものとして、地理的表示を取り消す可能性があります。

なお、両制度とも「地域ブランド」の付加価値向上に資する制度であり、消費者に対して確立した品質であることを正確に伝えていく観点からも、両制度を整合的に運用していただくことが必要です。

問2

清酒の原料となる水は、産地内で採水した水を使用する必要がありますが、当該水が水道水の場合、どの場所が採水地となりますか。

答 「採水」とは、原料の水を酒類製造者が自己の管理下に置くことと考えています。

なお、「○○川の表流水を採取したもの」など水の水源を特定したい場合は、その旨を生産基準等で明確にする必要があります。

（例）

1. 公的に管理されている水道から採水する場合

   酒類製造者が設置した給水用具の場所が「採水地」です。

2. 地下水をくみ上げて採水する場合

   井戸やポンプ等の設置場所が「採水地」です。

3. タンクローリー等で水を輸送等する場合

   タンクローリー等に給水した場所が「採水地」です。

問3

休業中の酒類製造業者や試験製造免許者も指定に関する同意の対象となりますか。また、書面での手続は必要ですか。

答 休業中の酒類製造業者は、製造再開後は「酒類の地理的表示に関する表示基準」（以下「表示基準」といいます。）を遵守することが必要ですので、同意の対象となります。試験製造免許者は、販売を目的として酒類を製造する者ではないため、移出する酒類は表示基準を遵守することが必要ですが、原則として同意の対象とする必要はありません。

また、同意に関しては書面等の特定の様式を用いる必要はなく、総会の決議等の他の方法によることも可能ですが、何らかの形式で同意を得たことの記録を残していただくことが必要です。

なお、酒造組合等の酒類製造者により組織されている団体が活動単位としている地域の範囲の一部又は全部と重複する地域を産地の範囲として地理的表示の指定を受けようとする場合は、その団体からも同意を得ていただく必要があります。

【指定した地理的表示の変更（第5項関係）】

問4

指定後に生産基準の内容を変更することはできますか。

答　地理的表示の名称、産地の範囲、酒類区分又は生産基準のうち酒類の品目に関する事項の変更については、原則として法令改正又は他の地理的表示の指定に起因する変更についてのみ行うことができます。例えば、市町村合併を起因として産地の範囲を変更する場合が考えられます。

また、生産基準のうち酒類の産地に主として帰せられる酒類の特性に関する事項の変更については、地域ブランド価値の向上等を図るための変更を除き、原則として行わないこととしています。さらに、地域ブランド価値の向上等を図るための変更とは、単に原料や製法を厳しくすればよいといったものではなく、その変更の根拠についても消費者等に十分に理解されるように努めなければなりません。

例えば、ぶどう酒において新たなぶどう品種を原料に追加する場合については、一定のぶどう栽培期間（ぶどうは年1回収穫されますので数年間。）に渡って追加しようとする品種を用いてワインを製造し、管理機関がそのワインの品質を評価して知見を蓄積するなど、対外的に説明が可能な根拠を準備していただく必要があります。

【地理的表示の保護（第9項関係）】

問5

地理的表示の保護はどのような考え方の下で行われるのでしょうか。

答　地理的表示は、WTO（世界貿易機関）協定の附属書であるTRIPS協定（知的所有権の貿易関連の側面に関する協定）により、知的財産権の1つであると定義されています。TRIPS協定では、知的財産権は私権とされ、民事裁判手続きによる権利保護と権利者の申し立てによる国境措置の実施が求められています。他方で、地理的表示では例外規定が設けられており、これらの手続き等を行政上の措置に代えることができることとされています。

　この例外規定に基づき、日本の酒類の地理的表示については、国税庁における表示基準として執行していますが、その運用に関しては、TRIPS協定の主旨を踏まえ、民事上の司法手続きの代替としての措置であることを尊重すべきであると考えております。

　そこで、ガイドライン第1章9では「地理的表示の保護の申立て」に関する手続きを定めており、地理的表示の使用に関して利害関係を有する者[注1]は、税務署長に対して適切な措置（表示の取り締まり）を求める申し立てができることとしています。

　税務署等では、原則としてこの申し立てに基づき、地理的表示の保護を行うこととしています[注2]。

(注)1　具体的には、「地理的表示の名称を使用してはならない酒類に地理的表示の名称を使用していることによって、営業上の利益を侵害され又は侵害されるおそれがある者」が申し立てできます。同じ知的財産権である商標権等と異なり、地理的表示は地域共有の財産であり、私権ではあるものの特定の者が使用権等を独占すべきではないという解釈が一般的です。

(注)2　消費者利益の確保等の観点から、税務署等が申し立てによらない地理的表示の保護を行うことを排除するものではありません。

「日本酒」に炭酸ガスを混和した酒類は「日本酒」の表示ができますか。

答　酒税法上、炭酸ガスの混和は製造行為に該当（以下「みなし製造」といいます。）しますが、酒類に炭酸ガスの混和をした酒類の品目は、混和前の酒類の品目とすることとされています。

　　ＧＩ日本酒は、酒税法の清酒の定義を基本にしていることから、「日本酒」に炭酸ガスを混和した酒類であっても「日本酒」の表示ができます。

　　なお、ＧＩ日本酒以外の地域ＧＩについても同様の取扱いとなります。

生産基準を満たす酒類に食品添加物（着色料）として金箔を加えた場合でもＧＩを表示できますか。

答　生産基準を満たす酒類に食品添加物（着色料）として金箔を加えた場合でも、ＧＩの表示は可能です。

　　このような、みなし製造以外の原料の使用（例えば、金箔（食品添加物）を酒類に加えること）又は製法であって、生産基準で明文化されていない行為が行われた場合については、次のとおり適否を判定することになります。

①　酒税法又は他の法令により、酒類でなくなる又は酒類の品目が変わるかどうか。

②　生産基準又は業務実施要領で規定している事項(注)に反しているかどうか。

　　なお、以上で判定できない場合は、その行為が酒類の特性を損なうものでないかを管理機関が個別に判断することとなります。

(注)　例えば、生産基準を満たす酒類に金箔を加えることを禁じたい場合は、生産基準等でその旨を規定する必要があります。

【地理的表示であることを明らかにする表示（第11項、第12項関係）】

問8

　管理機関が実施する確認業務において生産基準を満たしていると認められた酒類には必ず地理的表示等の表示をしなければならないでしょうか。

答　管理機関が実施する確認業務において、構成員等から確認の申込みがあった酒類が「酒類の産地に主として帰せられる酒類の特性に関する事項」及び「酒類の原料及び製法に関する事項」（以下「生産基準」という。）を満たしていると認められた場合であっても、当該酒類の容器又は包装に地理的表示を表示するかどうかは当該酒類を製造した酒類製造者の判断によることとなります。

　なお、当該酒類に地理的表示の名称を使用する場合は、使用した地理的表示の名称のいずれか一箇所以上に「地理的表示」、「Geograhpical Indication」又は「ＧＩ」の文字を併せて使用する必要があります。

　また、適用除外（先使用や登録商標等）を受けている酒類について、管理機関が実施する確認業務を受けた結果、生産基準を満たしていると認められた場合は、その後出荷する酒類について、引き続き、地理的表示の名称の表示を行おうとする場合には、「ＧＩ」等の地理的表示であることを明らかにする表示を併せて行う必要が生じます。

平成28年３月　国税庁酒税課

平成28年３月

酒類の地理的表示
活用の手引き

国税庁　酒税課

酒類の地理的表示 活用の手引き

はじめに

　地理的表示制度は、酒類の確立した品質や社会的評価がその酒類の産地と本質的な繋がりがある（主として帰せられる）場合において、その産地名を独占的に名乗ることができる制度です。

　この制度は、ヨーロッパを中心に古くから国際貿易の主要産品として取引されてきたワインの原産地呼称制度を起源とするものです。ワインのラベル表示は、ワインの出所や品質の判断要素として消費者に重要視されてきましたが、著名になった産地名を名乗る安価なブレンドワインも流通したことなどから、フランス等のワイン主産国では、産地名を名乗ることができる基準である原産地呼称制度を公的に定め、製造者と消費者の双方の利益を確保してきました。

　日本では、ＷＴＯ（世界貿易機関）の発足に際し、ぶどう酒と蒸留酒の地理的表示の保護が加盟国の義務とされたことから、国税庁が「地理的表示に関する表示基準」を平成６年に制定し、国内外の地理的表示について適正化を図ってきたところです。

　国内の地理的表示としては、焼酎の「壱岐」、「球磨」、「琉球」、「薩摩」、清酒の「白山」、ぶどう酒の「山梨」の６産地を指定してまいりましたが、更なる制度の活用のため、平成27年10月に見直しを行い、地理的表示の指定を受けるための基準の明確化を行うとともに全ての酒類を制度の対象としました。

　また、地理的表示として規定された一定の基準を満たした酒類であることを消費者が容易に見分けることができるよう、地理的表示を名乗る酒類には、そのラベルに「地理的表示〇〇」等の表示を行うことを義務化しました。

　酒類への地理的表示の使用は、正しい産地であるかどうかを示すだけでなく、その品質についても一定の基準を満たした信頼できるものであることを示すこととなります。

　今後、この制度が広く活用されていくことにより、国内外に対して日本各地の特色ある酒類が広く認知され、日本産酒類のブランド価値が向上していくことを期待しております。

国税庁　酒税課

1

① 地理的表示（GI）とは

ポイント

➤ 地域の共有財産である「産地名」の適切な使用を促進する制度です。

➤ 産地名が有する「ブランド価値」を保護します。

➤ 消費者が適切に商品選択をすることができるようになります。

1. 一般的な産地名の表示

　「東京焼酎」や「焼酎 東京産」等と産地名をラベルに表示し、その酒類が特定の地域に由来することを特徴の1つとして販売している酒類があります。

　このような産地名の表示に関しては、酒類に限らず一般的に、産地を偽ったり、産地を誤認させるようなものでなければ表示することができます。

（注）「果実酒等の製法品質表示基準（平成27年10月国税庁告示第18号）」等のように、地名の表示に関して個別の表示ルールがある酒類もありますので、ご注意ください。

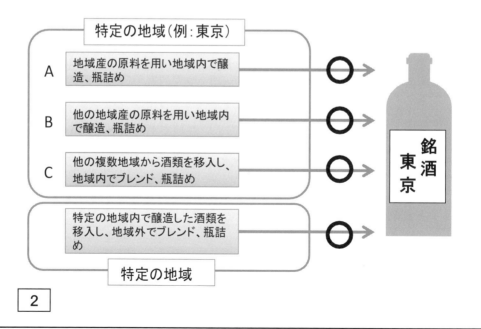

特定の地域（例：東京）

A　地域産の原料を用い地域内で醸造、瓶詰め

B　他の地域産の原料を用い地域内で醸造、瓶詰め

C　他の複数地域から酒類を移入し、地域内でブレンド、瓶詰め

特定の地域内で醸造した酒類を移入し、地域外でブレンド、瓶詰め

特定の地域

銘酒
東京

2

2. 地理的表示である場合の産地名の表示

　長年特定の地域で酒類が製造された結果、その地域の酒類が土地の風土と繋がる特別な品質を持つようになった場合など、その地域で産出されたことが消費者にとっての付加価値（ブランド）となる場合があります。

　このような場合、例え産地を偽ったものでなくとも、その土地の風土に繋がる特別な品質を持っていない酒類にまで自由に産地名が表示されると、消費者は期待通りの商品選択ができません。

　結果的に、その地域の事業者の努力により築き上げた消費者にとっての付加価値である「ブランド価値」が棄損し、その地域の産業発展が阻害されることとなってしまいます。

　しかし、産地名はその地域の共有の財産であり、通常は商標権のように特定の者だけが独占的に使用することにはなじみません。

　そこで、地理的表示制度では、その地域に由来する確立した品質や社会的評価を有する酒類の産地名を「地理的表示」とし、産地名を名乗ることができる基準（生産基準）を事前に定め、当該基準を満たさない酒類への産地名の表示を禁止することにより、事業者と消費者双方の利益を確保します。

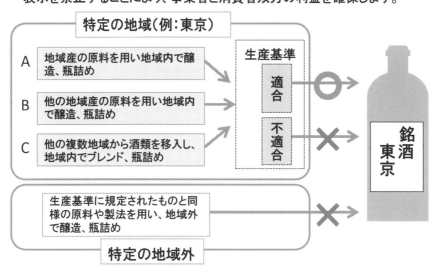

・その土地で製造していることが事実であっても、生産基準に適合していないものは産地名の表示不可
　（例えば、清酒の生産基準で東京産の山田錦（米の品種）を原料とすることを規定している場合、東京産のコシヒカリを原料とした清酒には産地名の表示不可）
・生産基準に規定されたものと同様の原料や製法を用いたものであっても、地域外で製造されたものには産地名の表示不可

3

181

② 酒類の地理的表示の制度概要

ポイント

▶ 酒類の地理的表示は国税庁長官が指定します。
▶ 地理的表示の名称は、産地以外を産地とする酒類及び生産基準を満たさない酒類には使用できません。
▶ 地理的表示を酒類容器に表示する場合には、「地理的表示○○」等の表示を併せて行う必要があります。

1. 地理的表示の指定

　酒類の地理的表示の指定は、原則として、酒類の産地からの申立てに基づき行います。
　指定を受けるためには次の2つの要件を満たすことが必要です。

① 酒類の産地に主として帰せられる酒類の特性が明確であること
・ 酒類の特性があり、それが確立していること
・ 酒類の特性が酒類の産地に主として帰せられること
・ 酒類の原料・製法等が明確であること
② 酒類の特性を維持するための管理が行われていること

酒類の地理的表示の指定の枠組み

酒類の産地

① 産地の事業者の意見を集約

産地の事業者団体等

② （原則として）産地の事業者団体等が申立て

国税庁長官

③
・ 申立ての内容が指定要件に適合しているかを確認
・ パブリックコメント等により広く一般の意見を求める

④
地理的表示の指定
（指定した旨は官報に公告する）

地理的表示
1. 地理的表示の名称
2. 産地の範囲
3. 酒類区分
（ぶどう酒、蒸留酒、清酒、その他の酒類のいずれかに区分）
4. 生産基準
（酒類の特性、酒類の原料及び製法　等）

4

2. 地理的表示の保護

A. 禁止される表示

地理的表示の名称は、
① 当該地理的表示の産地以外を産地とする酒類、
② 当該地理的表示に係る生産基準を満たさない酒類、
について使用することができません。

また、当該酒類の真正の産地として使用する場合又は地理的表示の名称が翻訳された上で使用される場合若しくは「種類」、「型」、「様式」、「模造品」等の表現を伴い使用される場合においても同様に使用することはできません。

【例】地理的表示「壱岐（焼酎）」について

長崎県壱岐市以外で製造された焼酎に次のような表示はできません。

銘酒 壱岐 ✕

壱岐焼酎（虎ノ門産）✕

壱岐風焼酎 ✕

壱岐式焼酎 ✕

焼酎 壱岐タイプ ✕

壱岐焼酎 イミテーション ✕

B. 使用の範囲

上記「A. 禁止される表示」における「使用」とは、酒類製造業者又は酒類販売業者による行為であり、次のものをいいます。
- 酒類の容器又は包装に地理的表示を付すこと
- 酒類の容器又は包装に地理的表示を付したものを販売等すること
- 酒類に関する広告等として地理的表示を付すこと

【例】違反となる使用について

長崎県壱岐市以外で製造された焼酎には、次のような酒類ラベルへの表示及び販売場のPOP表示を行うことはできません。

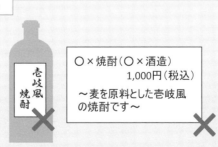

壱岐風焼酎 ✕

〇×焼酎（〇×酒造）
1,000円（税込）

～麦を原料とした壱岐風の焼酎です～ ✕

5

183

C. 保護の適用除外

地理的表示として指定された後についても、次の表示については引き続き使用することができます。

① 地理的表示の指定より先に登録(出願)された商標は、地理的表示の名称を含んでいても引き続き使用可能。
② 地理的表示の名称を含む商品名等については、地理的表示の指定に併せて公示したものに限り、引き続き使用可能。
③ 地理的表示の名称を含む次の表示(公衆が地理的表示と誤認するような方法で使用する場合を除く。)。
・ 自然人の氏名又は法人の名称
・ 酒類製造業者の製造場等の所在地
・ 酒類の原料の産地としての使用
　※ 例えば、山梨県産ぶどうを使用し長野県で製造したぶどう酒のラベルに「山梨県産ぶどう使用」と表示することは、地理的表示「山梨」により禁止されません。

3. 地理的表示であることを明らかにする表示

消費者が、酒類のラベル表示から地理的表示制度に基づいた酒類であるかどうかを区別できるよう、消費者に分かりやすい統一的な表示のルールとして、酒類の容器又は包装に地理的表示を使用する場合は、使用した地理的表示の名称のいずれか一箇所以上に
①「地理的表示」
②「Geographical Indication」
③「GI」
のいずれかの文字を併せて使用する必要があります。
なお、地理的表示の名称を表示していない酒類には、「地理的表示」等の文字を使用することはできません。

【表示例】

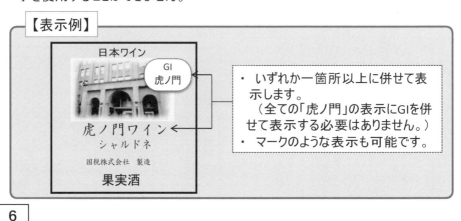

・ いずれか一箇所以上に併せて表示します。
　(全ての「虎ノ門」の表示にGIを併せて表示する必要はありません。)
・ マークのような表示も可能です。

6

③ 地理的表示の効果と活用

ポイント

▶ 地理的表示の指定を受けることにより、「地域ブランド」としての価値向上や、輸出拡大が期待できます。

▶ 品質管理のコストを負担しつつ、地理的表示を継続的に活用していくためには、付加価値向上のためのブランド戦略の構築が重要となります。

1. 地理的表示の導入効果

▶「地域ブランド」による他の製品との差別化

- 製造された酒類とその産地との繋がりを明確にすることにより、「地域ブランド」としての付加価値の向上が期待でき、他の製品との差別化を図ることができる。

▶消費者の信頼性の向上

- 品質検査等により一定の品質が確保されることにより、消費者の信頼性向上につながる。
- 公開された生産基準により、消費者は容易にその産地の製品に関する情報を知ることが可能になる。

▶「地域ブランド」の保護効果

- 行政の取締により「地域ブランド」が保護されるため、商標のように自力で訴訟等を行う必要がない（国際的にも保護され得る。）。
- 似たような表示も禁止されるため、努力して築き上げた「地域ブランド」への「ただ乗り」を防止できる。

▶日本の特産品として輸出拡大に寄与

- 地理的表示が浸透しているヨーロッパ等においては、信頼できる特産品として扱われるなど、海外への輸出を後押しすることが期待できる。

7

2．地理的表示の活用

　地理的表示は「国のお墨付き」であり、指定を受けるだけで「地域ブランド」としての価値が向上するといわれることがありますが、実際に地理的表示によって製品の付加価値を向上させていくためには、地理的表示を活用した地域ブランド戦略の構築が重要となります。

　特に、地理的表示の管理機関が行う品質管理については、継続的なコスト負担が必要であり、コストに見合うだけの付加価値向上がなければ地理的表示が使われなくなるおそれがあります。

　地理的表示の指定後についても、地域で足並みの揃った計画的なブランド値向上への取組が必要です。

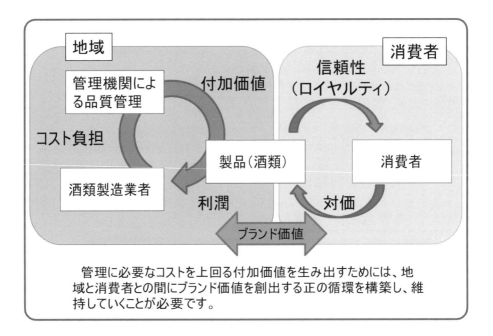

　管理に必要なコストを上回る付加価値を生み出すためには、地域と消費者との間にブランド価値を創出する正の循環を構築し、維持していくことが必要です。

8

地理的表示「日本酒」の指定について

　酒類業を所管する国税庁では、日本酒のブランド価値向上や輸出促進の観点から、国レベルの地理的表示として、平成27年12月25日付で地理的表示「日本酒」を指定しました。

指定による効果

> 原料の米に国内産米のみを使い、かつ、日本国内で製造された清酒のみが、「日本酒」を独占的に名乗ることができる

1　外国産の米を使用した清酒や日本以外で製造された清酒が国内市場に流通したとしても、「日本酒」とは表示できないため、消費者にとって区別が容易になる。

2　海外に対して、「日本酒」が高品質で信頼できる日本の酒類であることをアピールできる。

3　海外においても、地理的表示「日本酒」が保護されるよう国際交渉を通じて各国に働きかけることにより、「日本酒」と日本以外で製造された清酒との差別化が図られ、「日本酒」のブランド価値向上を図ることができる。

（注）地理的表示「日本酒」を酒類の容器又は包装に表示する場合には、「地理的表示であることを明らかにする表示」（「地理的表示」、「GI」等）を併せて表示しなくてもよいこととしています。

> 「日本酒」の国内での需要振興や
> 海外への輸出促進に大きく貢献

9

4　地理的表示の指定を受けるために

ポイント

▶ 地理的表示は産地名を独占的に名乗ることができる制度であり、その効果は酒類販売業者にも及ぶなど、排除性が高い制度であるため、指定を受けることに対する地域内での合意形成が重要となります。

▶ 地理的表示の指定を受けること自体を目的とせず、指定を受けた後に継続的に活用していくことを考慮する必要があります。

1.　指定に向けた検討

　地理的表示の指定は、原則として、酒類の産地からの申立てに基づき行います。申立ては、その酒類の産地を所管する国税局（沖縄国税事務所）に対して、産地の事業者団体や酒類製造業者が行うこととなります。

　申立てに当たっては、自らの地域で製造している酒類の特性やその産地との繋がり等について、その産地の酒類製造業者の方々で整理を行い、明文化を進めることとなります。

　地理的表示の指定により、その産地の酒類のうち生産基準を満たした酒類だけが独占的に産地名を名乗ることができることとなります。また、酒類販売業者等が行う広告における表示や店頭での販売促進のための表示等においても、適切に地理的表示を表示した酒類のみが産地名を名乗って販売することができることとなります。

　他方、地理的表示の指定は、生産基準を満たさない酒類を製造している産地内の酒類製造業者や、それらの酒類を取扱う酒類販売業者等の事業活動に影響を及ぼす可能性があることに留意が必要です。

　このようなことを踏まえ、地理的表示の指定に当たっては、検討の段階から産地内の酒類製造業者の合意形成を図っていただくことが肝要です。

　また、地理的表示の指定を受けた後にどのように地理的表示を継続的に活用していくかについても十分に検討を行う必要があります。

　地理的表示の指定に関する申立てについては、各国税局（沖縄国税事務所）で内容の確認を行うこととなりますので、事後的に内容の不備等が生じないよう、出来る限り検討の初期段階から相談を行っていただきますようお願いします。

10

2. 検討の流れ

生産基準（案）の作成
- ・酒類の特性の明確化
- ・産地との繋がりの明確化
- ・原料・製法等の明確化
- ・酒類の特性が確立していることの立証
- ・産地の範囲の明確化

業務実施要領の作成
- ・管理機関の設置
- ・確認業務の実施方法の検討
- ・その他業務の実施方法の検討

産地内酒類製造業者の合意形成

　地理的表示の指定は、原則として産地の範囲に当該酒類の品目の製造場を有する全ての酒類製造業者が、適切な情報や説明を受けた上で、地理的表示の指定に反対していないことを確認できた場合に行うこととなります。

国税局への申立て

　国税局では、申立てのあった内容について、当該産地及び産地近隣の酒類製造業者及び酒類販売業者からの意見聴取や現地調査等により確認を行います。

国税庁長官による地理的表示の指定

（注）地理的表示の指定は、酒類製造業者、酒類販売業者やパブリックコメントでの意見を勘案した上で、「酒類の地理的表示に関する表示基準の取扱いについて（法令解釈通達）」の「第2章 地理的表示の指定に係る指針」に準拠していると認められた場合に行います。詳細については、当該法令解釈通達を確認してください。

11

3. 生産基準（案）の作成

　地理的表示の生産基準は、国税庁長官がその指定に際して定めることとなりますが、その策定に当たっては産地からの申立ての内容を十分に勘案して行うこととしています。
　地理的表示の指定に向け、まずはその地域の酒類の特性やその産地との繋がり等について、地域の酒類製造業者の方々で整理（明確化）を行っていただく必要があります。

▎A. 酒類の特性の明確化

　その産地における酒類の特性は、「酒類の品質」又は「酒類の社会的評価」のいずれかにより説明することが必要です（この手引きでは、「酒類の品質」についてのみ解説します。）。

　「酒類の品質」の特性は、消費者が他地域で製造される同種の酒類の品質との違いを理解できる（実感できる）よう明確化する必要があります。
　明確化は、次の要素から整合的に行います。
- 官能的要素（香味色たく、口あたり等）
- 物理的要素（外観、重量、密度、性状等）
- 化学的要素（化学成分濃度、添加物の有無等）
- 微生物学的要素（酵母等の製品への関与等）
- 社会学的要素（統計、意識調査等）

　特に、官能的要素については必ず明確にする必要があります。
　この際、例えばぶどう酒については、赤ワインと白ワイン等、清酒については特定名称酒とそれ以外等のタイプごとに区分して説明することにより、消費者にとって分かりやすいものとなります。

▎B. 産地との繋がりの明確化

　酒類の特性と産地との繋がり（因果関係）については、その産地の自然的要因や人的要因によって明確にする必要があります。
- 「自然的要因」とは、産地の風土のことであり、地形（標高、傾斜等）、地質、土壌、気候（気温、降水量、日照等）等が考えられます。
- 「人的要因」とは、産地で人により育まれ伝承されている製法等のノウハウのことであり、発明、技法、教育伝承方法、歴史等が考えられます。

　産地との繋がりについては、一般的に次の方法により明確化することが可能です。

12

① 生産段階における産地との繋がりとして、酒類の製造に使用できる原料や製法を、産地や特性に適合したものに限定していること
② 製品段階における産地との繋がりとして、品質検査により酒類の特性（特に官能的要素）が適切に確認されていること

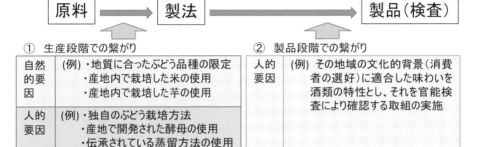

	① 生産段階での繋がり			② 製品段階での繋がり	
自然的要因	(例)・地質に合ったぶどう品種の限定 ・産地内で栽培した米の使用 ・産地内で栽培した芋の使用		人的要因	(例) その地域の文化的背景（消費者の選好）に適合した味わいを酒類の特性とし、それを官能検査により確認する取組の実施	
人的要因	(例)・独自のぶどう栽培方法 ・産地で開発された酵母の使用 ・伝承されている蒸留方法の使用				

C. 原料・製法等の明確化

　原料・製法等については、酒類区分ごとに次の項目について明確に示す必要があります。
　なお、この他の項目についても、酒類の特性を明確にする観点から産地において自主的に定めることができます。

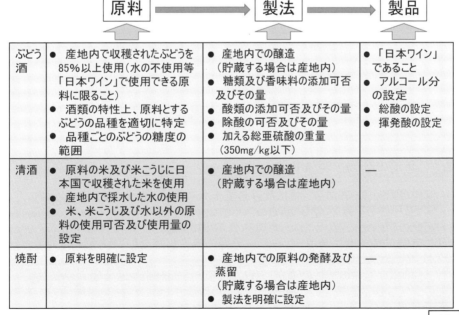

	原料	製法	製品
ぶどう酒	● 産地内で収穫されたぶどうを85%以上使用（水の不使用等「日本ワイン」で使用できる原料に限ること） ● 酒類の特性上、原料とするぶどうの品種を適切に特定 ● 品種ごとのぶどうの糖度の範囲	● 産地内での醸造（貯蔵する場合は産地内） ● 糖類及び香味料の添加可否及びその量 ● 酸類の添加可否及びその量 ● 除酸の可否及びその量 ● 加える総亜硫酸の重量（350mg/kg以下）	● 「日本ワイン」であること ● アルコール分の設定 ● 総酸の設定 ● 揮発酸の設定
清酒	● 原料の米及び米こうじに日本国で収穫された米を使用 ● 産地内で採水した水の使用 ● 米、米こうじ及び水以外の原料の使用可否及び使用量の設定	● 産地内での醸造（貯蔵する場合は産地内）	―
焼酎	● 原料を明確に設定	● 産地内での原料の発酵及び蒸留（貯蔵する場合は産地内） ● 製法を明確に設定	―

13

191

D．酒類の特性が確立していることの立証

　酒類の特性が確立しているとは、酒類の特性を有した状態で一定期間製造されている実績があることをいいます。

　「一定期間」の長さについては地域の実情を踏まえ、個別に判断することとなります。なお、酒類の特性は、一般的には製造の試行回数が多いほど確立が進むものであると考えられますので、その産地の酒類製造業者数や当該酒類の製造量についても考慮することとなります。

　酒類の特性は、産地内の酒類製造業者が、酒類の製造活動や販売活動を通じて、地域に適した品質の酒類となるよう様々な取組を繰り返した結果、他の産地の同種の酒類と品質における違いができた時点で有することとなったものと考えられます。

　このような事実関係は、酒類の製造記録、新聞、書籍やウェブサイト等の情報により確認できる必要があります。

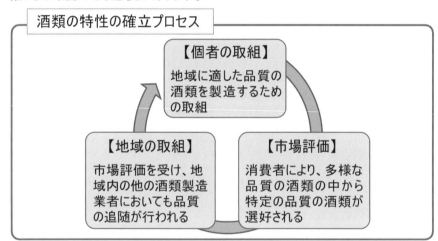

酒類の特性の確立プロセス

【個者の取組】
地域に適した品質の
酒類を製造するため
の取組

【地域の取組】
市場評価を受け、地
域内の他の酒類製造
業者においても品質
の追随が行われる

【市場評価】
消費者により、多様な
品質の酒類の中から
特定の品質の酒類が
選好される

E．産地の範囲の明確化

　産地の範囲は、酒類の特性に鑑み必要十分な範囲である必要があり、過大であったり過小であってはなりません。
　範囲の明確化に当たっては、地理的表示の指定後もブランド価値向上のために継続的に制度が活用されるよう、酒類の特性が確立してきた経緯を踏まえ検討することとなります。
　一般的に、酒類の特性の確立過程において、都道府県や酒造組合単位などの安定した組織単位で活動を行ってきている場合には、それらの組織活動の範囲が基本になると考えられます。

14

4．業務実施要領の作成

　地理的表示の指定を受けるためには、その産地の自主的な取組により、酒類の特性を維持するための確実な管理が行われていることが必要です。

　「酒類の特性を維持するための管理」が行われていると認められるためには、地理的表示を使用する酒類が、

① 生産基準で示す酒類の特性を有していること、

② 生産基準で示す原料及び製法に準拠して製造されていること、

について、一定の基準を満たす管理機関を設置し、継続的に確認を行う必要があります。

　管理機関は、自らが行う業務について、「業務実施要領」を作成し、構成員 に配付するとともに、主たる事務所に備えて置く必要があります。

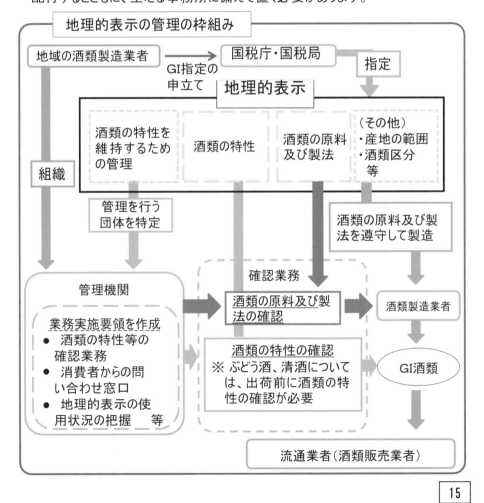

A. 管理機関の設置

　地理的表示の指定を受けるためには管理機関を設置する必要があります。管理機関は、次に掲げる基準を満たしている団体である必要があります。
- 主たる構成員が地域内の酒類製造業者であること
- 代表者又は管理人の定めがあること
- 構成員は任意に加入し、又は脱退することができること
- 管理機関が実施する業務について、構成員でない酒類製造業者も利用できること
- 管理機関の組織としての根拠法、法人格の有無は問わないが、特定の酒類製造業者が組織の意思決定に関する議決権の50％超を有していないこと

（注）酒類業組合は、法律上、管理機関として必要な業務を実施できませんので、直接管理機関となることはできません。

B. 確認業務の実施方法

　管理機関の行う業務のうち、地理的表示を使用する酒類が、生産基準のうち酒類の特性に関する事項及び原料及び製法に関する事項に適合していることの確認を行うことを「確認業務」といいます。
　「確認業務」では、「酒類の特性」を有するために不可欠な事項（原料・製法等）を、事後的（又は酒類の出荷前）に理化学分析、官能検査及び書類等の確認などにより行います。これにより、地理的表示の生産基準を満たさない酒類が産地名を名乗って地域内から流通することを自主的に抑止します。
　特に、酒税法等による公的な記帳義務がない、原料の原産地や酒類の品質等については、管理機関が責任を持って管理をする必要があります。

（注1）酒類製造業者に実施を義務付ける理化学分析等がある場合には、業務実施要領にその旨を規定します。
（注2）ぶどう酒及び清酒については、地理的表示を付した酒類の出荷前に、確認業務のうち酒類の特性に関する事項について、管理機関が確認を行うことが必要です。
（注3）理化学分析及び官能検査については、管理機関が他の機関に委託して実施することも可能です。

C. その他業務の実施方法

　管理機関は、確認業務の他、次の業務の実施方法について業務実施要領に記述する必要があります。その他、各業務に付随する業務を実施する場合にも、業務実施要領に記述します。
- 消費者からの問い合わせ窓口
- 地理的表示の使用状況の把握、管理
- 業務に関する資料等の保存に関する事項（国税当局からの求めに応じてこれらを提供すること）

16

D. 確認業務の実施内容の検討

　ブランド価値向上等のためには、管理機関自らが積極的に、市場流通する地理的表示酒類の品質コントロールを行うことが有効です。特に、製品段階で酒類の特性と産地との繋がりを確認する場合には、官能検査方法や確認頻度等の内容に配慮する必要があります。

　他方で、日常的な品質管理責任については、各酒類製造業者に委ね、必要事項の確認のみをすることも可能です。

　いずれにしても、確認業務の実施内容は、地域ごとの酒類の特性や地理的表示を活用した地域ブランド戦略に適合したものとする必要があります。

【主な検討事項】　（ ↕ は実施内容の幅のイメージ）

製品の官能検査（注1）	■ 産地固有の特性が十分に反映されていることの確認（特に、製品段階における産地との繋がりを明確にする場合） ↕ ■ 酒類の特性に合致しない異常な味や香りが無いことの確認
製品の理化学分析（注1、2）	■ 管理機関自ら理化学分析を実施（他の機関に委託して実施することも可能） ↕ ■ 各酒類製造業者が行うべき理化学分析とその結果の記録方法を規定した上で、製造者から記録の提出を受け確認（書類確認）
原料及び製法の書類確認	■ 原料の産地や使用原料等について、記帳記録及び原料の仕入伝票等の提出を受け確認 ↕ ■ 記帳記録において疑義がある場合のみ、原料の仕入伝票等を追加確認
確認頻度・確認時点	■ 地理的表示を付す酒類のロット（貯蔵容器単位、詰口単位や同一仕込方法単位など具体的に設定）ごとに、各ロットの出荷前に確認を実施 ■ 確認後、ロットごとに有効な確認証を発行 ↕ ■ 地理的表示を付す酒類の商標ごとに年1回確認を実施 　（ぶどう酒と清酒についてはその年に製造した酒類の最初の出荷前に実施し、その後の品質管理責任は各酒類製造業者に委ねる） ■ 確認後、酒類の商標ごとに1年間有効として確認証を発行

（注1）蒸留酒については、製品の官能検査や理化学分析を実施しなくとも差し支えありません（ただし、ブランド価値向上等の観点から、実施しても構いません）。
（注2）生産基準に定量的な基準を設定した場合には、実施が必要となります（ぶどう酒については、少なくともアルコール分、総酸、揮発酸の設定が必要になります）。

17

Japan. "Kampai" to the world.

　地理的表示に関する詳細な情報や、国税庁長官が指定した地理的表示等の一覧は、国税庁ホームページに掲載しています。

●国税庁のホームページのアドレスは、
　http://www.nta.go.jp　です。

「税について調べる＞酒税行政関係情報（お酒に関する情報）＞酒類の表示」
からご覧ください。

「清酒」と「日本酒」について

国　税　庁

日本酒造組合中央会

> 「清酒」(Sake) とは、海外産も含め、米、米こうじ及び水を主な原料として発酵させてこしたものを広く言います。
>
> 「清酒」のうち、「日本酒」(Nihonshu / Japanese Sake) とは、原料の米に日本産米を用い、日本国内で醸造したもののみを言い、こうした「日本酒」という呼称は地理的表示（GI）として保護されています。

○　「日本酒」は、秋に収穫された米を用いて、気温が低く雑菌が増殖しにくい冬に製造し、春から夏にかけて貯蔵・熟成させ出荷するなど、日本の明確な四季と結びつき発展してきた酒類です。貴重な米から製造される特別な飲料として、伝統的に国民生活・文化に深く根付いてきました。

○　このような歴史的・文化的背景等を根拠として、国税庁は、日本が長年育んできた日本酒の価値を保全していくため、平成27年12月に地理的表示として「日本酒」を指定・保護しています。

　　海外産米を用い、又は海外で醸造した「清酒」は「日本酒」とは言いません（「日本酒」と表示できません）。

○　地理的表示「日本酒」については、海外でも保護されるよう国際交渉等を通じて働きかけを行っています。

> 【地理的表示（GI：Geographical Indication）とは】
>
> 　地理的表示は、WTOの協定が定める知的財産権の一つであり、特定の産地ならではの酒類の特性（品質等）が確立されている場合に、当該産地内で生産され、一定の生産基準を満たした商品だけが、その産地名を独占的に名乗ることができる制度です。
>
> ※　日EU・EPA(平成31年2月発効)により、EUは「日本酒」を地理的表示として保護しています。
>
> 　　また、日米貿易協定（令和2年1月発効）において、米国は「日本酒」の表示の保護に向けた検討手続きを進めることを約束しています。

(注)　「清酒」は、「酒税法（昭和28年法律第6号）」により、原料や製法が定義されている。

　　　「日本酒」は、「酒類業組合法（昭和28年法律第7号）」に基づく「酒類の地理的表示に関する表示基準（平成27年10月国税庁告示第19号))」により、地理的表示として保護されている。

V 二十歳未満の者の飲酒防止に関する表示基準

この基準は、酒類の製造場から移出する清酒、若しくは保税地域から引き取る清酒又は酒類の販売場から搬出する清酒に適用することとしています。

(1)　酒類の製造場は、酒類製造免許を受けた製造場のほか、酒税法第28条第6項（未納税移出）又は第28条の3第4項（未納税引取）の規定により酒類の製造免許を受けた製造場とみなされた場所が含まれます。

(2)　保税地域から引き取る清酒については、同法第28条第1項（未納税移出）、第28条の3第1項（未納税引取）又は第29条第1項（輸出免税）の規定の適用を受けるものを除きます。

○ 酒類の陳列場所における表示の概要

国税庁ＨＰ

　酒類の陳列場所には、「酒類の売場である」又は「酒類の陳列場所である」旨及び「20歳以上の年齢であることを確認できない場合には酒類を販売しない」旨を表示しなければなりません。

■　酒類小売販売場においては、酒類の陳列場所の見やすい箇所に①「酒類の売場である」又は「酒類の陳列場所である」旨及び②「20歳以上の年齢であることを確認できない場合には酒類を販売しない」旨を表示することとされました。

■　これらの表示は、100ポイントの活字以上の大きさの日本文字で明瞭に表示しなければなりません。

　なお、100ポイントは最低限のものですので、酒類の売場の面積、陳列棚の大きさ等を踏まえてできるだけ大きな文字で、目立つように表示していただくようお願いします。

■　酒類の陳列場所が壁等により他の商品の陳列場所と明確に分離（※1）されていない場合については、酒類を他の商品と陳列棚等により明確に区分（※2）した上で表示するなど、陳列されている商品が酒類であることを購入者が容易に認識できる方法により表示します。

＊　酒類の適正な販売管理が確保されるためには、酒類と他の商品を明確に分離して陳列することが望まれます。

　しかし、店舗の広さや売場レイアウトの関係で、酒類と他の商品を明確に分離して陳列することが難しい場合もあると思われます。このような場合には、酒類と他の商品を明確に区分し、確実に表示しましょう。

※1　「明確に分離」とは

　「明確に分離」とは、酒類の陳列場所を壁若しくは間仕切り等で囲うことにより、又は酒類をレジカウンターの内側等に陳列して購入者が酒類に触れられない状態とする等により、酒類と他の商品の陳列場所を物理的に分離し、又は酒類の

購入場所を独立させることをいいます。

※2 「明確に区分」とは

「明確に区分」とは、例えば、酒類を他の商品と混在しないように区分して陳列し、酒類の陳列箇所を明らかにする等、陳列されている商品が酒類であること及び酒類の陳列箇所を購入者が容易に認識できるようにしていることをいいます。

なお、陳列棚等に酒類が陳列されているときは、①〜③に掲げる場合に、「明確に区分」されているものとして取り扱われます。

① 列棚等に陳列されている商品の全部が酒類である場合

陳列棚等（扉がある場合には扉を含む）の見やすい位置に、「陳列されている商品が酒類である」旨及び「20歳以上の年齢であることを確認できない場合には酒類を販売しない」旨を表示します。

冷蔵ケースのように扉がある場合には、扉を閉じた状態又は開いた状態のいずれの場合でも認識できるように表示します。

② 陳列棚等に陳列されている商品の一部が酒類である場合

(1)陳列棚等（扉がある場合には扉を含む）の見やすい位置及び(2)酒類と他の商品を区分している棚板又は仕切り板の両方に、「陳列されている商品が酒類である」旨及び「20歳以上の年齢であることを確認できない場合には酒類を販売しない」旨を表示します。

冷蔵ケースのように扉がある場合には、扉を閉じた状態又は開いた状態のいずれの場合でも認識できるように表示します。

③ 床に箱又はケースに入った商品を積み上げている場合

積み上げている商品の全部が酒類であるか、一部が酒類であるかに応じ、①又は②の方法に準じて、「陳列されている商品が酒類である」旨及び「20歳以上の年齢であることを確認できない場合には酒類を販売しない」旨を表示します。

※ ①〜③の表示には文字の大きさ（ポイント）の定めはありません。表示する箇所の状況に応じた大きさで表示しましょう。

二十歳未満ノ者ノ飲酒ノ禁止ニ関スル法律

大正11年法律第20号

第一条　二十歳未満ノ者ハ酒類ヲ飲用スルコトヲ得ス

②　未成年者ニ対シテ親権ヲ行フ者若ハ親権者ニ代リテ之ヲ監督スル者未成年者ノ飲酒ヲ知リタルトキハ之ヲ制止スヘシ

③　営業者ニシテ其ノ業態上酒類ヲ販売又ハ供与スル者ハ二十歳未満ノ者ノ飲用ニ供スルコトヲ知リテ酒類ヲ販売又ハ供与スルコトヲ得ス

④　営業者ニシテ其ノ業態上酒類ヲ販売又ハ供与スル者ハ二十歳未満ノ者ノ飲酒ノ防止ニ資スル為年齢ノ確認其ノ他ノ必要ナル措置ヲ講ズルモノトス

第二条　二十歳未満ノ者カ其ノ飲用ニ供スル目的ヲ以テ所有又ハ所持スル酒類及其ノ器具ハ行政ノ処分ヲ以テ之ヲ没収シ又ハ廃棄其ノ他ノ必要ナル処置ヲ為サシムルコトヲ得

第三条　第一条第三項ノ規定ニ違反シタル者ハ五十万円以下ノ罰金ニ処ス

②　第一条第二項ノ規定ニ違反シタル者ハ科料ニ処ス

第四条　法人ノ代表者又ハ法人若ハ人ノ代理人、使用人其ノ他ノ従業者カ其ノ法人又ハ人ノ業務ニ関シ前条第一項ノ違反行為ヲ為シタルトキハ行為者ヲ罰スルノ外其ノ法人又ハ人ニ対シ同項ノ刑ヲ科ス

〔告示〕二十歳未満の者の飲酒防止に関する表示基準を定める件

平成元年国税庁告示第9号

（最終改正：令和元年6月国税庁告示第6号）

　酒税の保全及び酒類業組合等に関する法律（昭和28年法律第7号。以下「法」という。）第86条の6第1項の規定に基づき、二十歳未満の者の飲酒防止に関する表示基準を次のように定め、酒類の製造場（酒税法（昭和28年法律第6号）第28条第6項又は第28条の3第4項の規定により酒類の製造免許を受けた製造場とみなされた場所を含む。以下同じ。）から移出する酒類、保税地域から引き取る酒類（酒税

法第28条第1項、第28条の3第1項又は第29条第1項の規定の適用を受けるものを除く。以下同じ。）若しくは酒類の販売場から搬出する酒類の容器若しくは包装又は酒類の販売場に適用することとしたので、法第86条の6第2項の規定に基づき告示する。

（酒類の容器又は包装に対する表示）

1　酒類の容器又は包装（以下「容器等」という。）には、「20歳未満の者の飲酒は法律で禁止されている」旨を表示するものとする。

2　前項に規定する表示は、容器等の見やすい所に明りょうに表示するものとし、表示に使用する文字は、6ポイント（日本産業規格Z8305（1962）に規定するポイントをいう。以下同じ。）の活字以上の大きさの統一のとれた日本文字とする。ただし、容量360ミリリットル以下の容器にあっては、5.5ポイントの活字以上の大きさとして差し支えない。
〔編注〕日本産業規格Z8305（1962）→000頁

3　第1項に規定する表示は、次の各号に掲げる酒類の容器等については、表示を省略しても差し支えない。
(1)　専ら酒場、料理店等に対する引渡しに用いられるもの
(2)　内容量が50ミリリットル以下であるもの
(3)　調味料として用いられること又は薬用であることが明らかであるもの

（酒類の陳列場所における表示）

4　酒類小売販売場（酒類製造業者及び酒類販売業者以外の者に酒類を販売する場所をいう。以下同じ。）においては、酒類の陳列場所の見やすい箇所に、「酒類の売場である」又は「酒類の陳列場所である」旨及び「20歳以上の年齢であることを確認できない場合には酒類を販売しない」旨を表示するものとする。
　この場合において、酒類の陳列場所が壁等により他の商品の陳列場所と明確に分離されていない場合については、例えば、酒類を他の商品と陳列棚又は陳列ケース等により明確に区分した上で表示するなど、陳列されている商品が酒類であることを購入者が容易に認識できる方法により表示するものとする。

5　前項に規定する表示は、酒類の陳列場所に明瞭に表示するものとし、表示に使用する文字は、100ポイントの活字以上の大きさの日本文字とする。

（酒類の自動販売機に対する表示）

6　酒類小売販売場に設置している酒類の自動販売機には、次の各号に掲げる事項をそれぞれ当該各号に掲げるところにより、当該自動販売機の前面の見やすい所に、夜間でも判読できるよう明瞭に表示するものとする。

(1)　20歳未満の者の飲酒は法律で禁止されていること。

　　　表示に使用する文字は、57ポイントの活字以上の大きさの統一のとれたゴシック体の日本文字とし、「20歳未満の者の飲酒は法律で禁止されている」旨を表示する。

(2)　免許者（酒類の製造免許又は酒類の販売業免許を受けた者をいう。）の氏名又は名称、酒類販売管理者の氏名、並びに連絡先の所在地及び電話番号

　　　表示に使用する文字は、20ポイントの活字以上の大きさの統一のとれた日本文字とする。

(3)　販売停止時間

　　　表示に使用する文字は、42ポイントの活字以上の大きさの統一のとれたゴシック体の日本文字とし、「午後11時から翌日午前5時まで販売を停止している」旨を表示する。

（酒類の通信販売における表示）

7　酒類小売販売場において酒類の通信販売（商品の内容、販売価格その他の条件を提示し、郵便、電話その他の方法により売買契約の申込みを受けて当該提示した条件に従って行う商品の販売をいう。）を行う場合には、次の各号に掲げる区分に応じ、当該各号に定める事項を表示するものとする。

(1)　酒類に関する広告又はカタログ等（インターネット等によるものを含む。）

　　　「20歳未満の者の飲酒は法律で禁止されている」又は「20歳未満の者に対しては酒類を販売しない」旨

(2)　酒類の購入申込者が記載する申込書等の書類（インターネット等により申込みを受ける場合には申込みに関する画面）

申込者の年齢記載欄を設けた上で、その近接する場所に「20歳未満の者の飲酒は法律で禁止されている」又は「20歳未満の者に対しては酒類を販売しない」旨

⑶　酒類の購入者に交付する納品書等の書類（インターネット等による通知を含む。）

　　「20歳未満の者の飲酒は法律で禁止されている」旨

8　前項に掲げる事項は、明瞭に表示するものとし、表示に使用する文字は、10ポイントの活字（インターネット等による場合には酒類の価格表示に使用している文字）以上の大きさの統一のとれた日本文字とする。

附則（平成17年9月国税庁告示第22号）

1　この告示は、平成17年10月1日から施行する。

2　この告示の施行日前に酒類の製造免許又は酒類の販売業免許を受けた酒類小売販売場に係る酒類の陳列場所における表示については、平成19年9月30日まで、なお従前の例によることができる。

3　この告示の施行の日から平成18年3月31日までの間に酒類の製造免許又は酒類の販売業免許を受けた酒類小売販売場に係る酒類の陳列場所における表示については、平成18年3月31日まで、なお従前の例によることができる。

附則（令和元年6月国税庁告示第6号）

1　この告示は、不正競争防止法等の一部を改正する法律の施行の日（令和元年7月1日）から施行する。

2　この告示の施行の日から令和4年3月31日までの間、第1項、第6項（表示に使用する文字に係る部分を除く。）及び第7項に規定する表示はなお従前の例によることができる。

第86条の6　酒類の表示の基準

6　二十歳未満の者の飲酒防止に関する表示基準の取扱い

　　二十歳未満の者の飲酒防止に関する表示基準（以下この6において「表示基準」という。）の取扱いは、次による。

(1)　表示基準の意義

　　アルコール飲料としての酒類の特性に鑑み、酒類の容器又は包装等に「20歳未満の者の飲酒は法律で禁止されている」旨を表示させるとともに、酒類小売販売場における酒類の陳列場所に「酒類の売場である」旨等を表示させること等によって、20歳未満の者が酒類を誤って購入することを防止するとともに、酒類販売業者及び消費者に対して20歳未満の者の飲酒防止に関する啓発を図り、もって20歳未満の者の飲酒の防止等に資するものである。

(2)　酒類の容器等に対する「20歳未満の者の飲酒は法律で禁止されている」旨の表示の取扱い

　　表示基準1に規定する「20歳未満の者の飲酒は法律で禁止されている」旨の表示とは、例えば、「20歳未満の者の飲酒は法律で禁止されています」又は「飲酒は20歳になってから」等の20歳未満の者の飲酒防止に資する文言を表示することをいい、「これはお酒です」又は「お酒はゆっくり適量を」といった酒類である旨又は適正な飲酒を喚起する旨の文言は含まれないのであるから留意する。

(3)　「専ら酒場、料理店等に対する引渡しに用いられるもの」の意義

　　表示基準3の(1)に規定する「専ら酒場、料理店等に対する引渡しに用いられるもの」とは、酒類の容器等の形状、取引形態等からみて、一般消費者に対して通常そのままの状態で引き渡されることが予定されない酒類の容器等であって、次に掲げるものをいう。

　　イ　専ら事業者間の取引に用いられ、通常、移し替え等されて一般消費者に提供される酒類が収容されたキュービテナー、タンク等の酒類の容器等

　　　(注)　ホテル、料飲店等における専用商品、いわゆるプライベートブランドと称されるものであって、例えばボトルワインのように当該容器等のまま一般消費者に提供されるものは、表示が必要であるから留意する。

ロ　菓子等の製造原料として使用する事業者に引き渡されることが明らかな酒
　　　類の容器等

(4)　「調味料として用いられること又は薬用であることが明らかであるもの」の
　　意義

　　　表示基準3の(3)に規定する「調味料として用いられること又は薬用であるこ
　　とが明らかであるもの」とは、次に掲げるものをいう。

　　イ　みりん又は雑酒（その性状がみりんに類似するものに限る。）等の専ら料
　　　理用に限定して消費されている酒類の容器等

　　　　(注)　例示した酒類以外の酒類については、「料理用〇〇」、「クッキング〇〇
　　　　　〇」等と表示されているものであっても、その酒類の性状、容器等の形状
　　　　　及び取引形態等からみて、専ら料理用に限定して消費されていると認めら
　　　　　れないものは表示が必要であるから留意する。

　　ロ　組合規則第11条の5《品目の例外表示》に規定する「薬剤甘味果実酒」、
　　　「薬用甘味果実酒」、「薬味酒」又は「薬用酒」の表示がされている酒類の容
　　　器等

(5)　酒類の陳列場所における「酒類の売場である」又は「酒類の陳列場所であ
　　る」旨及び「20歳以上の年齢であることを確認できない場合には酒類を販売
　　しない」旨の表示の取扱い

　　イ　表示基準4に規定する「酒類の売場である」又は「酒類の陳列場所であ
　　　る」旨及び「20歳以上の年齢であることを確認できない場合には酒類を販
　　　売しない」旨の表示とは、例えば、以下のような文言を表示することをいい、
　　　陳列されている酒類が特定の品目の酒類である場合については、「酒」又は
　　　「酒類」の文言に代えて当該品目の名称を用いることとして差し支えない。

　　　　(イ)　「酒類の売場である」又は「酒類の陳列場所である」旨の表示
　　　　　「酒類売場」、「酒売場」又は「酒コーナー」等の酒類の陳列場所である
　　　　ことを消費者が認識できる文言

　　　　(ロ)　「20歳以上の年齢であることを確認できない場合には酒類を販売しな
　　　　い」旨の表示
　　　　　「20歳以上の者と確認できない場合は酒類を販売しません」、「20歳未
　　　　満の者ではないと確認できない場合は酒類を販売しません」、「年齢確認実
　　　　施中20歳未満の者には酒類を販売しません」、「年齢を確認の上、20歳以

上の者のみに酒類を販売します」等の年齢確認を実施している旨及び20歳未満の者には酒類を販売しない旨の文言が一体的に表示されているものをいい、細かな表現までを限定するものではないことに留意する。

ロ 「酒類の売場である」又は「酒類の陳列場所である」旨の表示と「20歳以上の年齢であることを確認できない場合には酒類を販売しない」旨の表示のいずれか一方しか行っていない場合には、表示基準を満たしていないこととなるのであるから留意する。

なお、次に掲げる酒類の陳列場所については、表示基準4に規定する表示を行わないこととして差し支えない。

(イ) 商品見本用その他の販売を予定していない酒類（以下このイにおいて「商品見本用等酒類」という。）の陳列場所のうち、当該陳列場所に「陳列されている商品が見本である」旨又は「見本」等の文言の表示が明瞭に行われている等、陳列されている商品が商品見本用等酒類であることを購入者が容易に認識できる場合

(ロ) 表示基準3の(3)に掲げる酒類（以下このロにおいて「みりん等」という。）の陳列場所のうち、他の酒類と別の陳列棚、陳列ケースその他の商品を陳列するための設備（以下この6において「陳列棚等」という。）に陳列され、かつ、当該陳列棚等に陳列されているみりん等の陳列箇所に「陳列されている商品がみりん等である」旨又は「みりん」等の文言の表示が明瞭に行われている場合

(注) 陳列棚等に陳列されている商品の全部がみりん等である場合には、当該陳列棚等に「陳列されている商品がみりん等である」旨又は「みりん」等の文言の表示を行うこととして差し支えない。

(6) 「明確に分離」の意義

表示基準4に規定する「明確に分離」とは、酒類の陳列場所を壁若しくは間仕切り等で囲うことにより、又は酒類をレジカウンターの内側等に陳列して消費者が酒類に触れられない状態とする等により、酒類と他の商品の陳列場所を物理的に分離し、又は酒類の陳列場所を独立させることをいう。

(7) 「明確に区分」の意義等

表示基準4に規定する「明確に区分」とは、例えば、酒類を他の商品と混在しないように区分して陳列し、酒類の陳列箇所を明らかにする等、陳列されて

いる商品が酒類であること及び酒類の陳列箇所を消費者が容易に認識できるようにされていることをいう。

　なお、陳列棚等に酒類が陳列されているときは、次に掲げる場合に、「明確に区分」されているものとして取り扱う。この場合において、「20歳以上の年齢であることを確認できない場合には酒類を販売しない」旨の表示に使用されている文字が表示基準5に規定するポイントの活字以上の大きさであるときは、表示基準4に規定する「20歳以上の年齢であることを確認できない場合には酒類を販売しない」旨の表示が行われているものとして取り扱う。

イ　陳列棚等に陳列されている商品の全部が酒類である場合には、当該陳列棚等（扉がある場合には当該扉を含む。）の見やすい位置に、「陳列されている商品が酒類である」旨及び「20歳以上の年齢であることを確認できない場合には酒類を販売しない」旨を表示する。

　　なお、陳列棚等の扉に表示する場合には、当該扉を閉じた状態又は開いた状態のいずれの場合においても表示内容を認識できるように表示する（ロにおいて同じ。）。

　㊟1　二以上の陳列棚等を連ねて設置している場合については、当該陳列棚等の全体を一の陳列棚等と取り扱うこととして差し支えない。

　　2　酒類の陳列棚等の一部に酒類以外の商品が少量陳列されている場合で、かつ、酒類以外の商品の陳列箇所を明らかにしてイの方法により表示されているときは、「明確に区分」されているものとして取り扱う。

ロ　陳列棚等に陳列されている商品の一部が酒類である場合には、当該陳列棚等の見やすい位置及び酒類と他の商品を区分している棚板又は仕切り板等に、「陳列されている商品が酒類である」旨及び「20歳以上の年齢であることを確認できない場合には酒類を販売しない」旨を表示する。

　　なお、陳列棚等への表示と棚板又は仕切り板等への表示のいずれか一方しか行っていない場合は、明確に区分されていないこととなるのであるから留意する。

　㊟　棚板又は仕切り板等とは、酒類を手にとる際に容易に動かない構造のものをいう。

ハ　床に箱又はケース（以下「箱等」という。）に入った商品を積み上げている場合には、当該商品の全部が酒類であるか、一部が酒類であるかに応じ、

イ又はロの方法に準じて、「陳列されている商品が酒類である」旨及び「20歳以上の年齢であることを確認できない場合には酒類を販売しない」旨を表示する。

(8) 「自動販売機の前面の見やすい所に、夜間でも判読できるよう明瞭に表示する」の取扱い

　イ　表示基準6の(1)から同(3)に規定する表示事項は、自動販売機の硬貨等投入口周辺等の前面の見やすい所に表示する。

　ロ　表示基準6の(1)に規定する「20歳未満の者の飲酒は法律で禁止されている」旨の表示は、同(3)に規定する「販売停止時間」と併記して表示する。

　　　なお、「20歳未満の者の飲酒は法律で禁止されている」旨の表示とは、例えば、「20歳未満の者の飲酒は法律で禁止されています」又は「法律で20歳未満の者の飲酒は禁止されています」等の未成年者の飲酒防止に資する文言を表示することをいう。

　ハ　表示基準6の(2)に規定する「免許者の氏名又は名称、酒類販売管理者の氏名、並びに連絡先の所在地及び電話番号」及び同(3)に規定する「販売停止時間」は、販売場の店舗内に設置され、購入者が店舗外から利用できない自動販売機であり、かつ、常時免許者又は酒類販売管理者が管理できるものには、表示を行わないこととして差し支えない。

　　㊟　「連絡先の所在地及び電話番号」とは、酒類の自動販売機に関する利用者からの相談等に迅速に対応できる者が所在する所及びその電話番号をいう。

　ニ　夜間においては、自動販売機の照明を点灯しないときにはその状態で、照明を点灯するときには主たる照明の明るさで、各表示事項が判読できるように表示する。

　　　ただし、販売が停止されている時間帯において、自動販売機の主たる照明が消え販売が停止されている状況が明らかであるものについては、当該販売が停止されている時間帯に限り、各表示事項を判読できるようにするための措置は必要ない。

(9) 「郵便、電話その他の方法」の範囲

　表示基準7に規定する「郵便、電話その他の方法」とは、次に掲げる方法をいう。

ロ　郵便又は信書便

ロ　電話機、ファクシミリ装置その他の通信機器又は情報処理の用に供する機器を利用する方法

ハ　電報

ニ　預金又は貯金の口座に対する払込み

(10)　酒類の通信販売における「20歳未満の者の飲酒は法律で禁止されている」又は「20歳未満の者に対しては酒類を販売しない」旨の表示の取扱い

　　表示基準7に規定する「20歳未満の者の飲酒は法律で禁止されている」又は「20歳未満の者に対しては酒類を販売しない」旨の表示とは、例えば、以下のような文言を表示することをいう。

イ　「20歳未満の者の飲酒は法律で禁止されている」旨の表示

　　「20歳未満の者の飲酒は法律で禁止されています」又は「飲酒は20歳になってから」等の20歳未満の者の飲酒防止に資する文言

ロ　「20歳未満の者に対しては酒類を販売しない」旨の表示

　　「20歳未満の者への酒類の販売はいたしておりません」又は「20歳未満の者の方の酒類のお申込みはお受けできません」等の20歳未満の者に酒類を購入できないことを認識させる文言

(11)　「酒類に関する広告又はカタログ等」の範囲

　　表示基準7の(1)に規定する「酒類に関する広告又はカタログ等」とは、その名称のいかんを問わず、酒類の通信販売に関し、顧客を誘引するための手段として、自己が販売する酒類の内容又は取引条件その他取引に関する事項を表示する全てのものをいう。

　　なお、表示基準7の(1)に規定する表示については、通信販売の対象となる酒類が掲載されている紙面又はインターネット等における酒類が表示されている画面等の全てについて行う必要があることに留意する。

(注)　表示基準7の(1)に規定する「インターネット等」とは、インターネットやパソコン通信等の情報処理の用に供する機器を利用しているものをいう。

(12)　「申込書等の書類」及び「近接する場所」の取扱い

　　表示基準7の(2)に規定する「申込書等の書類」とは、その名称のいかんを問わず、購入申込者が酒類の購入に際して酒類の通信販売を行う者に交付するものをいい、「近接する場所」とは、酒類の申込者が年齢確認欄を見た場合にお

いて、同一視野の範囲に入る位置をいう。

⒀ 「納品書等」の取扱い

　　表示基準7の⑶に規定する「納品書等」とは、その名称のいかんを問わず、酒類の通信販売を行う者が酒類の販売に際して作成し、酒類の購入者に交付するものをいう。

《Q&A》酒類の陳列場所における表示Q&A

Q1 「酒類の売場である」旨等の表示と「明確に区分」するための表示を一つの
ボードに表示することの可否

　図のように、「酒類の売場である」旨等の表示と「明確に区分」するための表示
を合わせたボードを作り、酒類のみを陳列している陳列棚の上部に貼り付ける方
法により表示している場合、表示基準に則った表示をしていることになりますか。

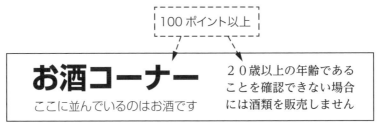

A　陳列棚等に陳列されている商品の全部が酒類である場合に、当該陳列棚にご質問
のような方法で表示していれば、表示基準に則った表示がされているものと認めら
れます。

　なお、陳列棚等に陳列されている商品の一部が酒類である場合には、当該陳列棚
にこのような方法で表示をするほかに、酒類と他の商品を棚板又は仕切り板等で区
分した上で、当該棚板又は仕切り板等に「明確に区分」するための表示をしていた
だく必要がありますので、ご注意ください。

（参考）酒税法及び酒類行政関係法令等解釈通達の第86条の6「酒類の表示の基
　　　　準」の6「二十歳未満の者の飲酒防止に関する表示基準の取扱い」の(7)「「明
　　　　確に区分」の意義等」（抄）
　　　　「(「明確に区分」するための表示のうち)「20歳以上の年齢であることを確認
　　　　　できない場合には酒類を販売しない」旨の表示に使用されている文字が表示
　　　　　基準5に規定するポイント（100ポイント）の活字以上の大きさであると
　　　　　きは、表示基準4に規定する「20歳以上の年齢であることを確認できない
　　　　　場合には酒類を販売しない」旨の表示が行われているものとして取り扱う。」

214

製菓用品売場に、製菓用品売場用として小容量の容器に詰められている商品を陳列している場合にも、その陳列場所に「お酒コーナー」等の表示をする必要がありますか。

A 製菓用品売場に、製菓用品売場用として小容量の容器に詰められている商品が陳列されており、かつ、その酒類の陳列箇所に「これはお酒です」等の表示が、たとえば、①当該酒類と他の商品を区分する仕切り板等に表示されている（表示例１）、あるいは②当該酒類を陳列している箇所の全面に渡って棚板等に表示されている（表示例２）など、陳列されている商品が酒類であることを購入者が容易に認識できるよう、明瞭に表示されている場合には、「お酒コーナー」等の酒類の陳列場所における表示を省略しても差し支えありません。

なお、製菓用品売場に製菓用と称して酒類が陳列されていても、その酒類が通常は飲用に供されるものである場合には、表示基準4に定める酒類の陳列場所における表示をしなければなりません。

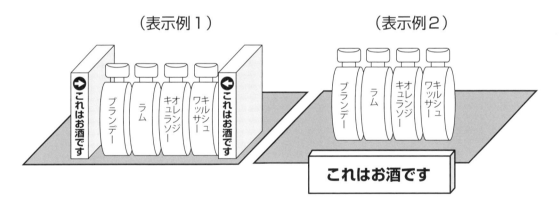

（表示例１）　　　　　　（表示例２）

Q3　ケースに入っている商品を積み上げている場合の表示

　ケースに入った商品を積み上げている場合において（積み上げている商品の全部が酒類である）、図のように、「酒類の売場である」旨等の表示と「明確に区分」するための表示を合わせたボードを作り、例えば積み上げている商品のそばに立て看板のようにして表示していれば、表示基準に則った表示をしていることになりますか。

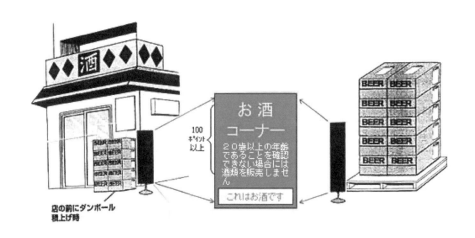

（表示例）

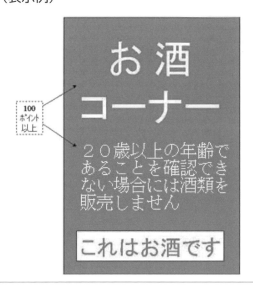

Ａ　ケースに入った商品を積み上げている場合において（積み上げている商品の全部が酒類である）、当該積み上げられている商品のそばにご質問のような方法で表示

216

していれば、表示基準に則った表示がされたものと認められます。

　なお、積み上げられている商品の一部が酒類である場合には、当該積み上げられている商品にこのような方法で表示をするほかに、酒類と他の商品を仕切り板等で区分した上で、当該仕切り板等に「明確に区分」するための表示をしていただく必要がありますので、ご注意ください。

（参考）酒税法及び酒類行政関係法令等解釈通達の第86条の6「酒類の表示の基準」の6「二十歳未満の者の飲酒防止に関する表示基準の取扱い」の(7)「「明確に区分」の意義等」（抄）

　　「（「明確に区分」するための表示のうち）「20歳以上の年齢であることを確認できない場合には酒類を販売しない」旨の表示に使用されている文字が表示基準5に規定するポイント（100ポイント）の活字以上の大きさであるときは、表示基準4に規定する「20歳以上の年齢であることを確認できない場合には酒類を販売しない」旨の表示が行われているものとして取り扱う。」

Q4　ボードの一方の面に「お酒コーナー」と、他の面に「20歳以上の年齢であることを確認できない場合には酒類を販売しません。」と表示する場合

　お酒の陳列場所に「酒類の売場である」旨等の表示をする際に、天井からボードを吊り下げたり、あるいは陳列棚の上部に表示することができないため、縦型（縦書）のボードを作成し陳列棚の両脇の枠から張り出すような形で表示することとしています。

　この場合、ボードの張り出しを少なくするため、片面に「お酒コーナー」と、他の面に「20歳未満の者の飲酒は法律で禁止されています。」と書かれたボードを陳列棚の両脇に向かい合わせに設置し、酒類の陳列場所に立つ酒類の購入者が、両側のボードの表示を見ることによって両方の表示を認識できるよう表示したいと考えていますが、こうした表示方法で、表示基準4（酒類の陳列場所における表示）に則った表示をしたことになりますか。

（表示例）

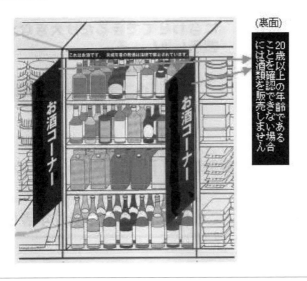

（裏面）

20歳以上の年齢であることを確認できない場合には酒類を販売しません

これはお酒です。未成年者の飲酒は法律で禁止されています

お酒コーナー

お酒コーナー

Ａ　ご質問の方法で表示することにより、酒類の陳列場所に立つ酒類の購入者において、「お酒コーナー」の表示及び「20歳以上の年齢であることを確認できない場合には酒類を販売しません。」の表示の、両方の表示を認識できると認められますので、表示基準４に則った表示がされていると認められます。

　　なお、例えば、①ボードを設置する陳列棚の幅が広い場合、②連なる陳列棚の両端に当該表示をする場合などで、酒類の購入者において「お酒コーナー」の表示及び「20歳以上の年齢であることを確認できない場合には酒類を販売しません。」の表示の両方の表示を容易に認識することができない場合には、①陳列棚の中ほどにも表示する、②連なる陳列棚のそれぞれの陳列棚に表示するなどの方法により表示していただく必要があります。

Ｑ5　みりん・料理酒を陳列する際の表示方法

　調味料コーナーにみりんや料理酒（調味料として用いられることが明らかなもの）を少量陳列し、その陳列箇所に、「みりん」等の文言を表示することに代えて、「これはお酒です」、「料理酒」、「料理用酒類」、「酒類調味料」と表示する場合に、表示基準４（酒類の陳列場所における表示）に定める表示を省略してよろしいでしょうか。

　また、「みりん」等又は「これはお酒です」、「料理酒」、「料理用酒類」、「酒類調

味料」と表示する場合において、表示例のように、商品の名称や価格が記載され
ているPOPに一緒に表示してもよろしいでしょうか。

（表示例１）　　　　　　　　　　　　（表示例２）

（表示例１の左図）これはお酒です → ○○本みりん純米　○○ml　○○○円
「料理酒」「料理用酒類」「酒類調味料」
（表示例１の下図）これはお酒です → 料理用清酒○○　○○ml　○○○円

（表示例２の上図）これはお酒です　○○本みりん純米　○○ml　○○○円
（表示例２の下図）これはお酒です　料理用清酒○○　○○ml　○○○円
→「料理酒」「料理用酒類」「酒類調味料」

Ａ　ご質問のように、調味料コーナーにみりんや料理酒（調味料として用いられるこ
とが明らかなものに限る）を少量陳列し、その陳列箇所に「これはお酒です」、「料
理酒」、「料理用酒類」、「酒類調味料」と表示することにより、購入者において、陳
列されている商品が酒類であると認識できると認められることから、「陳列されて
いる商品がみりん等である」旨又は「みりん」等の文言に代えて、これらの文言を
明瞭に表示した場合にも、表示基準４に規定する表示を行わないこととして差し支
えないことに取り扱います。

　また、「みりん」等の文言、又は「これはお酒です」、「料理酒」、「料理用酒類」、
「酒類調味料」の文言を、表示例のように、商品の名称や価格が記載されている
POPに一緒に表示する方法によることとして差し支えありません。

　なお、表示例２の場合には、「これはお酒です」等の文言を、消費者が容易に認
識できるよう、文字の大きさや字体、色などを工夫することが望まれます。

（参考）酒税法及び酒類行政関係法令等解釈通達の第86条の６「酒類の表示の基準」
　　　　の６「二十歳未満の者の飲酒防止に関する表示基準の取扱い」の(5)ロ（抄）
　　　　「なお、次に掲げる酒類の陳列場所については、表示基準4に規定する表示を
　　　　　行わないこととして差し支えない。
　　　　　　(ロ)　表示基準３の(3)に掲げる酒類（以下この(ロ)において「みりん等」とい
　　　　　　　う。）の陳列場所のうち、他の酒類と別の陳列棚、陳列ケースその他の商

219

品を陳列するための設備に陳列され、かつ、当該陳列棚等に陳列されているみりん等の陳列箇所に「陳列されている商品がみりん等である」旨又は「みりん」等の文言の表示が明瞭に行われている場合

　　(注)　陳列棚等に陳列されている商品の全部がみりん等である場合には、当該陳列棚等に「陳列されている商品がみりん等である」旨又は「みりん」等の文言の表示を行うこととして差し支えない。」

Q6　棚板の両端に「明確に区分」するための表示をする場合

　陳列棚の棚板部分に「明確に区分」するための表示をすることに代えて、図1のように「これはお酒です。20歳以上の年齢であることを確認できない場合には酒類を販売しません。」と印刷した紙を、図2のように中心線で折り曲げて、酒類を陳列しているそれぞれの棚の棚板の両端に貼付ける（又は棚板のレールに差込む）ことにより表示したいと思いますが、この方法で「明確に区分」するための表示をしたことになるでしょうか。

（図1）

（図2）

Ａ　ご質問の方法によって表示することにより、「明確に区分」するための表示がされたと認められます。

　なお、当該陳列棚等の幅が広い場合には、当該陳列棚等の中ほどにも表示することが望まれます。

また、棚板のレールに差し込んで表示を行う場合には、消費者が接触して本来の表示場所から移動しないよう、しっかりと固定していただくようお願いします。

Q7 「100ポイントの活字以上の大きさ」の考え方

酒類の陳列場所における「お酒コーナー」、「20歳以上の年齢であることを確認できない場合には酒類を販売しない」等の表示に使用する文字に、デザイン等の理由により、いわゆる「長体」や「平体」の活字を使用する場合、表示基準5に規定する「100ポイントの活字以上の大きさ」はどのように判定すればよいのですか。

(注) 印刷業界において「長体」とは、正方形の文字（以下「正体」という。）の幅を縮めた形の変形文字をいい、「平体」とは、正体の高さを縮めた形の変形文字をいいます。

A 酒類の陳列場所における表示に使用する文字に「長体」や「平体」の活字を使用する場合は、その活字の縦横いずれも100ポイント以上の大きさである場合に、表示基準5に規定する「100ポイントの活字以上の大きさ」であると認められます。

第３編　表示に関する命令等

1　酒類の表示に関する命令

　財務大臣は、酒類業組合法第86条の 6 第 3 項（酒類の表示の基準）の指示を受けた者が、その指示に従わなかった場合において、その遵守しなかった表示の基準が重要基準に該当するものであるときは、当該重要基準を遵守すべきことを命令することができることとされています（組合法86の 7 ）。

　なお、重要基準とは、表示の基準のうち、酒類の取引の円滑な運行及び消費者の利益に資するため特に表示の適正化を図る必要があるものとして定めるものであり、具体的には、「酒類の表示基準における重要基準を定める件（平15国税庁告示15）」に定める事項です。

2　表示の基準が遵守されないとき

　財務大臣は、酒類の表示の基準を遵守しない酒類製造業者又は酒類販売業者があるときは、その基準を遵守すべき旨の指示をすることができ、この指示に従わないときは、その旨を公表することがあります（組合法86の 6 ③、④）。

　また、指示に従わなかった場合において、その遵守しなかった表示の基準が重要基準であるときは、基準を遵守すべきことを命令することがあります（組合法86の 7 ）。

○ 「酒類の表示の基準における重要基準を定める件」の概要

《国税庁ＨＰ》

　「酒税の保全及び酒類業組合等に関する法律」（昭和28年法律第7号。以下「酒類業組合法」といいます。）第86条の6第1項及び同法施行令（昭和28年政令第28号）第8条の4の規定により、財務大臣は、酒類の取引の円滑な運行及び消費者の利益に資するため酒類の表示の適正化を図る必要があると認めるときは、酒類の製法、品質その他これらに類する事項、20歳未満の者の飲酒防止に関する事項及び酒類の消費と健康との関係に関する事項の表示について、酒類製造業者又は酒類販売業者が遵守すべき必要な基準を定めることができることとされており、現在、5つの表示基準が定められています。

　更に、酒類業組合法第86条の7の規定により、財務大臣は、表示基準のうち、酒類の取引の円滑な運行及び消費者の利益に資するため、特に表示の適正化を図る必要があるものを重要基準として定めることができることとされており、この規定に基づき「酒類の表示の基準における重要基準」（平成15年12月国税庁告示第15号）が定められています。

　※　重要基準に違反していると認められるときは、酒類業組合法第86条の6第3項、第86条の7及び第98条第2号の規定により、重要基準に違反している個々の酒類業者に対して、その基準を遵守すべきことを個別に指示した上で、指示に従わなかった場合に命令を行い、更に、命令に違反した場合に罰則を課すこととされています。

酒類の表示の基準における重要基準を定める件（概要）

(1)　「清酒の製法品質表示基準」（平成元年11月国税庁告示第8号）のうち、

　①　特定名称（吟醸酒など）を容器等に表示する場合の基準

　②　原材料名など容器等に表示しなければならない事項の基準

　③　最上級を意味する用語など容器等に表示してはならない禁止事項の基準

(2)　「果実酒等の製法品質表示基準」（平成27年10月国税庁告示第18号）のうち、

　①　記載事項の表示に関する基準

　②　特定の原材料を使用した旨の表示に関する基準

　③　地名の表示に関する基準

④　ぶどうの品種名及び収穫年の表示に関する基準

⑶　「酒類における有機の表示基準」（平成12年12月国税庁告示第7号）のうち、

①　有機農畜産物加工酒類における有機等の表示の基準

②　有機農畜産物加工酒類の製造方法等の基準

③　有機農畜産物加工酒類の名称等の表示の基準

④　有機農畜産物等を原材料に使用した酒類における有機農畜産物等の使用表示の基準

【編注】　酒類における有機畜産物等の仕様表示基準は、農林水産物及び食品の輸出の促進に関する法律等の一部を改正する法律の施行の日（施行日：未定）に合わせて廃止されることが予定されています。

⑷　「酒類の地理的表示に関する表示基準」（平成27年10月国税庁告示第19号）のうち、地理的表示の保護に関する事項の基準

⑸　「二十歳未満の者の飲酒防止に関する表示基準」（平成元年11月国税庁告示第9号）のうち、

①　酒類の容器又は包装に対する表示の基準

②　酒類の陳列場所における表示の基準

③　酒類の自動販売機に対する表示の基準

④　酒類の通信販売における表示の基準

酒類業組合法

（酒類の表示に関する命令）

第86条の7　財務大臣は、前条第3項の指示を受けた者がその指示に従わなかつた場合において、その遵守しなかつた表示の基準が、同条第1項の表示の基準のうち、酒類の取引の円滑な運行及び消費者の利益に資するため特に表示の適正化を図る必要があるものとして財務大臣が定めるもの（以下「重要基準」という。）に該当するものであるときは、その者に対し、当該重要基準を遵守すべきことを命令することができる。

〔告示〕酒類の表示基準における重要基準を定める件

平成15年国税庁告示第15号

（最終改正：令和元年6月国税庁告示第8号）

　酒税の保全及び酒類業組合等に関する法律（昭和28年法律第7号）第86条の7及び酒税の保全及び酒類業組合等に関する法律施行規則（昭和28年大蔵省令第11号）第20条第1項の規定に基づき、同法第86条の6第1項の表示の基準のうち、酒類の取引の円滑な運行及び消費者の利益に資するため特に表示の適正化を図る必要があるものを次の各号に掲げるとおり定めたので告示する。

一　清酒の製法品質表示基準（平成元年国税庁告示第8号）第1項（本表の適用に関する通則を除く。）、第2項、第3項及び第6項

二　果実酒等の製法品質表示基準（平成27年国税庁告示第18号）第2項、第3項及び第5項から第7項まで

三　酒類における有機の表示基準（平成12年国税庁告示第7号）第1項、第2項（第4号ロを除く。）、第3項及び第5項（第1号ハ及び第2号ハを除く。）

四　酒類の地理的表示に関する表示基準（平成27年国税庁告示第19号）第9項

五　二十歳未満の者の飲酒防止に関する表示基準（平成元年国税庁告示第9号）第1項、第4項、第6項（表示に使用する文字に係る部分を除く。）及び第7項

【編注】この告示は、酒類における有機の基準の廃止（施行日未定）に合わせ、改正が見込まれています（改正事項については31頁を参照してください）。

法令解釈通達

（該当なし）

第４編　表示方法の届出等の手続

1　酒類の表示方法の届出

　酒類製造業者又は酒類販売業者は、酒類の品目などを容易に識別することができる方法で、酒類の容器又は包装の見やすい所に容易に識別することができる方法で表示しなければならないとされ、酒類の品目については、財務省令（組合規則11の3）で定めるところにより財務大臣に届け出た方法で表示することとされています。

2　酒類の品目の表示の方法の届出

　酒類の品目の表示の方法についての届出は、酒類製造業者、酒類販売業者又はこれらの者が直接若しくは間接に構成する団体が行うこととされ、酒類業組合法施行規則の別紙様式第十一の二に規定する届出書を、提出しなければならないとされています（組合規則11の3①、②）。

　なお、別紙様式等については、「酒税法及び酒類行政関係法令等解釈通達（様式編）の制定について（法令解釈通達）」（平成17年8月25日課酒1－66）により、具体的な届出様式（CC1-7101）が定められています。

3　具体的な手続

　酒類製造業者がその製造場から移出する酒類等の容器に酒類の品目等を表示しようとする場合に届出を行おうとするときは、届出様式（CC1-7101）に記載要領に沿って必要事項を記載し、届出する酒類の品目に応じて該当するチェックシートを作成して住所又は製造場等の所在地の所轄税務署長に提出します。

　なお、チェックシートは、品目共通編と各品目編があります。「酒類の表示に関する説明事項」（各品目共通編及び各品目編）を参照し、チェックシートを作成します。

4　その他の表示関係手続

(1)　記号表示の届出

　酒類製造業者がその住所に併せて、製造場、引取先又は詰替の場所の所在地の表示を記号により表示する場合又は届出をした記号を変更する場合には、「記号表示

届出書」（CC1-7125）を提出してください。

(2)　表示事項の省略（異なる表示の）承認の申請

　　酒類製造者が、表示事項の省略（異なる表示の）承認を受けようとする場合には、「表示事項省略（異なる表示の）承認申請書」（CC1-7102）を使用してください。

5　届出書類等掲載場所

〈表示方法届出書〉

国税庁ホームページ／法令等／法令解釈通達／間接税関係／個別通達／（平成17年8月25日）酒税法及び酒類行政関係法令等解釈通達（様式編）の制定について（法令解釈通達）の「第2編　酒税の保全及び酒類業組合等に関する法律関係」

〈酒類の表示方法チェックシート等〉

国税庁ホームページ／税の情報・手続・用紙／お酒に関する情報／お酒に関するQ&A（よくある質問）／【酒類の表示】／Q1　酒類の容器の表示／【酒類の容器の表示】／酒類の容器に表示しなければならない事項（酒類の表示方法チェックシート）

〈その他の表示関係手続き〉

国税庁ホームページ／法令等／法令解釈通達／間接税関係／個別通達／（平成17年8月25日）酒税法及び酒類行政関係法令等解釈通達（様式編）の制定について（法令解釈通達）
または
e-Taxホームページ／サイトマップ／利用可能手続／利用可能手続一覧／申請・届出手続／酒税関係

（表示方法の届出等）

第11条の3　令第8条の3第1項又は第2項に規定する酒類の品目の表示の方法についての届出は、酒類製造業者（酒税法第28条第6項又は第28条の3第4項の規定により酒類製造者とみなされた者を含む。以下同じ。）、酒類販売業者又はこれらの者が直接若しくは間接に構成する団体が行う。

2　前項の届出をしようとする者は、別紙様式第十一の二による届出書を、財務大臣に提出しなければならない。

3　令第8条の3第1項又は第2項に規定する酒類の品目の表示の方法は、酒類の品目を印刷した表示証を容器に見やすく貼り付け、又は酒類の品目を直接容器に見やすく印刷することとし、かつ、次の各号のいずれにも該当する方法により行う。

　一　酒類の品目を表示するために用いる文字が日本文字であり、かつ、内容量（粉末酒にあつては、当該粉末酒の重量）に応じ明瞭に判読できる大きさ及び書体であること

　二　酒類の品目を表示するために用いる文字の色が表示証又は容器の全体の色と比較して鮮明でその文字が明瞭に判読できること

4　酒類の品目の表示を第11条の5に定めるホワイトリカーの呼称によることとしている連続式蒸留焼酎又は単式蒸留焼酎に係る表示の方法は、前項に規定する方法による当該呼称の表示にあわせて、連続式蒸留焼酎にあつては①の記号、単式蒸留焼酎にあつては②の記号が明瞭に判別できる方法により行う。

（記号表示の届出）

第11条の6　令第8条の3第5項の規定により製造場、引取先又は詰替場所の所在地の記号表示の届出をしようとする者は、別紙様式第十一の三による届出書を、財務大臣に提出しなければならない。

（表示の省略等の承認の申請）

第11条の7　令第8条の3第6項の規定により財務大臣の承認を受けようとする者は、別紙様式第十一の四による申請書を、財務大臣に提出しなければならない。

別紙様式第11の2 《表示方法届出書》

CC1-7101
LIY050
別紙様式第11の2

酒税

収受印

令和　年　月　日

財務大臣　殿

届出者　住所

氏名（名称）

表示方法届出書

　酒税の保全及び酒類業組合等に関する法律施行令第8条の3第1項（第2項）の規定により、下記のとおり酒類の品目の表示方法について届け出ます。

記

1　表示方法

2　届出者が酒類製造業者（酒類販売業者）であるときは、その製造場（引取先、詰替の場所）の所在地

3　届出者が酒類製造業者（酒類販売業者）の直接又は間接に構成する団体であるときは、その酒類製造業者（酒類販売業者）の氏名（名称）及び製造場（引取先、詰替の場所）の所在地

233

別紙様式第11の2 《表示方法届出書＿記載要領》

表示方法届出書（CC1-7101）の記載要領

1　この届出書は、酒税の保全及び酒類業組合等に関する法律施行令第8条の3第1項（第2項）の規定により、酒類製造業者がその製造場から移出する酒類の容器に酒類の品目等を表示しようとする場合に使用してください。

2　この届出書は、当該表示を行う酒類を製造場等から移出する前に次の区分により提出してください。

区分	届出者	提出先
(1)	酒類製造業者又は酒類販売業者	酒類製造業者若しくは酒類販売業者の住所地又は製造場若しくは販売場の所在地を所轄する税務署長
(2)	中央会又は一の国税局の管轄区域を超える地域をその地区とする酒類業組合	国税庁長官
(3)	連合会若しくは(2)以外の酒類業組合で一の都道府県の区域又は一の都道府県の区域よりも広い区域をその地区とする酒類業組合	連合会又は酒類業組合の主たる事務所の所在地を所轄する国税局長 （連合会又は酒類業組合の主たる事務所の所在地が、当該連合会又は酒類業組合の地区外にあるときは、その連合会又は酒類業組合の地区の所轄国税局長）
(4)	(2)及び(3)以外の酒類業組合	酒類業組合の主たる事務所の所在地を所轄する税務署長 （酒類業組合の主たる事務所の所在地が、当該酒類業組合の地区外にあるときは、その酒類業組合の地区の所轄税務署長）

（注）　1　酒類製造業者又は酒類販売業者が直接又は間接に構成する団体は、組合法の規定に基づかない任意の団体であっても差し支えありません。

　　　　2　「酒類業組合」には、上記1の団体を含みます。

　　　　3　他の税務署の管轄区域内に同一の品目の製造場等を有する酒類製造業者については、届出書及び表示証等を2部提出してください。

3　表示方法届出書には、当該届出に係る表示証等の使用を開始する時期を記載するとともに、当該表示証等及び当該表示証等を表示する場所を明示した略図を添付してください。

　　なお、表示証等は色彩区分を明示した図案であっても差し支えありません。

4　輸入酒類の届出の手続等は、上記に準じて行い、届出書は、輸入酒類を引き取る保税地域の所轄税関長に提出してください。

　　なお、輸入酒類に係る酒類の品目の表示方法について、既に他の税関長に届出済みであることを証する書類を所轄税関長に提示したときは、改めて届出書を提出する必要はありません。

別紙様式第11の3 《記号表示届出書》

CC1-7125

別紙様式第11の3

/ 収 受 印 \

令和　年　月　日

財務大臣　殿

届出者　住所

氏名（名称）

記号表示届出書

　酒税の保全及び酒類業組合等に関する法律施行令第8条の3第5項の規定により、下記のとおり製造場等の所在地の記号表示について届け出ます。

記

1　製造場（引取先、詰替の場所）の所在地

2　表示しようとする記号

3　記号表示の理由

酒 税

235

別紙様式第11の３ 《記号表示届出書＿記載事項》

記号表示届出書（CC1-7125）の記載要領

1　この届出書は、酒税の保全及び酒類業組合等に関する法律施行令第８条の３第５項の規定により、酒類製造業者がその住所に併せて、製造場、引取先又は詰替の場所の所在地の表示を記号により表示する場合又は届出をした記号を変更する場合に提出してください。

2　この届出書は、当該表示を行う酒類を製造場等から移出する前に次の区分により提出してください。

区分	届出者	提出先
(1)	酒類製造業者又は酒類販売業者	酒類製造業者若しくは酒類販売業差の住所地又は製造場若しくは販売場の所在地を所轄する税務署長
(2)	中央会又は一の国税局の管轄区域を超える地域をその地区とする酒類業組合	国税庁長官
(3)	連合会若しくは(2)以外の酒類業組合で一の都道府県の区域又は一の都道府県の区域よりも広い区域をその地区とする酒類業組合	連合会又は酒類業組合の主たる事務所の所在地を所轄する国税局長 （連合会又は酒類業組合の主たる事務所の所在地が、当該連合会又は酒類業組合の地区外にあるときは、その連合会又は酒類業組合の地区の所轄国税局長）
(4)	(2)及び(3)以外の酒類業組合	酒類業組合の主たる事務所の所在地を所轄する税務署長 （酒類業組合の主たる事務所の所在地が、当該酒類業組合の地区外にあるときは、その酒類業組合の地区の所轄税務署長）

（注）1　酒類製造業者又は酒類販売業者が直接又は間接に構成する団体は、組合法の規定に基づかない任意の団体であっても差し支えありません。

　　　2　「酒類業組合」には、上記１の団体を含みます。

　　　3　記号表示の届出は、１製造場等につき１記号の届出となりますので、商品ごとに届出を行う必要はありませんのでご留意ください。

別紙様式第11の4 《表示記号省略（異なる表示の）承認申請書》

CC1-7102
LIY870
別紙様式第 11 の 4

酒 税

（収 受 印）

令和　　年　　月　　日

財務大臣　殿

申請者　住所

氏名（名称）

表示事項省略（異なる表示の）承認申請書

　酒税の保全及び酒類業組合等に関する法律施行令第８条の３第６項の規定により、下記のとおり表示事項の省略（異なる表示）の承認を受けたいので、関係書類を添え、申請します。

記

1　製造場（取引先、詰替の場所）の所在地

2　表示を省略する（異なる表示をする）事項

3　表示を省略する（異なる表示をする）期間

4　申請の理由

別紙様式第11の4 《表示記号省略（異なる表示の）承認申請書＿記載要項》

表示事項省略（異なる表示の）承認申請書（CC1-7102）の記載要領

1　この申請書は、酒税の保全及び酒類業組合等に関する法律施行令第8条の3 《表示事項》第6項の規定により、酒類製造者が表示事項の省略（異なる表示の）承認を受けようとする場合に使用してください。

2　この申請書は、次の区分により提出してください。

区分	届出者	提出先
(1)	酒類製造業者又は酒類販売業者	酒類製造業者若しくは酒類販売業者の住所地又は製造場若しくは販売場の所在地を所轄する税務署長
(2)	中央会又は一の国税局の管轄区域を超える地域をその地区とする酒類業組合	国税庁長官
(3)	連合会若しくは(2)以外の酒類業組合で一の都道府県の区域又は一の都道府県の区域よりも広い区域をその地区とする酒類業組合	連合会又は酒類業組合の主たる事務所の所在地を所轄する国税局長 （連合会又は酒類業組合の主たる事務所の所在地が、当該連合会又は酒類業組合の地区外にあるときは、その連合会又は酒類業組合の地区の所轄国税局長）
(4)	(2)及び(3)以外の酒類業組合	酒類業組合の主たる事務所の所在地を所轄する税務署長 （酒類業組合の主たる事務所の所在地が、当該酒類業組合の地区外にあるときは、その酒類業組合の地区の所轄税務署長）

(注)　1　酒類製造業者又は酒類販売業者が直接又は間接に構成する団体は、組合法の規定に基づかない任意の団体であっても差し支えありません。

　　　2　「酒類業組合」には、上記1の団体を含みます。

　　　3　表示事項省略（異なる表示）の承認申請書には、当該申請に係る表示を省略する（異なる表示をする）事項及び期間並びに理由を記載するとともに、当該表示証等及び当該表示証等を表示する場所を明示した略図を添付してください。

　　　　　なお、表示証等は色彩区分を明示した図案であっても差し支えありません。

　　　4　税務署長を経由して国税局長に提出する場合は、経由する税務署分として表示事項省略（異なる表示）の承認申請書の写しも提出してください。

　　　5　輸入業者が申請を行う場合は、輸入酒類を引き取る保税地域の所轄税関長に申請書を提出してください。

様式1（各品目共通）1／6

様式1

酒類の表示方法チェックシート（各品目共通）

1　届出者の氏名等

氏　名 又　は 名　称		製　造　場 の 所　在　地		
届出理由	□新発売 □ラベル変更 □プライベート商品 □見本品 □その他（　　　　）		アルコール分	度
販売予定日	令和　年　月　日	販売地域 □全国 □その他（　　　　）	表示可能面積	□150cm²超 □以下
製　品　名		容器の種類	内　容　量	ミリリットル
酒類を詰め替えて販売場から搬出する酒類販売業者は、酒類の詰替え届出書を提出しているか。			□適	□否

○　上記届出者と表示内容に責任を有する食品関連事業者が異なる場合に記載してください。

（食品関連事業者の区分：　□　製造者　□　加工者　□　輸入者　□　販売者）

食品関連事業者 の氏名又は名称		住　所	

2　酒類業組合法上の表示義務事項（第86条の5関係）

表　示　事　項	表示の有無	検　　討　　事　　項	適・否
氏名又は名称	□有 □無	原則として「楷書体」又は「ゴシック体」で明瞭に表示されているか。	□適 □否
		個人の場合は、その氏名が表示されているか。	□適 □否
製造場の所在地	□有 □無	課税移出した製造場（自己の他の製造場において組合令8の3①の規定により表示すべき事項の全部を表示した酒類を移入し、これをそのままの表示で更に移出する場合における製造場を除く。）の所在地が、住居番号まで、原則として「楷書体」又は「ゴシック体」で明瞭に表示されているか。	□適 □否
		記号表示の届出がある場合には、「氏名又は名称」に続けて、記号が表示されているか（一体的に表示できない場合、「氏名又は名称」の後に当該記号の記載場所を表示されているか。）。　※　食品表示基準の製造所固有記号とは異なります。	□適 □否
内　容　量	□有 □無	「内容量」の文字の後に続けて表示されているか。 （主たる商標を表示する側に内容量を表示する場合、「内容量」の項目名は省略可。また、主たる商標を表示する側に「品目」と併せて表示する場合、他の表示事項との一括表示は省略可。）	□適 □否
		アラビア数字(単位の表示はL、㎘、mL、ℓ、mℓ、リットル 又 は ミリリットル)で明瞭に表示されているか。	□適 □否

表 示 事 項	表示の有無	検　　討　　事　　項	適・否	
酒 類 の 品 目 ポイント	□ 有 □ 無	主たる商標を表示する側の次の場所に明瞭に表示されているか（酒類を陳列棚、陳列ケースその他商品を陳列するための設備に陳列した場合においても、その酒類の品目が消費者に容易に認識できる場所に表示されているか。）。 　瓶：胴部・肩部・口頭部、　缶：胴部・頭部、　樽：胴部・鏡部（該当する場所を○で囲む。） （主たる商標を表示する側に品目を表示する場合、「品目」の項目名は省略可。）	□適	□否
		主たる商標を表示する側以外の場所（底部を除く。）に表示する場合は、他の表示事項と一括して表示されているか。	□適	□否
		文字の大きさは内容量、文字の数に応じ、次の大きさ以上か（内容量が100mℓ以下の場合を除く）。 なお、文字の大きさ（ポイント）は、日本産業規格 Z8305（1962）に規定する文字の大きさによる。 　　表示する酒類の品目：「　　　　　　　　　」 表は下記参照 ※1　食品表示基準では、原則8ポイント以上で表示する必要があります。 　2　内容量が100mℓ以下の場合、食品表示基準に基づいた文字の大きさで表示する必要があります。	□適	□否
		文字は日本文字で原則として「楷書体」又は「ゴシック体」か。	□適	□否
		文字の色は、周囲の色と比較して不明瞭ではないか。	□適	□否
		他の品目の酒類と誤認されるような商品名等になっていないか。	□適	□否
アルコール分	□ 有 □ 無	アラビア数字（単位の表示は度又は％）で明瞭に表示されているか。	□適	□否
		税率適用区分を同じくする1度の範囲内で表示されているか。 なお、ビール、発泡酒、清酒、果実酒又はその他の醸造酒については、±1度の範囲内で、「アルコール分○○度」（1度単位又は0.5度刻みにより表示する。）と表示可。	□適	□否
税率適用区分	□ 有 □ 無	発泡酒及び雑酒については、税率適用区分を表す事項が表示されているか。	□適	□否
	□ 有 □ 無	その他の発泡性酒類（ビール及び発泡酒以外の酒類で、アルコール分が10度未満で発泡性を有するもの）については、発泡性を有する旨及び税率適用区分が表示されているか。	□適	□否

文字の大きさ表：

内容量別 ＼ 文字の数		2 ポイント	3 ポイント	4以上 ポイント
3.6ℓ超		42 ポイント	26 ポイント	26 ポイント
1.8ℓ超	3.6ℓ以下	26 ポイント	22 ポイント	16 ポイント
1.0ℓ超	1.8ℓ以下	22 ポイント	16 ポイント	14 ポイント
360mℓ超	1.0ℓ以下	16 ポイント	14 ポイント	10.5 ポイント
	360mℓ以下	14 ポイント	10.5 ポイント	※7.5 ポイント

3　食品表示法上の表示義務事項等

表 示 事 項	表示の有無	検 討 事 項	適・否
文字ポイント		文字の大きさは、表示可能面積に対し、次の大きさ以上か。 なお、文字の大きさ（ポイント）は、日本産業規格 Z8305（1962）に規定する文字の大きさによる。 ※　2及び3共通　（「酒類の品目」を除く） 表示可能面積 ／ ポイント 原　則 ／ 8ポイント おおむね 150cm²以下 ／ 5.5ポイント	□適　□否
表 示 の 方 式		食品表示基準別記様式一（一括表示欄）に基づき枠で囲って表示しているか。 （又は、別記様式による表示と同等程度に消費者が一見して判別できるようまとめて分かりやすく表示しているか。）	□適　□否
名 　 称	□有□無	名称（品名）を表示している場合、その内容を示す一般的な名称か。	□適　□否
食品関連事業者の氏名又は名称及 び 住 所	□有□無	表示内容に責任を有する者の氏名又は名称及び住所が、「製造者」、「加工者」、「輸入者」又は「販売者」のいずれかの項目名を付して表示されているか。 （例）　○　自社で製造・詰口し、課税移出：製造者 　　　　○　他社から未納税移入した酒類を自社でその本質を保持させつつ詰口し、課税移出：加工者 　　　　○　輸入した酒類を販売：輸入者 　　　　○　他社で製造・詰口された酒類を未納税移入し、課税移出：販売者	□適　□否
製造所所在地等	□有□無	製造所又は加工所の所在地（最終的に衛生状態を変化させる製造又は加工が行われた場所の所在地。輸入品にあっては、輸入業者の営業所所在地。）及び製造者又は加工者の氏名又は名称（輸入業者の氏名又は名称）が表示されているか。 （これらの表示事項が①食品関連事業者の住所及び氏名又は名称など他の表示項目と同一の場合、②製造所固有記号をもって表示されている場合、③表示可能面積がおおむね30 cm²以下の場合、表示省略可。）	□適　□否
		食品関連事業者の氏名又は名称及び住所と近接して表示されているか。	□適　□否
製造所固有記号	□有□無	製造所固有記号を表示する場合、以下のいずれかの事項について表示されているか。 ①　製造所所在地等の情報提供を求められたときに回答する者の連絡先 ②　製造所固有記号等を表示したウェブサイトのアドレス ③　当該製品を製造している全ての製造所所在地等及び製造所固有記号 ※　酒類業組合法の記号表示とは異なります。	□適　□否
		食品関連事業者の氏名又は名称の次に表示されているか。	□適　□否
添 　 加 　 物	□有□無	「添加物」の文字の後に続けて、重量の割合の高い順に物質名が表示されているか（食品表示基準別表6に掲げられた添加物を含む食品には、物質名及び用途）。 　事項欄を設けない場合、原材料名の欄に原材料名と添加物を「／」などの区分表記や改行等の方法により、明確に区分して表示されているか。 　（例）「ぶどう（日本産）　／　酸化防止剤（亜硫酸塩）」等 　（表示可能面積がおおむね30 cm²以下の場合、表示省略可。） 　（表示事項の内容から、別記様式による表示と同等程度に分かりやすい表示の場合、様式によらず表示事項だけの表示可。）	□適　□否

241

表 示 事 項	表示の有無	検　討　事　項	適・否	
L‐フェニルアラニン化合物	□ 有 □ 無	アスパルテームを含む場合は、「L‐フェニルアラニン化合物を含む」旨が表示されているか。	□適	□否
遺伝子組換え食品	□ 有 □ 無	組換えDNA技術を用いて生産された農産物等を主な原材料とした酒類について、遺伝子組換えに関する表示がされているか。 　（表示可能面積がおおむね30 cm²以下の場合、表示省略可。）	□適	□否
		組換えDNA技術を用いて生産されたことにより、組成、栄養価等が通常の農産物と著しく異なる農産物であって、高オレイン酸、ステアリドン酸産生の形質を有する大豆を主な原材料とした酒類について、遺伝子組換えに関する表示がされているか。	□適	□否
		組換えDNA技術を用いて生産された農産物等を主な原材料としている場合、原材料の次に括弧書きで、「遺伝子組換え」「遺伝子組換え不分別」等と表示されているか。	□適	□否
栄 養 強 調 表 示	□ 有 □ 無	栄養強調表示（ノンカロリー、糖類ゼロ、カロリーハーフ等）を行う場合、基準値を満たし、栄養成分（たんぱく質、脂質、炭水化物及びナトリウム）の量及び熱量を表示しているか。※　ナトリウムは、原則として「食塩相当量」として表示する。	□適	□否
糖類を添加していない旨	□ 有 □ 無	糖類を添加していない旨を表示する場合、以下の条件が全て満たされているか。	□適	□否
		①　いかなる糖類も添加していないこと。	□適	□否
		②　糖類に代わる原材料又は添加物を使用していないこと。	□適	□否
		③　酵素分解その他何らかの方法により、当該食品の糖類含有量が原材料及び添加物に含まれていた量を超えないこと。 　※　一般的には、清酒は当該要件を満たしません。	□適	□否
		④　当該酒類の100 ㎖又は1本分当たりの糖類の含有量を表示していること。	□適	□否
		⑤　栄養成分（たんぱく質、脂質、炭水化物及びナトリウム）の量及び熱量を表示していること。※　ナトリウムは、原則として「食塩相当量」として表示する。	□適	□否
省略できる義務表示	□ 有 □ 無	省略できる義務表示事項を表示している場合、食品表示基準に沿った表示が行われているか。 　※　「保存の方法」、「賞味期限」、「栄養成分（たんぱく質、脂質、炭水化物及びナトリウム）の量及び熱量」の表示が省略可能。	□適	□否
表 示 禁 止 事 項		実際のものより著しく優良又は有利であると誤認させる用語、義務表示事項の内容と矛盾する用語、その他内容物を誤認させるような文字、絵、写真その他の表示などの表示禁止事項が表示されていないか。	□適	□否
【経過措置期間　令和4年3月31日まで】				
原 料 原 産 地 名	□ 有 □ 無	原材料に占める重量割合が最も高い原材料（重量割合上位1位の原材料）を原料原産地表示の対象とし、原材料に対応させてその原材料名を表示しているか。 　※　令和4年3月31日までに製造され、又は加工される酒類は、なお従前の例によることができる。	□適	□否

様式1（各品目共通）5／6

4　酒類業組合法上の表示義務事項（第86条の6関係）

表　示　事　項	表示の有無	検　　討　　事　　項	適・否	
20歳未満の者の飲酒防止に関する表示 ポイント	□有□無	「飲酒は20歳になってから」、「20歳未満の者の飲酒は法律で禁止されています」等の文言が、見やすい所に明瞭に表示されているか。	□適	□否
		文字の大きさは、内容量に応じ次の大きさ以上か。 内　容　量／360ml超／360ml以下 ポ　イ　ン　ト／6ポイント／5.5ポイント	□適	□否
有　機　の　表　示	□有□無	別葉「酒類の表示方法チェックシート（有機に関する表示事項用）」を使用	□適	□否
地理的表示の名称	□有□無	表示する地理的表示は、当該地理的表示の管理機関が行う確認業務により使用許可を受けて表示しているか（地理的表示「日本酒」は管理機関がないため、使用許可不要）。	□適	□否
		保護の対象となっている外国の地理的表示と同一又は類似の名称を表示していないか（適用除外対象の銘柄は除く）。	□適	□否
		地理的表示の名称のいずれか一箇所以上に「地理的表示」、「Geographical Indication」又は「GI」の文字を併せて表示しているか（又は、地理的表示の名称を表示していない酒類には、上記の文字を表示していないか）。	□適	□否

243

5　その他法令事項

表 示 事 項	表示の有無	検　　　討　　　事　　　項	適・否
原 料 米 等 の 産 地 表 示 （清酒、単式蒸留 焼酎、みりん）	□有□無	産地表示がある場合、①ラベル等に原料米等の産地表示がされているか。②複数国（産地）の原料米等を使用している場合は、使用量の多い順に表示されているか。 　（例）米（国産、○○国産）、米こうじ（国産米）　　等	□適　　□否
		産地表示がない場合、次のいずれかの方法により、産地情報を入手できるようにしているか。 　・　商品に産地情報を照会できるホームページのウェブサイトのアドレスを表示 　・　商品に産地情報照会先（照会先電話番号等）を表示 　・　店頭等で消費者に対し産地情報伝達を行う体制を整備	□適　　□否
製造物責任法等 を踏まえた表示	□有□無	必要に応じ、製造物責任法等を踏まえた酒類の指示・警告の表示がされているか。 　（例）「キャップの切り口で指などけがをしないようご注意ください」等	□適　　□否
資源有効利用促 進 法 等 の 表 示	□有□無	容器の種類に応じた識別表示ができているか。 （表示例・内容の表 下記参照）	□適　　□否

（識別表示マークの表示例・内容）

識別表示マークの 表 示 例	内 　　　　　　容
□スチール缶	次の大きさ以上で1箇所以上表示されているか。
	スチール缶 識別マーク ／ 円 の 外 径：6mm以上　文字の大きさ：4ポイント以上
□アルミ缶	アルミ缶 識別マーク ／ 一 辺 の 長 さ：6mm以上　文字の大きさ：4ポイント以上
	※　缶の胴に表示をすることが困難な場合、缶の胴以外の部分に表示可
□ペットボトル	次の大きさ以上で、容器の底部又は側部に1箇所以上刻印し、かつ、容器の側部に1箇所以上印刷又はラベルにより表示されているか。（内容積が150ml未満の容器を除く。）
	容器の底部又は側部への刻印 ／ 一 辺 の 長 さ：8mm以上　数字の大きさ：7ポイント以上　文字の大きさ：5ポイント以上
	容器の側部への印刷又はラベルによる表示 ／ 一 辺 の 長 さ：6mm以上　数字の大きさ：5ポイント以上　文字の大きさ：4ポイント以上
	（注）　外装単位の販売に限り、一定の条件を満たす場合、個別容器への表示省略可。
□紙	表面に次の大きさ以上で、1箇所以上刻印、印刷又はラベルにより表示されているか。
□プラスチック	刻印による場合 紙の識別マーク ／ 楕 円 の 高 さ：8mm以上　文字の大きさ：8ポイント以上 プラスチック識別マーク ／ 一 辺 の 長 さ：8mm以上　文字の大きさ：8ポイント以上
	印刷又はラベルによる場合 紙の識別マーク ／ 楕 円 の 高 さ：6mm以上　文字の大きさ：6ポイント以上 プラスチック識別マーク ／ 一 辺 の 長 さ：6mm以上　文字の大きさ：6ポイント以上

（R2.7）

様式２

酒類の表示方法チェックシート（清酒に関する表示事項用）

清酒の製法品質表示基準

表示事項	表示の有無	検討事項		適・否	
原材料名	□有□無	使用した原材料を「原材料名」の文字の後に続けて、「米、米こうじ」と表示し、以下、使用した原材料を使用量の多い順に表示されているか。	文字の大きさは、容器の容量200mℓ超は8ポイント、200mℓ以下は、6ポイントの大きさ以上か。	□適	□否
製造時期	□有□無	製造年月と表示されているか。 （内容量が300mℓ以下の場合及び容器の形態からみて「製造年月」の文字を表示することが困難である場合は、「年月」の文字を省略し、「製造」と表示しても差し支えない。）		□適	□否
保存又は飲用上の注意事項	□有□無	製成後、一切加熱処理をしない清酒（生酒）に、保存又は飲用上の注意事項が表示されているか。（例）「要冷蔵」等		□適	□否
外国産清酒使用	□有□無	原産国名及びその使用割合が表示されているか。		□適	□否
特定名称酒	□有□無	原材料名の表示の近接する場所に精米歩合を併せて表示しているか。		□適	□否
		表示は次のいずれかの方法か（該当する名称を○で囲む。）。 1　吟醸酒　　2　純米酒　　3　本醸造酒　　4　大吟醸酒 5　純米吟醸酒（吟醸純米酒）　　6　純米大吟醸酒（大吟醸純米酒） 7　特別純米酒　8　特別本醸造酒		□適	□否
		使用する白米及び米こうじに使用する白米は、農産物検査法により、3等以上に格付けされた玄米又はこれに相当する玄米を精米したものか。		□適	□否
		こうじ米の使用割合は15％以上か。		□適	□否
		醸造アルコールを原料の一部としたものについては、当該アルコールの重量（95度換算）が、白米の重量の10％を超えていないか。		□適	□否
		大吟醸酒、純米大吟醸酒（大吟醸純米酒）にあっては、精米歩合50％以下か。		□適	□否
		吟醸酒、純米吟醸酒（吟醸純米酒）にあっては、精米歩合60％以下か。		□適	□否
		本醸造酒にあっては、精米歩合70％以下か。		□適	□否
		純米酒、純米吟醸酒（吟醸純米酒）、純米大吟醸酒（大吟醸純米酒）にあっては、醸造アルコールを原料として使用していないか。 また、醸造アルコールを原料の一部とした清酒を混和していないか。		□適	□否
		特定名称に併せて品質が優れている印象を与える用語を用いていないか。		□適	□否
		特定名称に類似する用語のみを用いていないか。		□適	□否
特別本醸造酒 特別純米酒	□有□無	使用原材料、製造方法その他客観的事項をもって説明表示しているか。（精米歩合をもって、説明表示する場合には、精米歩合は60％以下か。）		□適	□否
「特別」の用語を特別本醸造酒又は特別純米酒以外に使用していないか。				□適	□否
原料米の品種名	□有□無	当該原料米の使用割合（50％超）が表示されているか。 （1％単位又は5％刻みで表示し、いずれも端数は切り捨てる。）		□適	□否
清酒の産地名	□有□無	当該産地において、全て醸造（加水調整を含む）されたものであるか。		□適	□否
貯蔵年数	□有□無	1年未満の端数を切り捨てた年数で表示されているか。		□適	□否
原酒	□有□無	製成後にアルコール分1％以上の加水調整を行っていないか。		□適	□否
生酒	□有□無	製成後、一切加熱処理されていないものであるか。		□適	□否
生貯蔵酒	□有□無	製成後、加熱処理しないで貯蔵し、製造場から移出する際に加熱処理されたものであるか。		□適	□否
生一本	□有□無	単一の製造場のみで製造した純米酒であるか。		□適	□否
樽酒	□有□無	木製の樽で貯蔵し、木香のついた清酒であるか。		□適	□否

様式2（清酒に関する表示事項用）2／2

表 示 事 項	表示の有無	検 　 討 　 事 　 項	適・否	
品質が優れている印象を与える用語	□有□無	同一の種別又は銘柄の清酒が複数ある場合において、自社のランク付けとして表示されているか。 　（例）極上、優良、高級、超特選、特撰、上撰等	□適	□否
受賞の記述	□有□無	受賞機関（公的機関に限る。）及び受賞年を併せて表示しているか。	□適	□否
		受賞した清酒と同一の貯蔵容器に収容されていた清酒であるか。	□適	□否
		受賞していない清酒に受賞したような印象を与える記述をしていないか。	□適	□否
表示禁止事項	□有□無	清酒の製法、品質等が業界において「最高」、「第一」、「代表」等最上級を意味する用語を使用していないか。	□適	□否
		官公庁御用達又はこれに類する用語を使用していないか。	□適	□否
		特定名称酒以外の清酒について、特定名称に類似する用語を使用していないか。	□適	□否

(R1.7)

246

様式3

酒類の表示方法チェックシート（焼酎に関する表示事項用）

1　単式蒸留焼酎の例外表示「本格焼酎」

検　　討　　事　　項	適・否
次に掲げるアルコール含有物を単式蒸留機により蒸留した酒類で、酒税法第3条第9号イからニに該当する酒類を除いたものであるか。 　1　穀類又は芋類、これらのこうじ及び水を原料として発酵させたもの 　2　穀類のこうじ及び水を原料として発酵させたもの 　3　⑴　清酒かす及び水を原料として発酵させたもの 　　　⑵　清酒かす、米、米こうじ及び水を原料として発酵させたもの 　　　⑶　清酒かす 　4　砂糖（分蜜をしない砂糖のうち、さとうきび、さとうもろこし又はとうもろこしの搾汁を煮沸濃縮し、加工しないで冷却して製造したもの（粉状又は粒状のものを除く。）で、その糖度が90度以下のもの。）、米こうじ及び水を原料として発酵させたもの 　5　穀類又は芋類、これらのこうじ、水及び国税庁長官が指定するその他の物品を原料として発酵させたもの（その原料中国税庁長官が指定する物品の重量の合計が穀類及び芋類（これらのこうじを含む。）の重量を超えないものに限る。） 　＊　国税庁長官が指定する物品 　　　あしたば、あずき、あまちゃづる、アロエ、ウーロン茶、梅の種、えのきたけ、おたねにんじん、かぼちゃ、牛乳、ぎんなん、くず粉、くまざさ、くり、グリーンピース、こならの実、ごま、こんぶ、サフラン、サボテン、しいたけ、しそ、大根、脱脂粉乳、たまねぎ、つのまた、つるつる、とちのきの実、トマト、なつめやしの実、にんじん、ねぎ、のり、ピーマン、ひしの実、ひまわりの種、ふきのとう、べにばな、ホエイパウダー、ほていあおい、またたび、抹茶、まてばしいの実、ゆりね、よもぎ、落花生、緑茶、れんこん、わかめ	□適　□否

2　連続式蒸留焼酎と単式蒸留焼酎の混和酒

表 示 事 項	表示の有無	検　　討　　事　　項	適・否
酒 類 の 品 目	□有 □無	次のいずれかにより明瞭に表示されているか。 　　連続式蒸留焼酎と単式蒸留焼酎を混和した場合 　　・連続式・単式蒸留焼酎（しょうちゅう）混和 　　・焼酎（しょうちゅう）甲類・乙類混和　又は　ホワイトリカー①②混和 　＊　混和した一方の品目の割合が純アルコール数量で5％未満となるものについては、混和量の多い方の品目だけの表示としても差し支えない。	□適　□否

3　木製の容器に貯蔵した焼酎（混和焼酎を含む）

表 示 事 項	検　　討　　事　　項	適・否
酒 類 の 品 目	主たる商標を表示したラベル内（プリント瓶については、主たる商標を表示した面と同一面）に、表示されているか。	□適　□否
ポイント	1文字当たりが、下表の大きさ又は主たる商標を表示したラベル面積の 18／1,000（品目名を表示した部分の総面積）のいずれか大きい方の大きさ以上となっているか。 　ただし、主たる商標を表示したラベル内に表示された「焼酎」又は「しょうちゅう」の文字が下表に定める大きさ（1文字）又は主たる商標を表示したラベル面積の 9／1,000 の大きさ（品目を表示した部分の総面積）のいずれか大きい方の大きさ以上で、明瞭に表示されている場合に限りこれを適用しないこととして差し支えない。 　※　内容量が100mℓ以下の場合、食品表示基準に基づいた文字の大きさで表示する必要があります。	□適　□否

内容量別 ＼ 活字の大きさ		ポイント
3.6ℓ超		34
1.8ℓ超	3.6ℓ以下	31
1.0ℓ超	1.8ℓ以下	28
500mℓ以上	1.0ℓ以下	26
	500mℓ未満	16

（R1.7）

様式4

酒類の表示方法チェックシート（果実酒等に関する表示事項用）

果実酒等の製法品質表示基準

表 示 事 項	表示の有無	検 討 事 項	適・否	
一 括 表 示 欄 □ポイント□	□有 □無	組合法86条の5の規定に基づき表示する事項（酒類の品目を除く。）及び次に掲げる項目について、8ポイントの活字以上（容量200mℓ以下の容器にあっては、6ポイントの活字以上）の大きさの統一のとれた日本文字で分かりやすく一括して表示されているか。	□適	□否
日 本 ワ イ ン	□有 □無	日本ワインには、「日本ワイン」と表示されているか。 「日本ワイン」の表示に続けて他の項目が表示されているか。	□適	□否
原 材 料 名	□有 □無	国内製造ワインには、次に掲げる原材料を使用量（濃縮果汁の重量には希釈水の重量を含む。）の多い順に表示されているか。	□適	□否
果 実	□有 □無	果実（濃縮果汁を除く。）の名称が表示されているか。	□適	□否
濃 縮 果 汁	□有 □無	濃縮果汁を希釈したものは「濃縮還元〇〇果汁」と、濃縮果汁を希釈していないものは「濃縮〇〇果汁」と表示されているか（「〇〇」は、果実の名称を記載する。）。	□適	□否
輸 入 ワ イ ン	□有 □無	輸入ワインを使用したものは、「輸入ワイン」と表示されているか。	□適	□否
原材料の原産地名	□有 □無	国内製造ワインの原材料の原産地名を「日本産」又は「外国産」と表示されているか。 ※ 「日本産」に代えて「都道府県名その他の地名」を、「外国産」に代えて「原産国名」をそれぞれ表示することも可。	□適	□否
原 産 国 名	□有 □無	輸入ワインには、当該輸入ワインの原産国名が表示されているか。 ※ 輸入ワインについては、「ぶどう以外の果実を使用した旨の表示」以降の適用はない。	□適	□否
ぶどう以外の果実を使用した旨の表示	□有 □無	ぶどう以外の果実を使用している場合、一括表示欄の原材料名のほか容器又は包装の主たる商標を表示する側にもその果実を使用したことが分かる表示がされているか。 ※ ぶどう以外の果実を使用している場合、「特定の原材料を使用した旨の表示」以降の適用はない。	□適	□否
特定の原材料を使用した旨の表示				
濃 縮 果 汁 □ポイント□	□有 □無	濃縮果汁を使用したものは、「濃縮果汁使用」、「輸入濃縮果汁使用」、「輸入果汁使用」、「〇〇（原産国名）産果汁使用」等と10.5ポイントの活字以上（容量360mℓ以下の容器にあっては、7.5ポイントの活字以上）の大きさの統一のとれた日本文字で容器又は包装の主たる商標を表示する側に表示されているか。	□適	□否
輸 入 ワ イ ン □ポイント□	□有 □無	輸入ワインを使用したものは、「輸入ワイン使用」、「輸入果実酒使用」、「〇〇（原産国名）産ワイン使用」等と10.5ポイントの活字以上（容量360mℓ以下の容器にあっては、7.5ポイントの活字以上）の大きさの統一のとれた日本文字で容器又は包装の主たる商標を表示する側に表示されているか。	□適	□否
地 名 の 表 示	□有 □無	日本ワイン以外に地名を表示（一括表示欄の原材料の原産地名の表示を除く。）していないか。	□適	□否
		地名を含む会社名や人名等の表示を行っている場合、会社名については「株式会社」や「㈱」、人名については氏名を併せて行うなど会社名や人名等として消費者が容易に判別できる方法により表示しているか。	□適	□否

様式4（果実酒等に関する表示事項用） 2／2

表　示　事　項	表示の有無	検　討　事　項	適・否	
地　名　の　表　示				
ぶどうの収穫地	□有 □無	【収穫地表示の判定】 その収穫地のぶどうを85%以上使用しているか → いいえ → 収穫地の表示不可（醸造地を表示可） ↓はい 収穫地内に醸造地があるか → いいえ → 「○○産ぶどう使用」など、ぶどうの収穫地とわかる方法で表示し、一括表示欄に①醸造地の表示及び②原材料のぶどうの原産地名として、表示したぶどうの収穫地を表示しているか □はい → 単に「○○」（地名）といった表示や、「○○ワイン」といった表示をすることが可能	□適	□否
ワインの醸造地	□有 □無	次の2項目をいずれも満たしているか。 ・「○○醸造ワイン」など、○○が醸造地であることがわかる表示を行っているか。 ・「○○は原料として使用したぶどうの収穫地ではありません」などぶどうの収穫地を含む地名ではないことがわかる表示を行っているか。	□適	□否
品　種　名　の　表　示	□有 □無	日本ワイン以外にぶどうの品種名を表示（一括表示欄の表示を除く。）していないか。	□適	□否
		【品種名表示の判定】 表示しているぶどうの品種の使用量の合計が85%以上か → いいえ → 品種名の表示不可 ↓はい 1品種表示 → 使用量の最も多いぶどうの品種名を表示しているか 2品種表示 → 使用量の多い上位二品種のぶどうの品種名を使用量の多い順に表示しているか 3品種表示 → 使用量の多い上位三品種以上のぶどうの品種名を使用量の多い順に表示し、それぞれに使用量の割合を併記しているか	□適	□否
		ぶどうの収穫地とぶどうの品種名の組合せによる表示は、当該収穫地で収穫された単一品種のぶどうを85%以上使用しており、一括表示欄に①醸造地の表示及び②原材料のぶどうの原産地名として、表示したぶどうの収穫地を表示しているか。	□適	□否
収　穫　年　の　表　示	□有 □無	日本ワイン以外にぶどうの収穫年を表示していないか。	□適	□否
		日本ワインでぶどうの収穫年を表示している場合、当該収穫年に収穫したぶどうの使用量が85%以上を占めているか。	□適	□否

(R1.7)

249

様式5（有機に関する表示事項用）1／1

様式5

酒類の表示方法チェックシート（有機に関する表示事項用）

氏 名 又 は 名 称		製 品 名	

酒類における有機の表示基準

表　示　事　項	表示の有無	検　　　討　　　事　　　項	適・否	
有機農産物畜産物加工酒類	□有□無	有機農畜産物加工酒類の製造方法等の基準は満たしているか。	□適	□否
		品目の前若しくは後又は近接する場所に「（有機農畜産物加工酒類）」と表示されているか。	□適	□否
		「（有機農畜産物加工酒類）」の表示に用いる文字の書体及び大きさは、品目の表示の表示に用いている文字と同じか。	□適	□否
「有機農畜産物加工酒類」の名称の表示	□有□無	「有機○○加工酒類」、「有機○○使用酒類」等、有機農畜産物加工酒類であることを表す事項が記載されているか。	□適	□否
原材料に使用した有機農畜産物等の名称の表示	□有□無	農産物等の一般的な名称の前又は後に「有機」又は「オーガニック」と記載されているか。また、「転換期間中」の有機農産物等であった場合、併せて「転換期間中」の文字が記載されているか。	□適	□否
有機農畜産物等を原材料に使用していることの表示	□有□無	有機農畜産物等の使用表示は、「有機農畜産物加工酒類使用」又は「有機○○使用」等、有機農畜産物等を原材料に使用していることを表す事項を記載しているか。	□適	□否
有機農畜産物等の使用表示（有機農畜産物加工酒類に該当するものを除く。）	□有□無	品目の前若しくは後又は近接する場所に「（有機農畜産物○％使用）」と表示されているか。	□適	□否
		「（有機農畜産物○％使用）」の表示に用いている文字の書体及び大きさは、品目の表示に用いている文字等と同じか。	□適	□否
		酒類の一般的な名称又は商品名と一体的に表示されていないか。	□適	□否

文字の大きさは、有機農畜産物等の使用割合に応じ、次の要件を満たしているか。

有機農畜産物等の使用表示のポイント	使用割合50％以上	使用割合50％未満	□適	□否
	酒類の一般的な名称又は商品名の表示に用いている文字の活字のポイント数より小さいものであること。 酒類の一般的な名称又は商品名の表示ポイント	法第86条の5に規定する事項（品目を除く。）及び二十歳未満の者の飲酒防止に関する表示基準第2項に規定する事項の文字の活字ポイントを超えないものであること。		

	表示事項	ポイント
法86条の5	氏 名 又 は 名 称	
	製 造 場 の 所 在 地	
	内　容　量	
	ア ル コ ー ル 分	
	税 率 適 用 区 分※	
	発泡性を有する旨※	
二十歳未満の者の飲酒防止に関する表示基準第2項	20歳未満の者の飲酒防止に関する表示	
最小ポイント		

※　該当する酒類の品目のみ記載する。

法……酒税の保全及び酒類業組合等に関する法律

（R1.7）

250

酒類の表示に関する説明事項（各品目共通）

2　酒類業組合法上の表示義務事項（第86条の5関係）

表示事項	内　　　容	根拠法令等
氏名又は名称	1　容器又は包装の見やすい箇所に、容易に識別ができる方法で表示しなければなりません。	組合法86の5、組合令8の3①、③
	2　文字の書体は原則として「楷書体」又は「ゴシック体」とし、「漢字」、「平仮名」又は「片仮名」で表示しなければなりません。 　　ただし、名称の表示に併せて、その読み方を「平仮名」又は「片仮名」により表示する場合に限り、当該名称の商業登記法により登記されている文字の種別によることができます。	法令解釈86の5−1(4)本文及びイ
	3　個人の場合は、氏名を表示しなければなりません（屋号の表示だけでは、氏名を表示したことになりません。）。	組合令8の3①、③
製造場の所在地	1　容器又は包装の見やすい箇所に、容易に識別ができる方法で表示しなければなりません。	組合法86の5、組合令8の3①、③
	2　文字の書体は原則として「楷書体」又は「ゴシック体」とし、「漢字」、「平仮名」又は「片仮名」で表示しなければなりません。	法令解釈86の5−1(4)本文及びイ
	3　住居表示により住居番号まで記載しなければなりません。	法令解釈86の5−1(3)
	4　製造場の所在地の表示に代えて届出をした記号を表示する場合は、住所を表示した上で、「氏名又は名称」の後に一体的に記号を表示しなければなりません。 　　ただし、一体的に表示することが困難な場合には、「氏名又は名称」の後に当該記号の記載場所を明記し、当該記号が製造場等を表す記号である旨を明記するものとします。 　　なお、当該記号が製造場等を表す記号であることが明らかな場合は、製造場等を表す記号である旨を省略しても差し支えありません。	組合令8の3⑤ 法令解釈86の5−5

表示事項	内　　　容	根拠法令等
内　容　量	1　内容量の表示は、その容器に充填した容量を「内容量」の文字の後に続けて表示しなければなりません。 　　主たる商標を表示する側に「内容量」を表示し、また、主たる商標を表示する側に「品目」と併せて表示する場合、他の表示事項との一括表示は省略しても差し支えありません。	法令解釈86の5－3(1) 食品表示基準3① 食品表示基準8四、別記様式一備考8
	2　容器又は包装の見やすい箇所に、容易に識別ができる方法で表示しなければなりません。	組合法86の5、組合令8の3①、③
	3　文字の書体は原則として「楷書体」又は「ゴシック体」で、数字は、原則としてアラビア数字で表示しなければなりません。	法令解釈86の5－1(4)本文及びロ
	4　「L」、「ml」、「mL」、「ℓ」、「mℓ」、「リットル」又は「ミリリットル」と表示しなければなりません。	法令解釈86の5－1(5)
酒類の品目	1　容器又は包装の見やすい箇所に、容易に識別ができる方法で表示しなければなりません。	組合法86の5、組合令8の3①、③
	2　主たる商標を表示する側に「品目」を表示する場合、他の表示事項との一括表示は省略しても差し支えありません。	食品表示基準8四、別記様式一備考8
	3　表示する場所は、主たる商標を表示する側の下記の場所に表示しなければなりません（酒類を陳列棚、陳列ケースその他商品を陳列するための設備に陳列した場合においても、その酒類の品目が消費者に容易に認識できる場所に表示しなければなりません。）。 　　（瓶詰品）：胴部、肩部又は口頭部 　　（缶詰品）：胴部又は頭部 　　（樽詰品）：胴部又は鏡部 　　ただし、他の表示義務事項等と一括して表示する場合には、主たる商標を表示する側以外の場所（底部を除く。）に表示しても差し支えありません。	法令解釈86の5－2(2)
	4　文字の書体は原則として「楷書体」又は「ゴシック体」とし、酒税法又は酒税の保全及び酒類業組合等に関する法律施行規則に表記されている文字の種別で表示しなければなりません。	法令解釈86の5－1(4)本文及び2(1)イ
	5　表示する文字の大きさは、内容量に応じ、明瞭に判読できる大きさで、また、文字の色は、表示証又は容器の全体の色と比較して鮮明で、その文字が明瞭に判読できるように表示しなければなりません。 　　なお、内容量に応じて表示する文字の大きさ（ポイント）は、日本産業規格Z8305（1962）に規定する文字の大きさとします。	組合規則11の3③一、二 法令解釈86の5－2(3)
	6　他の品目の酒類と誤認されるような商品名等の表示はできません。	法令解釈86の5－2(1)ト

表示事項	内　　容	根拠法令等
酒 類 の 品 目	7　酒類の品目の表示については、酒税法第3条に規定されている品目を表示することを原則としていますが、当該品目の名称のほかに以前から既に慣熟した表記として使用されていたものがある場合には、一定の要件の下、一般に慣熟した呼称による表示（例外表示）が可能です。	組合規則11の5 法令解釈86の5－2(1)イ

酒 類 の 品 目	酒類の製造方法・内容等	例 外 表 示 の 呼 称
清　　酒	組合法第八十六条の六第一項の規定により定められた酒類の表示の基準によって国税庁長官が地理的表示として指定した日本酒の表示を使用することができるもの	日本酒
連続式蒸留焼酎	当該品目に属する酒類の全てのもの	ホワイトリカー又は焼酎甲類
単式蒸留焼酎	当該品目に属する酒類の全てのもの	ホワイトリカー又は焼酎甲類
	酒税法第三条第十号イからホまでに掲げるもの	本格焼酎
	米こうじ（黒こうじ菌を用いたものに限る。）及び水を原料として発酵させたアルコール含有物を単式蒸留機（酒税法第三条第十号イに規定する単式蒸留機をいう。以下この条において同じ。）により蒸留したもの（水以外の物品を加えたものを除く。）	泡盛
みりん	当該品目に属する酒類の全てのもの	本みりん
甘味果実酒	強壮剤、栄養剤その他の薬剤又はこれらの浸出液を原料の一部としたもの	薬剤甘味果実酒又は薬用甘味果実酒
ウイスキー	アルコール分（酒税法第三条第一号に規定するアルコール分をいう。以下この条において同じ。）が十三度未満のもの	
ブランデー	アルコール分が十三度未満のもの	水割りブランデー
原料用アルコール	米こうじ（黒こうじ菌を用いたものに限る。）及び水を原料として発酵させたアルコール含有物を単式蒸留機により蒸留したもの（水以外の物品を加えたものを除く。）	泡盛

表示事項	内　容			根拠法令等
	リキュール	強壮剤、栄養剤その他の薬剤又はこれらの浸出液を原料の一部としたもの	薬味酒又は薬用酒	
		酒税法施行令（昭和三十七年政令第九十七号）第五条第二項第二号に掲げるもの	白酒	
	その他の醸造酒	米、米こうじ及び水を原料として発酵させたもので、こさないもの	濁酒	

※　「連続式蒸留焼酎」及び「単式蒸留焼酎」は、「連続式蒸留しょうちゅう」及び「単式蒸留しょうちゅう」と平仮名による表示が可能です。また、例外表示の焼酎甲類、焼酎乙類及び本格焼酎についても平仮名による表示が可能です。

表示事項	内　容	根拠法令等
アルコール分	1　容器又は包装の見やすい箇所に、容易に識別ができる方法で表示しなければなりません。	組合法86の5、組合令8の3①、③
	2　文字の書体は、原則として「楷書体」又は「ゴシック体」とし、数字は、原則としてアラビア数字で表示しなければなりません。	法令解釈86の5-1(4)本文及びロ
	3　税率適用区分に応じ次のいずれかの方法で表示しなければなりません。 （13度以上14度未満の場合） 　①　13度以上14度未満 　②　13.0度以上13.9度以下 　③　13度 　④　13%以上14%未満 　⑤　13.0%以上13.9%以下 　⑥　13%	法令解釈86の5-3(2)イ 法令解釈86の5-1(5)ハ
	4　ビール、発泡酒、清酒、果実酒又はその他の醸造酒については、アルコール分±1度の範囲内で「アルコール分○○度」（1度単位又は0.5度刻みにより表示する。）と表示しても差し支えありません（表示方法は、法に定める品目又は税率適用区分を同じくする範囲内の取扱いであり、例えば、酒税法第3条第13号ロ、ハ又はニに規定する果実酒の場合、アルコール分14度以上16度未満のものについて、「アルコール分15度」と表示することは認められません。）。	法令解釈86の5-3(2)ロ
税率適用区分	1　発泡酒の税率適用区分は、以下の方法で表示しなければなりません。 　①　「麦芽使用率○○%」（原則） 　②　ただし、次のように表示しても差し支えありません。	法令解釈86の5-3(3)イ

表示事項	内　　容	根拠法令等
税率適用区分	イ　麦芽使用率50％以上のもの 　　「麦芽使用率50％以上」又は「麦芽使用率〇〇％以上」 ロ　酒税法第23条第2項第1号に該当するもの 　　「麦芽使用率25％以上50％未満」 ハ　同項第2号に該当するもの　「麦芽使用率25％未満」 2　その他の発泡性酒類の税率適用区分は、酒類の「品目」、「発泡性を有する旨」の後に次の区分により「①」、「②」又は「③」と表示しなければなりません。 イ　平成29年改正法附則第36条第2項第4号《発泡性酒類及び醸造酒類に係る税率の特例》に規定するその他の発泡性酒類に該当する場合は「①」と表示します。 ロ　同項第3号に規定するその他の発泡性酒類に該当する場合は「②」と表示します。 ハ　イ・ロ以外のその他の発泡性酒類に該当する場合は「③」と表示します。 　　ただし、上記表示を行うに当たり、包材変更に相当期間を要する場合等表示をし難い場合には、組合令第8条の3第6項《表示事項》の規定に基づく承認を受けて、一定の期間上記表示と異なる表示をすることができます。 3　雑酒の税率適用区分は、以下のように表示しなければなりません。 　　酒税法第23条第5項括弧書に規定する「その性状がみりんに類似するもの」は「雑酒①」、それ以外のものについては「雑酒②」。	法令解釈86の5－3(3)ロ 法令解釈86の5－3(3)ハ
発泡性を有する旨の表示	発泡性を有する旨の表示は、「発泡性」、「炭酸ガス含有」、「炭酸ガス入り」、「炭酸ガス混合」の表現を用いなければなりませんが、表示義務の有無にかかわらず、炭酸ガスを混和した場合は、食品表示基準第3条第1項の規定に基づき、添加物として表示しなければなりません。	法令解釈86の5－3(4)

3　食品表示法上の表示義務事項等

表示事項	内　　容	根拠法令等
文字ポイント	食品表示基準で定められた義務表示事項に用いる文字については、名称（品目）を除き、日本産業規格Z8305（1962）に規定する8ポイントの活字以上の大きさとしなければなりません。 　ただし、表示可能面積がおおむね150平方センチメートル以下のもの及び印刷瓶に入れられた一般用加工食品であって表示すべき事項をふた（その面積が30平方センチメートル以下のものに限る。）に表示するものにあっては、5.5ポイントの活字以上の大きさとすることができます。 　なお、業務用加工食品（加工食品のうち、消費者に販売される形態となっているもの以外のもの）の表示に当たっては、この限りではありません。 　（食品表示基準における義務表示事項） 　1　名称（品目） 　　※　「酒類の品目」の項目に従い表示してください。 　2　保存の方法 　3　消費期限又は賞味期限 　4　添加物 　5　内容量 　6　栄養成分（たんぱく質、脂質、炭水化物及びナトリウム）の量及び熱量 　7　食品関連事業者の氏名又は名称及び住所 　8　製造所又は加工所の所在地（輸入品にあっては、輸入業者の営業所所在地）及び製造者又は加工者の氏名又は名称（輸入品にあっては、輸入業者の氏名又は名称） 　9　L-フェニルアラニン化合物を含む旨 　10　遺伝子組換え食品に関する事項 　（注）　酒類については、「保存の方法」、「消費期限又は賞味期限」及び「栄養成分（たんぱく質、脂質、炭水化物及びナトリウム）の量及び熱量」（栄養表示をする場合を除きます）の表示を省略することができます。 　　　ただし、これらの事項を省略しないで表示する場合には、食品表示基準に沿った表示をする必要があります。	食品表示基準8九 【参考】Q＆A　第8条：表示の方式等 法令解釈86の5－1⑷ハ及び2⑶ 食品表示基準3①、②及び③

表示事項	内　　　容	根拠法令等
表 示 の 方 式	1　名称（品目）、添加物、原料原産地名、内容量、固形量、内容総量、（賞味期限）、（保存の方法）、及び食品関連事業者の表示は別記様式一により表示をしなければなりません。ただし、別記様式による表示と同等程度に分かりやすく一括して表示される場合は、この限りではありません。 ※　固形量及び内容総量を表示する場合は併せて内容量の表示も必要	食品表示基準8三 【参考】Q＆A　第8条：表示の方式等
	2　名称（品目）は、別記様式の枠内ではなく、商品の主要面に表示することができます。この場合において、内容量についても、別記様式一の枠内ではなく、名称（品目）と同じ面に表示することができます。	食品表示基準8四、別記様式一備考8 【参考】Q＆A　第3条第1項：義務表示（内容量）
	3　別記様式の枠を表示することが困難な場合は、枠を省略することができます。	食品表示基準別記様式一備考11
	4　法令により記載すべき事項及び消費者の選択に資する適正な表示は、枠内に表示することができます。	食品表示基準別記様式一備考12
名　　　　称	名称（品名）は、その内容を示す一般的な名称を表示しなければなりません。 　また、酒類の品目以外の一般的な名称を表示する場合にあっては、名称（品目）と酒類の品目の表示を併せて行うことが必要です。	食品表示基準3① 【参考】Q＆A　第3条第1項：義務表示（名称）
食品関連事業者の氏名又は名称及び住所	1　食品関連事業者のうち、表示内容に責任を有する者の氏名又は名称及び住所を表示しなければなりません。	食品表示基準3①
	2　食品関連事業者が、製造業者、加工業者、輸入業者又は販売業者の場合にあっては、項目名をそれぞれ「製造者」、「加工者」、「輸入者」又は「販売者」と記載しなければなりません。	食品表示基準別記様式一備考5
	酒類業組合法上の表示義務者と表示内容に責任を有する食品関連事業者が異なる場合は、酒類業組合法上の表示義務者の表示に当たっては、その取引形態に応じて、例えば、「酒類製造業者」、「製造場」、「輸入元」、「販売元」などの項目名を付して表示してください。	
製造所所在地等	1　製造所又は加工所の所在地（輸入品にあっては、輸入業者の営業所所在地）及び製造者又は加工者の氏名又は名称（輸入品にあっては、輸入業者の氏名又は名称）を表示しなければなりません。 　ただし、食品関連事業者の住所又は氏名若しくは名称が製造所所在地等と同一である場合は、製造所所在地等の表示は省略しても差し支えありません。	食品表示基準3①

表示事項	内　　容	根拠法令等
製造所所在地等	2　製造所所在地等は、食品関連事業者の氏名又は名称及び住所と近接して表示しなければなりません。 3　表示可能面積が、おおむね30平方センチメートル以下である場合は、製造所所在地等の表示を省略しても差し支えありません。	食品表示基準8五 食品表示基準3③
製造所固有記号	1　原則として同一製品を2以上の製造所で製造している場合にあっては、製造者又は販売者は、消費者庁長官に届け出た製造所固有の記号（アラビア数字等の制限がある。）の表示をもって製造所所在地等の表示に代えても差し支えありません。 2　製造所固有記号をもって表示する場合にあっては、原則として、食品関連事業者の氏名又は名称の次に表示します。 　ただし、他の法令の規定により、最終的に衛生状態を変化させた場所及び当該行為を行った者に関する情報の厳格な管理が行われているような場合であって、かつ、当該法令その他関係法令に基づく表示から、最終的に衛生状態を変化させた者又は場所が特定できる場合にあっては、「同一製品を二以上の製造場で製造している場合」と取り扱うことが認められています。	食品表示基準3① 【参考】Q&A　第3条第1項：義務表示（製造所又は加工所の所在地等） 食品表示基準8六
添　加　物	1　添加物に占める重量の割合の高いものから順に物質名を表示しなければなりません（食品表示基準別表6に掲げられた添加物を含む食品には、物質名及び用途）。 2　添加物の物質名の表示は、一般に広く使用されている名称をもって表示しても差し支えありません。 3　原材料表示に続けて表示する場合は、原材料と添加物の間に「／」を入れるなどの方法により、原材料名と添加物を明確に区分しなければなりません。 4　表示可能面積が、おおむね30平方センチメートル以下である場合は、添加物の表示を省略しても差し支えありません。 　表示事項の内容から、別記様式による表示と同等程度に分かりやすい表示の場合、様式によらず表示事項だけの表示も可能です。	食品表示基準別記様式一備考2 【参考】Q&A　第3条第1項：義務表示（添加物） 食品表示基準3③
L-フェニルアラニン化合物	アスパルテームを含むものにあっては、L-フェニルアラニンを含む旨を表示しなければなりません。	食品表示基準3②

表示事項	内　　容	根拠法令等
遺伝子組換え食品	1　組換えDNA技術を用いて生産された農産物等を主な原材料としている場合、遺伝子組換えに関する表示をしなければなりません。 2　組換えDNA技術を用いて生産された農産物等を主な原材料としていない場合、遺伝子組換えに関する表示は必要ありません。 3　表示可能面積がおおむね30平方センチメートル以下である場合、遺伝子組換え食品に関する表示を省略しても差し支えありません。	食品表示基準3②、別表17、18 食品表示基準3③
栄養強調表示	栄養成分又は熱量の適切な摂取ができる旨を表示する場合は、以下の要件を満たさなければなりません。 1　含まない旨及び低い旨の表示は、食品表示基準別表第13に定める基準値に満たない場合。 2　低減された旨の表示は、比較対象食品との成分量の差が100ml当たりで規定された基準値以上の絶対差に加え、他の比較対象食品に比べて低減された割合が25%以上の場合。 3　1又は2の表示をする場合、栄養成分（たんぱく質、脂質、炭水化物及びナトリウム）の量及び熱量を表示していること。 ※　ナトリウムは、原則として「食塩相当量」として表示します。	食品表示基準7 食品表示基準3③
糖類を添加していない旨	糖類を添加していない旨を表示する場合は、以下の要件を全て満たさなければなりません。 1　いかなる糖類も添加していないこと。 2　糖類に代わる原材料又は添加物を使用していないこと。 3　酵素分解その他何らかの方法により、当該食品の糖類含有量が原材料及び添加物に含まれていた量を超えないこと。 4　当該酒類の100ml又は1本分当たりの糖類の含有量を表示していること。 5　栄養成分（たんぱく質、脂質、炭水化物及びナトリウム）の量及び熱量を表示していること。 ※　ナトリウムは、原則として「食塩相当量」として表示します。	食品表示基準7 食品表示基準3③ 【参考】Q&A　第7条：任意表示（糖類）

表示事項	内　　　容	根拠法令等
表示禁止事項	次に掲げる事項等を表示することはできません。 1　実際のものより著しく優良又は有利であると誤認させる用語 2　義務表示事項の内容と矛盾する用語 3　内容物を誤認させるような文字、絵、写真その他の表示	食品表示基準9 景表法4
原料原産地名	1　食品表示基準の別記様式1又はこれと同等程度にわかりやすく一括して、容器包装に原料原産地名欄を設け、原材料名に対応させて原料原産地を表示する、原材料名欄に表示してある原材料名に対応させて括弧を付して原産地名を表示する、いずれかの方法により表示します。 2　以下に該当する場合は原料原産地表示を行う必要はありません。 (1)　他法令により表示がなされている場合 　　清酒、単式蒸留焼酎（米焼酎）、みりん、果実酒及び甘味果実酒については、米トレサ法又は組合法に基づく表示の基準に基づき、重量割合上位1位の原材料の産地が表示（情報伝達）されている場合。 (2)　経過措置の対象となる場合 　①　令和4年3月31日までに製造される酒類（改正附則第2条） 　　施行日（平成29年9月1日）から令和4年3月31日までに製造される酒類。 　②　施行の際に酒類製造場に現存する酒類（改正附則第3条） 　　施行の際に製造所又は加工所で製造過程にある酒類。	食品表示基準3② 【参考】Q＆A別冊【原料原産地表示関係】

4 酒類業組合法上の表示義務事項 （第86条の6関係）

表示事項	内　　容	根拠法令等
20歳未満の者の飲酒防止に関する表示	1　酒類の容器又は包装には、「20歳未満の者の飲酒は法律で禁止されている」旨を表示しなければなりません。 ※　令和4年3月31日までは、「20歳未満の者」を「未成年者」と表示しても差し支えありません。	20歳未満の者の基準1
	2　表示に使用する文字は、6ポイントの活字（内容量が360ml以下の容器にあっては5.5ポイント）以上の大きさの日本文字で表示しなければなりません。	20歳未満の者の基準2
	3　専ら酒場、料理店等に対する引渡しに用いられるもの、内容量が50ml以下のもの、調味料として用いられること又は薬用であることが明らかなもの等については、表示を省略することができます。	20歳未満の者の基準3 法令解釈86の6－6(3)、(4)
地理的表示の名称	1　地理的表示の産地以外を産地とする酒類及び地理的表示に係る生産基準を満たさない酒類については、原則として、地理的表示の名称を表示できません。	地理的表示基準9、10
	※　国税庁長官が指定した地理的表示及び諸外国との間で相互保護に合意している酒類の地理的表示については、最新の情報を国税庁HP（ホーム＞税の情報・手続・用紙＞お酒に関する情報＞酒類の表示＞酒類の地理的表示一覧等＞酒類の地理的表示一覧（以下、この表示事項について同じ））でご確認ください。 ※　生産基準については、国税庁ホームページに掲載しています。 ※　地理的表示の名称の表示については、酒類の真正の産地として表示する場合又は地理的表示の名称が翻訳された上で表示される場合若しくは「種類」、「型」、「様式」、「模造品」等の表現を伴い表示される場合を含みます。	地理的表示基準1
	2　酒類の容器又は包装に地理的表示の名称を表示する場合は、表示した地理的表示の名称のいずれか一箇所以上に「地理的表示」、「Geographical Indication」又は「GI」の文字を併せて表示しなければなりません。 　ただし、①地理的表示「日本酒」、②指定の日から2年を経過していない地理的表示、③保護に当たって交渉等を通じて確認した日本国以外のWTO加盟国の地理的表示については、この限りではありません。	地理的表示基準11
	また、地理的表示の名称を表示していない酒類には、「地理的表示」等の文字を表示することはできません。	地理的表示基準12

5 酒類業組合法上の表示義務事項（第86条の6関係）

表示事項	内　　容	根拠法令等
原料米等の産地表示	1　産地情報伝達については、経過措置により、施行日（平成23年7月1日）以後流通する米を原料として製造された酒類から対象となります。	米トレサ法附則1二、米トレサ令附則1
	2　商品に産地情報を記載する方法を原則としています。	米トレサ法8①、②、米トレサ命令3①、4
資源有効利用促進法等の表示	1　アルミ缶又はスチール缶で、製造又は販売の数量が少ないため、缶の胴に表示をすることが困難な場合にあっては、当分の間、缶の胴以外の部分に表示をすることができます。	鋼製又はアルミニウム製の缶であって、飲料が充てんされたものの表示の標準となるべき事項を定める省令（平3大蔵、農林水産、通商産業省令第1号）附則2
	2　1の「製造又は販売の数量が少ないため、缶の胴に表示をすることが困難な場合」については、①国内において酒類を充てんする場合にあっては、商品の品質、容器の材質、容量又はデザインのうち、いずれかが異なること、②国外において酒類を充てんする場合にあっては、①に加えて、海外における輸出業者ごとにみた商品の製造数量又は輸入数量が、前年1年間の実績でおおむね3百万缶未満の場合に限り適用されます。 　製造または輸入数量が3百万缶未満の場合であっても、①国内において酒類を充てんする場合は、印刷缶であるとき、また、②国外において酒類を充てんする場合は、当該商品に日本向けとしてのオリジナルのデザインが缶の胴に印刷されるとき又は我が国の法律により義務付けられている表示事項が缶の胴に印刷されるときは、それぞれ、「缶の胴に表示することが困難な場合」には該当しません。	法令解釈第8編第2章1《鋼製又はアルミニウム製の缶の材質に関する表示の取扱い》(4)
	3　ペットボトルについては、下記の条件を全て満たす場合は、個別容器への印刷又はラベルによる表示を省略することができる。 (1)　個別容器の艇日又は側部に1箇所以上、刻印している。 (2)　全ての流通段階において外装（段ボール、紙等の外装）のある販売単位により最終消費者に販売さるものである（バラ売りは対象外） (3)　外装に次の大きさ以上で、1箇所以上刻印、印刷又はラベルによる表示があり、役割名（ボトル等）が併記されている。	ポリエチレンテレフタレート製の容器であって、飲料が充てんされたものの表示の標準となるべき事項を定める省令（平5大蔵、農林水産、通商産業省令第1号）2二

表示事項	内　　容	根拠法令等
	（識別マークの表示例） 一辺の長さ 　：28mm以上 数字の大きさ 　：26ポイント以上 文字の大きさ 　：17ポイント以上	

(注)　根拠法令等に記載した用語は次の法令等を示す。

1　組合法…酒税の保全及び酒類業組合等に関する法律（昭和28年法律第7号）

2　組合令…酒税の保全及び酒類業組合等に関する法律施行令（昭和28年政令第28号）

3　組合規則…酒税の保全及び酒類業組合等に関する法律施行規則（昭和28年省令第11号）

4　地理的表示基準…酒類の地理的表示に関する表示基準（平成27年国税庁告示第19号）

5　20歳未満の者の基準……二十歳未満の者の飲酒防止に関する表示基準（平成元年国税庁告示第9号）

6　法令解釈………酒税法及び酒類行政関係法令等解釈通達の制定について（法令解釈通達）第8編第1章

7　食品表示基準…食品表示基準（平成27年内閣府令第10号）

8　Q＆A…………食品表示法における酒類の表示のQ＆A（平成30年7月　国税庁）

9　景表法…………不当景品類及び不当表示防止法（昭和37年法律第134号）

10　米トレサ法……米穀等の取引等に係る情報の記録及び産地情報の伝達に関する法律（平成21年法律第26号）

11　米トレサ令……米穀等の取引等に係る情報の記録及び産地情報の伝達に関する法律施行令（平成21年政令第261号）

12　米トレサ命令…米穀等の産地情報の伝達に関する命令（平成21年内閣府・財務省・農林水産省令第1号）

（R 2.10）

清酒の表示に関する説明事項

表示事項	内　　容	根拠法令等
原材料名 （添加物を含む）	1　活字は8ポイント（200mℓ以下の容器にあっては6ポイント）以上の大きさの日本文字で表示しなければなりません。 2　「原材料名」又は「原材料」の文字の後に続けて、酒税法等に規定する原材料名により表示しなければなりません。 （例示） 吟醸酒———原材料名　米、米こうじ、醸造アルコール 純米酒———原材料名　米、米こうじ 本醸造酒——原材料名　米、米こうじ、醸造アルコール 特定名称酒以外の清酒 　　　　　———原材料名　米、米こうじ、醸造アルコール、（更にこれに清酒かす、焼酎、ぶどう糖、水あめ、有機酸、アミノ酸塩、清酒等を使用した場合はその原料名） 3　原材料名の表示に当たっては、ぶどう糖、でん粉質物を分解した糖類（水あめ等）を「糖類」と、有機酸である乳酸、こはく酸等を「酸味料」と、アミノ酸塩であるグルタミン酸ナトリウムを「グルタミン酸Na」又は「調味料（アミノ酸）」と表示しても差し支えありません。 　なお、発酵を助成促進し又は製造上の不測の危険を防止する等専ら製造の健全を期する目的で、仕込水又は製造工程中に加える必要最低限の有機酸は、原材料に該当しないものとして差し支えありません。 4　「金箔」については食品表示基準により表示することとなっています。	表示基準3(1)、令2 法令解釈86の6-2(3)イイ、ロ 法令解釈86の6-2(3)イハ 食品表示基準3①
製　造　時　期	1　活字は8ポイント（200mℓ以下の容器にあっては6ポイント）以上の大きさの日本文字で表示しなければなりません。 2　販売する目的をもって容器に充填し密封した時期（年月）を次のいずれかの方法で表示しなければなりません。 ①　製造年月　令和元年5月 ②　製造年月　1.5	表示基準4 表示基準3(2)

表示事項	内　　容	根拠法令等
製　造　時　期	③　製造年月　2019.　5	
	④　製造年月　19.　5	
	(注)　内容量が300ml以下のもの及び容器の形態から みて「製造年月」の文字を表示することが困難な ものについては、「年月」の文字を省略し、「製 造」と表示しても差し支えありません。	法令解釈86の6－2(3)ロ(ロ)
	3　特定名称の清酒であって、容器に充填し冷蔵等特別 な貯蔵をした上で販売するものについては、その貯蔵 を終了し販売する目的をもって製品化した日を製造時 期として取り扱います。	法令解釈86の6－2(3)ロ(イ)
	4　賞味期限を表示した場合であっても、製造時期の表 示は省略できません。	法令解釈86の6－2(3)ロ(ロ)(注)
	5　貯蔵年数を表示するものにあっては、製造時期に代 えて製造場から移出した時期を表示することとして差 し支えありません。	表示基準3(2)ただし書
外国産清酒を 使用したもの の　　表　　示	1　活字は8ポイント（200ml以下の容器にあっては6 ポイント）以上の大きさの日本文字で表示しなければ なりません。	表示基準4
	2　国内において、国内産清酒と外国産清酒の両方を使 用して製造した清酒については、外国産清酒の原産国 名及び使用割合を表示しなければなりません。 　なお、使用割合は10%の幅をもって表示すること として差し支えありません。	表示基準3(5)
	3　使用割合は国内産清酒と外国産清酒をアルコール分 100%換算した容量比で表示しなければなりません （%未満第1位四捨五入）。 （表示例） ①　外国産清酒5%・国内産清酒95%の場合 　　「○○産清酒5%使用」又は「○○産清酒10%未 満使用」（○○には原産国名を記載する。以下同 じ。） ②　外国産清酒65%・国内産清酒35%の場合 　　「○○産清酒65%使用」又は「○○産清酒60%以 上70%未満使用」 ③　外国産清酒95%・国内産清酒5%の場合 　　「○○産清酒95%使用」又は「○○産清酒90%以 上使用」	法令解釈86の6－2(3)ホ

表示事項	内　　容	根拠法令等
精米歩合	1　特定名称を表示する清酒については、原材料名の表示の近接する場所に精米歩合を併せて表示しなければなりません。	表示基準3(1)
	㈲　「原材料名の表示の近接する場所」とは、消費者が精米歩合の表示を見たときに当該表示の文字と原材料名の文字とが一体に表示されていると判断できる場所をいいます。	法令解釈86の6－2(3)イ㈡
	2　「精米歩合」の文字の後に続けて使用した白米の精米歩合を1％未満の端数を切り捨てた数値（精米歩合が1％未満のものにあっては、「1％未満」の文字）で表示するものとし、精米歩合の異なる複数の白米を使用した場合には、精米歩合の数値の一番大きいものを表示しなければなりません。	法令解釈86の6－2(3)イ㈺
特定名称酒	1　次のいずれかの方法で表示しなければなりません。 ①　吟醸酒　②　純米酒　③　本醸造酒 ④　大吟醸酒　⑤　純米吟醸(吟醸純米)酒 ⑥　純米大吟醸（大吟醸純米）酒 ⑦　特別純米酒　⑧　特別本醸造酒	表示基準1、2(1)、(2)、(3)
	※　「原酒」、「生酒」「生貯蔵酒」又は「樽酒」（これらの複合語を含む。）以外の用語を特定名称と併せて用いている場合、別に特定名称の記載をしなければなりません。	法令解釈86の6－2(2)チ㈡
	2　原料米は農産物検査法により、3等以上に格付けされた玄米又はこれに相当する玄米を精米したものでなければなりません。	表示基準1
	3　こうじ米の使用割合（白米の重量に対するこうじ米の重量の割合）は、15％以上でなければなりません。	表示基準1
	4　醸造アルコールを原料の一部としたものについては、当該アルコールの重量（アルコール分95度換算の重量による。）が白米の重量の10％を超えないものでなければなりません。	表示基準1
	5　「大吟醸酒」の名称を用いるには、吟醸酒のうち、精米歩合50％以下の白米を原料として製造し、固有な香味及び色沢が特に良好なものでなければなりません。	表示基準2(2)
	6　「吟醸酒」の名称を用いるには、精米歩合60％以下の白米、米こうじ及び水、又はこれらと醸造アルコールを原料とし、吟味して製造した清酒で、固有の香味及び色沢が良好なものでなければなりません。	表示基準1

表示事項	内　　　容	根拠法令等
特定名称酒	7　「本醸造酒」の名称を用いるには、精米歩合70％以下の白米、米こうじ、醸造アルコール及び水を原料として製造した清酒で、香味及び色沢が良好なものでなければなりません。	表示基準1
	8　「純米酒」の名称を用いるには、白米、米こうじ及び水を原料として製造した清酒で、香味及び色沢が良好なものでなければなりません。	表示基準1
	9　特定名称に併せて「極上」、「優良」、「高級」等の品質が優れている印象を与える用語を用いることはできません。	表示基準2 法令解釈86の6－2(2)チ(ハ) 法令解釈86の6－2(2)チ(イ)
	10　特定名称に類似する用語を表示する場合は、特定名称としては使用できませんが、特定名称を表示した上で特定名称に類似する用語を銘柄等に併せて使用することは差し支えありません。	
特定名称に類似する用語	特定名称酒以外の清酒は、特定名称に類似する用語を表示できません。	表示基準6(3)
	ただし、当該事項の表示の近接する場所に8ポイント（200ml以下の容器にあっては6ポイント）の活字以上の大きさで特定名称の清酒に該当しないことが明確に分かる説明表示がされている場合には表示することとして差し支えありません。	
	㊟　「当該事項の表示の近接する場所」とは、消費者が「特定名称の清酒に該当しないことが明確に分かる説明表示」を見たときに、当該表示の文字と特定名称に類似する用語の表示とが一体に表示されていると判断できる場所をいいます。	法令解釈86の6－2(5)イ
特別本醸造酒特別純米酒	香味及び色沢が特に良好であり、かつ、使用原材料、製造方法その他の客観的事項をもって説明表示しなければなりません。	表示基準2(3) 法令解釈86の6－2(2)ヌイ
原料米の品種名	1　当該原料米の使用割合が50％を超える場合（複数の品種を表示する場合には、その合計の使用割合が50％を超える場合）に表示できます。表示に当たっては、その使用割合を併せて表示しなければなりません。	表示基準5(1)
	㊟　原料米の使用割合を併せて表示する場合は、原料米の品種名ごとにその使用割合を表示しなければなりません。	法令解釈86の6－2(4)イ(ロ)
	2　原料米の使用割合の表示は、1％単位又は5％刻み（その端数は切り捨て）により表示します。ただし、その表示に係る使用割合が50％を超える場合に限り、5％刻みにより表示できます。	法令解釈86の6－2(4)イ(ハ)

表示事項	内　　容	根拠法令等
清酒の産地名	当該清酒の全部が当該産地で醸造（加水調整をする行為を含みます。）されたものである場合に限り表示できます。 　なお、清酒のアルコール分を調整するための加水行為を当該産地以外で行った場合は、当該産地で醸造されたものには含まれません。	表示基準5(2) 法令解釈86の6－2(4)ロ(ロ)
貯　蔵　年　数	貯蔵した日の翌日から貯蔵を終了した日までの年数で、1年未満の端数を切り捨てた年数により表示できます。 　なお、貯蔵年数の異なるものを混和した場合は、年数の最も短い清酒の年数を表示することとなります。	表示基準5(3)
原　　　　　酒	製成後、加水調整（アルコール分1％未満の加水調整は除きます。）をしていない場合に表示できます。	表示基準5(4)
生　　　　　酒	1　製成後、一切加熱処理をしない場合に表示できます。 2　生酒に該当するものについては、保存又は飲用上の注意事項を8ポイント（200mℓ以下は6ポイント）以上の大きさで表示しなければなりません。 　　（保存又は飲用上の注意事項の例） 　　①　要冷蔵　②　冷蔵庫に保管してください。 　　③　冷やしてお早めにお飲みください。 　　なお、食品表示基準の「保存の方法」に該当する注意事項を表示する場合は、一括表示の枠内に「保存方法」の事項欄を設けて表示する必要があります。	表示基準5(5) 表示基準3(3)、4 法令解釈86の6－2(3)ハ
生　貯　蔵　酒	1　製成後、加熱処理をしないで貯蔵し、製造場から移出する際に加熱処理した清酒である場合に表示できます。 2　「生酒」と誤認されるおそれのないように表示しなければなりません。	表示基準5(6) 法令解釈86の6－2(4)ニ
生　一　本	自己の単一の製造場のみで醸造した純米酒に表示できます。	表示基準5(7) 法令解釈86の6 2(4)ホ
樽　　　　　酒	木製の樽で貯蔵し、木香のついた清酒（びん等に詰め替えられたものを含む。）に表示できます。	表示基準5(8)
品質が優れている印象を与える用語	1　同一の種別又は銘柄の清酒が複数ある場合に、次の要件を全て満たすものに対して表示できます。 　(1)　香味及び色沢が特に良好であり、かつ、その旨を使用原材料、製造方法その他の客観的事項で説明できる場合 　(2)　特定名称の清酒を含めて自社の製品のランク付けとしてのみ表示する場合 　　（品質が優れている印象を与える用語の例示） 　　　極上、優良、高級、超特撰、特撰、上撰等 2　「特別」の用語は、「特別純米酒」及び「特別本醸造」に限定して使用することができます。	表示基準5(9) 法令解釈86の6－2(4)ヘ(イ) 法令解釈86の6－2(2)チ(ハ) 表示基準5(9)

表示事項	内　容	根拠法令等
受賞の記述	1　次の要件を全て満たす場合に表示できます。 (1)　審査の方法が公開され、審査を毎年又は一定期間ごとに継続して実施している公的機関から付与された場合 (2)　受賞した清酒と同一の貯蔵容器に収容されていた清酒である場合 2　表示に当たっては、授賞機関及び受賞年を併せて表示しなければなりません。 3　受賞していない清酒の容器又は包装には、「金賞受賞蔵」、「金賞受賞杜氏」等の当該清酒が受賞した清酒であるかのような印象を与えるおそれのある表示はできません。	表示基準5(10) 法令解釈86の6－2(4)ト(ロ) 法令解釈86の6－2(4)ト(ハ)
表示禁止事項	1　清酒の製法、品質等が業界において「最高」、「第一」、「代表」等最上級を意味する用語は表示できません。 2　官公庁御用達又はこれに類する用語は表示できません。 3　特定名称酒以外の清酒について特定名称に類似する用語は表示できません。	表示基準6(1) 表示基準6(2) 表示基準6(3)

(注)「根拠法令等」欄に記載した用語は次の法令等を示す。

1　表示基準……清酒の製法品質表示基準（平成元年国税庁告示第8号）

2　法令解釈……酒税法及び酒類行政関係法令等解釈通達の制定について（法令解釈通達）第8編第1章

3　食品表示基準……食品表示基準（平成27年内閣府令第10号）

（R 1．7）

焼酎の表示に関する説明事項

表示事項	内　　　容	根拠法令等
本格焼酎	単式蒸留焼酎のうち、次に掲げるアルコール含有物を単式蒸留機により蒸留した酒類で酒税法第3条第9号イからニに該当する酒類を除いたものに限り、「本格焼酎」の表示をすることができます。 1　穀類又は芋類、これらのこうじ及び水を原料として発酵させたもの 2　穀類のこうじ及び水を原料として発酵させたもの 3　清酒かす及び水を原料として発酵させたもの、清酒かす、米、米こうじ及び水を原料として発酵させたもの又は清酒かす 4　砂糖（酒税法施行令第4条第2項に掲げるものに限る。）、米こうじ及び水を原料として発酵させたもの 5　穀類又は芋類、これらのこうじ、水及び財務大臣の定めるその他の物品を原料として発酵させたもの（その原料中穀類及び芋類（これらのこうじを含む。）の重量の合計が、水以外の原料の重量の50％を超えるものに限ります。）	酒税法3条第10号
	【国税庁長官が指定する物品】 　あしたば、あずき、あまちゃづる、アロエ、ウーロン茶、梅の種、えのきたけ、おたねにんじん、かぼちゃ、牛乳、ぎんなん、くず粉、くまざさ、くり、グリーンピース、こならの実、ごま、こんぶ、サフラン、サボテン、しいたけ、しそ、大根、脱脂粉乳、たまねぎ、つのまた、つるつる、とちのきの実、トマト、なつめやしの実、にんじん、ねぎ、のり、ピーマン、ひしの実、ひまわりの種、ふきのとう、べにばな、ホエイパウダー、ほていあおい、またたび、抹茶、まてばしいの実、ゆりね、よもぎ、落花生、緑茶、れんこん、わかめ	酒税法施行規則第三条の二に規定する国税庁長官が指定する物品を定める件（平成18年国税庁告示第10号）
	(注)　酒造の合理化等の目的で製造工程中に使用する僅少（穀類又は芋類のこうじと併用する水以外の原料の重量の1,000分の1以下に相当する量）の酵素剤は原料として取り扱わない。	法令解釈86の5－2(1)ホ
連続式蒸留焼酎と単式蒸留焼酎の混和酒	1　連続式蒸留焼酎を純アルコール数量で5％未満混和したものに「単式蒸留焼酎」と表示することはできますが、これに「本格焼酎」の表示をすることはできません。	法令解釈86の5－2(1)ニ及びホ

270

表示事項	内　　　容	根拠法令等
	2　単式蒸留焼酎と連続式蒸留焼酎を混和した焼酎は、「単式・連続式蒸留焼酎」、「焼酎乙類・甲類混和」又は「ホワイトリカー①②混和」と表示しなければなりません。この場合、連続式蒸留焼酎の混和割合が、純アルコールの量において５％未満である場合には、「単式蒸留焼酎」と表示して差し支えありません。	法令解釈86の５－２(1)ニ
	㊟　「①②」の記号は「ホワイトリカー」の文字の後に一体的に表示しなければなりません。	法令解釈86の５－２(1)ハ

㊟　「根拠法令等」欄に記載した用語は次の法令等を示す。

1　法令解釈……酒税法及び酒類行政関係法令等解釈通達の制定について（法令解釈通達）第８編第１章

（R１.７）

果実酒の表示に関する説明事項

表示事項	内　　容	根拠法令等
一括表示欄	1　別記様式により表示することになっていますが、別記様式による表示と同等程度に分かりやすく一括して表示することとして差し支えありません。	表示基準8(1)
	2　別記様式の表示例	表示基準別記様式
	 日本ワイン 品目 原材料名（原材料の原産地名） 製造者 内容量 アルコール分 原産国名 	
	⑴　「日本ワイン」の表示に続き表示する項目は、任意の順に表示することができます。	
	⑵　この様式に掲げる表示のほか、食品表示法その他法令により表示すべき事項及び消費者の選択に資する適切な表示事項を枠内に表示することができます。なお、消費者の選択に資する適切な表示事項には、表示基準5から7までに規定する表示事項も含まれます。	法令解釈通達86の6－3⑭ロ
	⑶　この様式の枠を表示することが困難な場合には、枠を省略することができます。	
一括表示欄 （日本ワイン）	1　国内製造ワインのうち、酒税法第3条第13号に掲げる果実酒（原料として水を使用したものを除く。）（同号ニに掲げる果実酒にあっては、以下に掲げる製法により製造したものに限る。）で、原料の果実として国内で収穫されたぶどうのみを使用したものが日本ワインに該当します。	表示基準1(3)
	※　「原料として水を使用したもの」には、濃縮果汁を希釈するために水を使用したもの又は酒税法第3条第13号に掲げる酒類に水を加えたものを含みます。また、「国内で収穫されたぶどう」には、国内で収穫されたぶどうの果汁、当該ぶどうの濃縮果汁、当該ぶどうを乾燥させたもの、当該ぶどうを煮詰めたもの又は当該ぶどうの搾りかすを含みます。	法令解釈86の6－3(6)
	⑴　他の容器に移し替えることなく移出することを予定した容器内で発酵させた果実酒について、発酵後、当該容器にブランデー、糖類、香味料（国内で収穫されたぶどうの果汁又は当該ぶどうの濃縮果汁に限る。）又は日本ワインを加える製法	表示基準別表

表示事項	内　　容	根拠法令等
一 括 表 示 欄 （日本ワイン）	⑵　酒税法第３条第13号イからハまでに掲げる果実酒に、香味料（国内で収穫されたぶどうの果汁又は当該ぶどうの濃縮果汁に限る。）を加える製法（当該加える香味料に含有される糖類の重量が当該香味料を加えた後の果実酒の重量の100分の10を超えないものに限る。） ⑶　酒税法第３条第13号イからハまでに掲げる果実酒に糖類を加える製法 ２　一括表示欄以外に「日本ワイン」と表示した場合であっても、一括表示欄への表示は省略できません。 ３　日本ワイン以外には「日本ワイン」と表示してはいけません。また、ぶどう以外の果実を使用した果実酒は日本ワインには該当しません。	表示基準２⑴ 法令解釈86の６－３⒁イ 【参考】Q＆A【記載事項の表示（第２項関係）】 法令解釈86の６－３⑹ハ
一 括 表 示 欄 （原 材 料 名）	１　果実及び濃縮果汁について複数の果実又は複数の果実の濃縮果汁を使用している場合には、複数の果実の名称をその使用量の多い順に表示しなければなりません。 　　なお、果実又は濃縮果汁の次に括弧を付して、複数の果実の名称を表示することとしても差し支えありません。 ２　国内製造ワインを国内製造ワインの原材料として使用した場合は、使用した当該国内製造ワインの重量に当該国内製造ワインの原材料の重量比を乗じて算出しますが、当該国内製造ワインの原材料の重量比が不明である場合に限り、表示基準２の⑵ニの規定に関わらず、原材料を「国内製造ワイン（〇〇）」と表示しても差し支えありません。この場合において、「〇〇」については、当該国内製造ワインの原材料名を転記します。 ３　果実、濃縮果汁及び輸入ワイン以外の原材料は、同規定により表示する原材料に続けて表示することができますので、消費者の商品選択に資する観点から、可能な限り表示してください。	表示基準２⑵ 法令解釈86の６－３⑺イ 法令解釈86の６－３⑺ロ 法令解釈86の６－３⑺ハ 【参考】Q＆A【特定の原材料を使用した旨の表示（第３項関係）】
一 括 表 示 欄 （原材料名（果実））	三種類以上の果実を使用した場合は、使用量が上位三位以下の果実の名称を「その他果実」と表示することができます。	表示基準２⑵イ
一 括 表 示 欄 （原材料名（濃縮果汁））	三種類以上の果実の濃縮果汁を使用した場合は、使用量が上位三位以下の果実の濃縮果汁の名称を「濃縮還元その他果汁」又は「濃縮その他果汁」と表示することができます。	表示基準２⑵ロ

表示事項	内　　容	根拠法令等
一括表示欄 （原材料の原産地名）	「日本産」に代えて都道府県名その他の地名を、「外国産」に代えて原産国名をそれぞれ表示することができます。 　同一の原材料であって日本産及び外国産の両方を使用している場合には、使用量の多い順に「日本産・外国産」等と表示してください。原産地の異なる果実等について、日本産の表示に代えて都道府県名その他の地名を表示する場合には、使用量の多い順に全ての都道府県名その他の地名を表示します（原産国名を表示する場合も同様です。）。 　また、原産国名を表示する場合には、原産国名に続けて当該原産国内の地名（例えば、「米国カリフォルニア産」等）を表示して差し支えありません。	表示基準2(3) 法令解釈86の6－3(8)
ぶどう以外の果実を使用した旨の表示	「その果実を使用したことが分かる表示」とは、その果実の呼称として一般的に使用されている名称の表示のほか、例えば次の表示が該当します。 1　当該果実の絵又は写真 2　当該果実の品種名 3　シードル等ぶどう以外の果実を原料とする酒類の名称 　※　ぶどう以外の果実を使用した場合は、特定の原材料を使用した旨の表示以降の適用はありません。	表示基準4 法令解釈86の6－3(10) 表示基準3
特定の原材料を使用した旨の表示	濃縮果汁及び輸入ワインの両方を使用した場合は、例えば次のように使用量の多い順に濃縮果汁及び輸入ワインの両方を使用したことが分かる表示をします。 ・　濃縮果汁・輸入ワイン使用 ・　輸入果汁・輸入ワイン使用 ・　○○（原産国名）産果汁・○○（原産国名）産ワイン使用	法令解釈86の6－3(9)ハ
地名の表示	1　国内製造ワインに地名を表示する場合は、一括表示欄の原材料の原産地名の表示のほか、日本ワインに限り、収穫地又は醸造地を容器又は包装に表示できます。 2　地名と同一である又は地名を含む会社名、人名、組織名又は個人事業者等の商号（法令等により明確である名称に限る。）の表示であって、次に掲げる方法により表示している場合については、地名の表示として取り扱いません。 (1)　会社名、組織名又は個人事業者等の商号について、「株式会社」、「㈱」、「商号」等の表示を併せて行うなど、会社名等として消費者が容易に判別できる方法により表示している場合　この場合、原則として、併せて表示する「株式会社」等の表示は会社名と同程度の大きさ、色調等で会社名と一体的に表示する必要があります。	表示基準5 法令解釈86の6－3(11)イ 【参考Q＆A【地名の表示（第5項関係）】

表示事項	内　　容	根拠法令等
地名の表示	(2)　人名について氏名を併せて表示するなど、人名として消費者が容易に判別できる方法により表示している場合（例えば、「長野太郎」等） 3　地名の表示には、原則として建物名、施設名等を構成する文字の一部として表示する地名も含まれますが、当該建物名、施設名等の名称が固有名詞として一般に流布しており、ぶどうの収穫地又は醸造地であると消費者が混同しない表示は、この限りではありません。 　(注)　消費者が混同する表示とは、「○○（地名）ワイナリー」、「○○（地名）ヴィンヤード」、「○○（地名を含む建物名等）ワイン」等をいう。 4　地名を含む果実酒等の商標（登録商標（商標法（昭和34年法律第127号）第2条第5項に規定する登録商標をいう。）を含む。）を表示する場合についても、地名として表示基準の規定に沿って表示しなければなりません。	法令解釈86の6－3(11)ロ 法令解釈86の6－3(11)ト
地名の表示 （ぶどうの収穫地）	1　表示する地名が一の都道府県内の地域を示すもの又は都道府県を跨ぐ地域を示すものであって、当該地域を含む市町村内に醸造地がある場合又は当該地域を含む市町村に隣接した市町村（表示する地名が含まれる都道府県内の市町村に限る。）に醸造地がある場合は「表示する地名が示す範囲に醸造地がない場合」に該当しないものとして取り扱います。 2　「ぶどうの収穫地を含む地名であることが分かる方法」とは、次に掲げる全ての事項を満たす表示方法が該当します。 (1)　次に掲げるいずれかの方法により地名を表示していること 　イ　表示する地名に当該収穫地のぶどうを原料として使用した旨を併せて表示する方法 　　例：「○○産ぶどう使用」 　ロ　表示する地名に当該収穫地のぶどうの使用割合を併せて表示する方法 　　例：「○○産ぶどう100％使用」 　ハ　表示する地名にぶどうの品種名を併せて表示する方法（当該収穫地で収穫された単一品種のぶどうを85％以上使用した場合に限る。） 　　例：「○○シャルドネ」 (2)　一括表示欄（原材料の原産地名）のぶどうの原産地の表示について、「日本産」に代えて当該表示する地名を表示していること (3)　一括表示欄に醸造地を表示していること	表示基準5(1) 法令解釈86の6－3(11)ハ 法令解釈86の6－3(11)ニ

表示事項	内　　容	根拠法令等
地 名 の 表 示 （ぶどうの収穫地）	参考１：表示する地名が示す範囲に醸造地がない場合 【事例１：地名としてB市を表示する場合】 （○：該当しない場合　×：該当する場合） ○　A県B市、C市又はD町に醸造地がある場合 　（⇒A県B市に隣接しているため○） ×　A県E市に醸造地がある場合 　（⇒A県B市に隣接していないため×） ×　Z県X市に醸造地がある場合 　（⇒　A県B市に隣接しているが、県が異なるため×） 【事例２：地名として複数の県を跨ぐB地域を表示する場合】 （○：該当しない場合　×：該当する場合） ○　A県C市、F市、X県D町、G村、Y県E町又はH村 　に醸造地がある場合 　（⇒B地域が示す範囲に隣接しているため○） ×　Z県W市に醸造地がある場合 　（⇒B地域が示す範囲にあるX県G村に隣接しているが、 　県が異なるため）	【参考】 Q & A【地名の表示 （第５項関係）】

表示事項	内　　容	根拠法令等
地名の表示 (ぶどうの収穫地)	参考2：収穫地の表示例	

参考2の内部表：

	原料ぶどうの 使用割合	表示例
例1	塩尻市産85％、 松本市産15％	①日本産ぶどう使用、 ②長野県産ぶどう使用、 ③塩尻市産ぶどう使用　※
例2	塩尻市産70％、 松本市産30％	①日本産ぶどう使用、 ②長野県産ぶどう使用　※
例3	塩尻市産40％、 松本市産40％、 北海道産20％	日本産ぶどう使用 ※長野県産ぶどうは85％未満のため、 「長野県産ぶどう使用」とは表示不可
例4	塩尻市産85％、 チリ産15％	表示不可 ※日本ワインに該当しない。

※　醸造地も同じ産地（収穫地）内にある場合、「長野」、「塩尻」、「長野ワイン」などの表示が可能

表示事項	内　　容	根拠法令等
地名の表示 (ワインの醸造地)	1　「醸造地を含む地名であることが分かる方法」とは、次に掲げる表示方法が該当します。 ⑴　表示する地名に「醸造」の文字を併せて表示する方法 　　例：「○○醸造ワイン」、「○○醸造」 ⑵　表示する地名に、当該醸造地で醸造した旨を併せて表示する方法 　　例：「○○で造ったワイン」 2　「ぶどうの収穫地を含む地名ではないことが分かる表示」とは、次に掲げる表示が該当します。 ⑴　地名の表示（収穫地の表示）の2によりぶどうの収穫地を表示 ⑵　原料として使用したぶどうの収穫地ではないことの表示 　　例：「○○は原料として使用したぶどうの収穫地ではありません」、「○○で収穫した以外のぶどうも○割使用しています」	表示基準5⑵ 法令解釈86の6－3⑾ホ 法令解釈86の6－3⑾ヘ
品種名の表示	1　ぶどうの品種名を表示する場合は、表示するぶどうの品種の使用量の合計が85％以上を占め、次に掲げるものである場合に容器又は包装に表示することができます。 ⑴　使用量の最も多いぶどうの品種名（使用量の割合を併記して差し支えありません。） ⑵　使用量の多い上位二品種のぶどうの品種名（使用量の多い順に表示するものとし、使用量の割合を併記して差し支えありません。）	表示基準6 法令解釈86の6－3⑿イ、ロ

表示事項	内　　容	根拠法令等
品種名の表示	(3)　使用量の多い上位三品種以上のぶどうの品種名（それぞれに使用量の割合を併記し、かつ、使用量の多い順に表示します。なお、その表示する品種の使用量の割合の合計が85％以上となるまで表示する必要があります。） 2　一括表示欄へのぶどうの品種名の表示については、濃縮果汁としたぶどうの品種名のほか、原材料として使用した国内製造ワイン又は輸入ワインの原料となったぶどうの品種名も表示して差し支えありません。 ※　ぶどうの品種名の一括表示欄以外への表示は、日本ワインに限り、表示することができます。 参考：品種の表示例	法令解釈86の6－3⑿ハ

参考：品種の表示例

品種の構成	表示例
シャルドネ60％ リースリング25％ ケルナー10％ ソーヴィニヨン・ブラン5％	①シャルドネ・リースリング ②シャルドネ60％・リースリング25％ ③シャルドネ60％・リースリング25％・ケルナー10％ ④シャルドネ60％・リースリング25％・ケルナー10％・ソーヴィニヨン・ブラン5％ ※　シャルドネ60％・リースリング25％・ソーヴィニヨン・ブラン5％の表示は不可

表示事項	内　　容	根拠法令等
収穫年の表示	ぶどうの収穫年を表示する場合は、表示する収穫年に収穫したぶどうの使用量の合計が85％以上を占める日本ワインに限り、その容器又は包装に表示することができます。	表示基準7

㊟　「根拠法令等」欄に記載した用語は次の法令等を示す。

　「根拠法令等」欄に記載した用語は次の法令等を示す。

1　表示基準……果実酒等の製法品質表示基準（平成27年国税庁告示第18号）

2　法令解釈……酒税法及び酒類行政関係法令等解釈通達の制定について（法令解釈通達）第8編第1章

3　Q＆A……果実酒等の製法品質表示基準のQ＆A（平成30年4月　国税庁）

（R 1.7）

第5編　酒類に関する食品表示法

酒類に係る表示事項について、食品表示法、酒類業組合法等の適用関係について整理してみると、次表のようになります。

　なお、本書では、酒類に関する食品表示法関係の関係法令、解説、Ｑ＆Ａなど以下の事項を収録しています。

【掲載事項】

1　食品表示法

2　食品表示基準（抄）

3　食品表示法の概要（酒類表示編）令和２年３月国税庁酒税課

4　食品表示法における酒類の表示のＱ＆Ａ（平成30年７月）

　・同別冊「原料原産地表示関係」（平成29年９月）

（参考１）酒類の表示に関する食品表示法関係の法令等については、次に掲載されていますので、必要に応じてご参照ください。

　　　　消費者庁HP ／政策／政策一覧（消費者庁のしごと）／食品表示企画／食品表示法等（法令及び一元化情報）

　　　　国税庁HP ／税の情報・手続・用紙／お酒に関する情報／「各種施策、情報等」欄の「酒類の表示」／食品表示関係

（参考２）消費者庁HPには「食品表示基準Q&A（平成27年３月30日消食表第140号）」が掲載されています。酒類に関係のある内容は次になります。

　　　　第１章　総則

　　　　第２章　加工食品

　　　　第４章　添加物

　　　　第５章　雑則

　　　　別添　製造所固有記号

　　　　別添　アレルゲンを含む食品に関する表示

　　　　別添　遺伝子組換え食品に関する事項

　　　　別添　ゲノム編集技術応用食品に関する事項

　　　　別添　原料原産地表示（別表15の１〜６）

　　　　別添　新たな原料原産地制度

　　　　別添　玄米及び精米に関する事項

　　　　別添　食品添加物の不使用表示に関するガイドライン

酒類に係る表示事項の食品表示法、酒類業組合法等の適用関係

	表示事項	食品表示法	酒類業組合法 86条の5	酒類業組合法 86条の6	備考
1	名称（品目）				
2	保存の方法	（省略可）			食品表示基準3－1、3－3
3	賞味期限又は消費期限	（省略可）			食品表示基準3－1、3－3
4	原材料名	（不要）			食品表示基準3－1、5－1
5	添加物	○			
6	内容量	○	○		
7	栄養成分（タンパク質、脂質、炭水化物、ナトリウム）の量及び熱量	（省略可）			食品表示基準3－1、3－3
8	食品関連事業者の住所及び氏名又は名称	○			
9	製造所又は加工所の所在地及び製造者又は加工者の氏名又は名称	○	○		
10	アレルゲンを含む食品	（不要）			食品表示基準3－1、5－1
11	L-フェニルアラニン化合物を含む食品	○（該当時）			
12	特保・機能性	（対象外）			食品表示基準3－2
13	遺伝子組換え食品	○（該当時）			
14	原材料産地名	○		○（果実酒）	米トレ法
15	原産国	（不要）		○（清酒、輸入果実酒）	食品表示基準3－1、5－1 地理的表示基準
16	特色のある原材料等に関する事項	（任意）			
17	糖類を添加していない旨	（任意）			
18	アルコール分		○		
19	発泡性を有する旨		○		
20	税率適用区分		○		

平成25年法律第70号

第1章　総則

（目的）

第1条　この法律は、食品に関する表示が食品を摂取する際の安全性の確保及び自主的かつ合理的な食品の選択の機会の確保に関し重要な役割を果たしていることに鑑み、販売（不特定又は多数の者に対する販売以外の譲渡を含む。以下同じ。）の用に供する食品に関する表示について、基準の策定その他の必要な事項を定めることにより、その適正を確保し、もって一般消費者の利益の増進を図るとともに、食品衛生法（昭和22年法律第233号）、健康増進法（平成14年法律第103号）及び日本農林規格等に関する法律（昭和25年法律第175号）による措置と相まって、国民の健康の保護及び増進並びに食品の生産及び流通の円滑化並びに消費者の需要に即した食品の生産の振興に寄与することを目的とする。

（定義）

第2条　この法律において「食品」とは、全ての飲食物（医薬品、医療機器等の品質、有効性及び安全性の確保等に関する法律（昭和35年法律第145号）第2条第1項に規定する医薬品、同条第2項に規定する医薬部外品及び同条第9項に規定する再生医療等製品を除き、食品衛生法第4条第2項に規定する添加物（第4条第1項第1号及び第11条において単に「添加物」という。）を含む。）をいう。

2　この法律において「酒類」とは、酒税法（昭和28年法律第6号）第2条第1項に規定する酒類をいう。

3　この法律において「食品関連事業者等」とは、次の各号のいずれかに該当する者をいう。

　一　食品の製造、加工（調整及び選別を含む。）若しくは輸入を業とする者（当該食品の販売をしない者を除く。）又は食品の販売を業とする者（以下「食品関連事業者」という。）

　二　前号に掲げる者のほか、食品の販売をする者

（基本理念）

第３条　販売の用に供する食品に関する表示の適正を確保するための施策は、消費者
　　基本法（昭和43年法律第78号）第２条第１項に規定する消費者政策の一環とし
　　て、消費者の安全及び自主的かつ合理的な選択の機会が確保され、並びに消費者に
　　対し必要な情報が提供されることが消費者の権利であることを尊重するとともに、
　　消費者が自らの利益の擁護及び増進のため自主的かつ合理的に行動することができ
　　るよう消費者の自立を支援することを基本として講ぜられなければならない。

２　販売の用に供する食品に関する表示の適正を確保するための施策は、食品の生産、
　　取引又は消費の現況及び将来の見通しを踏まえ、かつ、小規模の食品関連事業者の
　　事業活動に及ぼす影響及び食品関連事業者間の公正な競争の確保に配慮して講ぜら
　　れなければならない。

第２章　食品表示基準

（食品表示基準の策定等）

第４条　内閣総理大臣は、内閣府令で、食品及び食品関連事業者等の区分ごとに、次
　　に掲げる事項のうち当該区分に属する食品を消費者が安全に摂取し、及び自主的か
　　つ合理的に選択するために必要と認められる事項を内容とする販売の用に供する食
　　品に関する表示の基準を定めなければならない。

　一　名称、アレルゲン（食物アレルギーの原因となる物質をいう。第６条第８項及
　　　び第11条において同じ。）、保存の方法、消費期限（食品を摂取する際の安全性
　　　の判断に資する期限をいう。第６条第８項及び第11条において同じ。）、原材料、
　　　添加物、栄養成分の量及び熱量、原産地その他食品関連事業者等が食品の販売を
　　　する際に表示されるべき事項

　二　表示の方法その他前号に掲げる事項を表示する際に食品関連事業者等が遵守す
　　　べき事項

２　内閣総理大臣は、前項の規定により販売の用に供する食品に関する表示の基準を
　　定めようとするときは、あらかじめ、厚生労働大臣、農林水産大臣及び財務大臣に
　　協議するとともに、消費者委員会の意見を聴かなければならない。

３　厚生労働大臣は、第１項の規定により販売の用に供する食品に関する表示の基準
　　が定められることにより、国民の健康の保護又は増進が図られると認めるときは、

内閣総理大臣に対し、当該基準の案を添えて、その策定を要請することができる。

4　農林水産大臣は、第1項の規定により販売の用に供する食品に関する表示の基準が定められることにより、当該基準に係る食品（酒類を除く。）の生産若しくは流通の円滑化又は消費者の需要に即した当該食品の生産の振興が図られると認めるときは、内閣総理大臣に対し、当該基準の案を添えて、その策定を要請することができる。

5　財務大臣は、第1項の規定により販売の用に供する食品に関する表示の基準が定められることにより、当該基準に係る酒類の生産若しくは流通の円滑化又は消費者の需要に即した当該酒類の生産の振興が図られると認めるときは、内閣総理大臣に対し、当該基準の案を添えて、その策定を要請することができる。

6　第2項から前項までの規定は、第1項の規定により定められた販売の用に供する食品に関する表示の基準（以下「食品表示基準」という。）の変更について準用する。

（食品表示基準の遵守）

第5条　食品関連事業者等は、食品表示基準に従った表示がされていない食品の販売をしてはならない。

第3章　不適正な表示に対する措置等

（指示等）

第6条　食品表示基準に定められた第4条第1項第1号に掲げる事項（以下「表示事項」という。）が表示されていない食品（酒類を除く。以下この項において同じ。）の販売をし、又は販売の用に供する食品に関して表示事項を表示する際に食品表示基準に定められた同条第1項第2号に掲げる事項（以下「遵守事項」という。）を遵守しない食品関連事業者があるときは、内閣総理大臣又は農林水産大臣（内閣府令・農林水産省令で定める表示事項が表示されず、又は内閣府令・農林水産省令で定める遵守事項を遵守しない場合にあっては、内閣総理大臣）は、当該食品関連事業者に対し、表示事項を表示し、又は遵守事項を遵守すべき旨の指示をすることができる。

2　次の各号に掲げる大臣は、単独で前項の規定による指示（第1号に掲げる大臣にあっては、同項の内閣府令・農林水産省令で定める表示事項が表示されず、又は同

項の内閣府令・農林水産省令で定める遵守事項を遵守しない場合におけるものを除く。）をしようとするときは、あらかじめ、その指示の内容について、それぞれ当該各号に定める大臣に通知するものとする。

一　内閣総理大臣　農林水産大臣

二　農林水産大臣　内閣総理大臣

3　表示事項が表示されていない酒類の販売をし、又は販売の用に供する酒類に関して表示事項を表示する際に遵守事項を遵守しない食品関連事業者があるときは、内閣総理大臣又は財務大臣（内閣府令・財務省令で定める表示事項が表示されず、又は内閣府令・財務省令で定める遵守事項を遵守しない場合にあっては、内閣総理大臣）は、当該食品関連事業者に対し、表示事項を表示し、又は遵守事項を遵守すべき旨の指示をすることができる。

4　次の各号に掲げる大臣は、単独で前項の規定による指示（第１号に掲げる大臣にあっては、同項の内閣府令・財務省令で定める表示事項が表示されず、又は同項の内閣府令・財務省令で定める遵守事項を遵守しない場合におけるものを除く。）をしようとするときは、あらかじめ、その指示の内容について、それぞれ当該各号に定める大臣に通知するものとする。

一　内閣総理大臣　財務大臣

二　財務大臣　内閣総理大臣

5　内閣総理大臣は、第１項又は第３項の規定による指示を受けた者が、正当な理由がなくてその指示に係る措置をとらなかったときは、その者に対し、その指示に係る措置をとるべきことを命ずることができる。

6　農林水産大臣は、第１項の規定による指示をした場合において、その指示を受けた者が、正当な理由がなくてその指示に係る措置をとらなかったときは、内閣総理大臣に対し、前項の規定により、その者に対してその指示に係る措置をとるべきことを命ずることを要請することができる。

7　財務大臣は、第３項の規定による指示をした場合において、その指示を受けた者が、正当な理由がなくてその指示に係る措置をとらなかったときは、内閣総理大臣に対し、第５項の規定により、その者に対してその指示に係る措置をとるべきことを命ずることを要請することができる。

8　内閣総理大臣は、食品関連事業者等が、アレルゲン、消費期限、食品を安全に摂取するために加熱を要するかどうかの別その他の食品を摂取する際の安全性に重要

な影響を及ぼす事項として内閣府令で定めるものについて食品表示基準に従った表示がされていない食品の販売をし、又は販売をしようとする場合において、消費者の生命又は身体に対する危害の発生又は拡大の防止を図るため緊急の必要があると認めるときは、当該食品関連事業者等に対し、食品の回収その他必要な措置をとるべきことを命じ、又は期間を定めてその業務の全部若しくは一部を停止すべきことを命ずることができる。

（公表）
第7条　内閣総理大臣、農林水産大臣又は財務大臣は、前条の規定による指示又は命令をしたときは、その旨を公表しなければならない。

（立入検査等）
第8条　内閣総理大臣は、販売の用に供する食品に関する表示の適正を確保するため必要があると認めるときは、食品関連事業者等若しくは食品関連事業者とその事業に関して関係のある事業者に対し、販売の用に供する食品に関する表示について必要な報告若しくは帳簿、書類その他の物件の提出を求め、又はその職員に、これらの者の事務所、事業所その他の場所に立ち入り、販売の用に供する食品に関する表示の状況若しくは食品、その原材料、帳簿、書類その他の物件を検査させ、従業員その他の関係者に質問させ、若しくは試験の用に供するのに必要な限度において、食品若しくはその原材料を無償で収去させることができる。

2　農林水産大臣は、第6条第1項の内閣府令・農林水産省令で定める表示事項以外の表示事項又は同項の内閣府令・農林水産省令で定める遵守事項以外の遵守事項に関し販売の用に供する食品（酒類を除く。以下この項において同じ。）に関する表示の適正を確保するため必要があると認めるときは、食品関連事業者若しくはその者とその事業に関して関係のある事業者に対し、販売の用に供する食品に関する表示について必要な報告若しくは帳簿、書類その他の物件の提出を求め、又はその職員に、これらの者の事務所、事業所その他の場所に立ち入り、販売の用に供する食品に関する表示の状況若しくは食品、その原材料、帳簿、書類その他の物件を検査させ、若しくは従業員その他の関係者に質問させることができる。

3　財務大臣は、第6条第3項の内閣府令・財務省令で定める表示事項以外の表示事項又は同項の内閣府令・財務省令で定める遵守事項以外の遵守事項に関し販売の用

に供する酒類に関する表示の適正を確保するため必要があると認めるときは、食品関連事業者若しくはその者とその事業に関して関係のある事業者に対し、販売の用に供する酒類に関する表示について必要な報告若しくは帳簿、書類その他の物件の提出を求め、又はその職員に、これらの者の事務所、事業所その他の場所に立ち入り、販売の用に供する酒類に関する表示の状況若しくは酒類、その原材料、帳簿、書類その他の物件を検査させ、若しくは従業員その他の関係者に質問させることができる。

4　前三項の規定による立入検査、質問又は収去をする職員は、その身分を示す証明書を携帯し、関係者の請求があるときは、これを提示しなければならない。

5　第１項から第３項までの規定による権限は、犯罪捜査のために認められたものと解釈してはならない。

6　第１項の規定による収去は、食品衛生法第30条第１項に規定する食品衛生監視員に行わせるものとする。

7　内閣総理大臣は、第１項の規定により収去した食品の試験に関する事務については食品衛生法第４条第９項に規定する登録検査機関に、当該事務のうち食品の栄養成分の量又は熱量に係るものについては国立研究開発法人医薬基盤・健康・栄養研究所にそれぞれ委託することができる。

8　内閣総理大臣は、第１項の規定による権限を単独で行使したときは、速やかに、その結果を、販売の用に供する食品（酒類を除く。）に関する表示の適正を確保するために行われた場合にあっては農林水産大臣に、販売の用に供する酒類に関する表示の適正を確保するために行われた場合にあっては財務大臣に通知するものとする。

9　農林水産大臣又は財務大臣は、第２項又は第３項の規定による権限を単独で行使したときは、速やかに、その結果を内閣総理大臣に通知するものとする。

（センターによる立入検査等）

第９条　農林水産大臣は、前条第２項の規定によりその職員に立入検査又は質問を行わせることができる場合において必要があると認めるときは、独立行政法人農林水産消費安全技術センター（以下「センター」という。）に、食品関連事業者又はその者とその事業に関して関係のある事業者の事務所、事業所その他の場所に立ち入り、販売の用に供する食品（酒類を除く。以下この項において同じ。）に関する表示の状況若しくは食品、その原材料、帳簿、書類その他の物件を検査させ、又は従

業員その他の関係者に質問させることができる。

2　農林水産大臣は、前項の規定によりセンターに立入検査又は質問を行わせるときは、センターに対し、当該立入検査又は質問の期日、場所その他必要な事項を示してこれを実施すべきことを指示するものとする。

3　センターは、前項の規定による指示に従って第1項の規定による立入検査又は質問を行ったときは、農林水産省令で定めるところにより、その結果を農林水産大臣に報告しなければならない。

4　農林水産大臣は、第1項の規定による立入検査又は質問について前項の規定による報告を受けたときは、速やかに、その内容を内閣総理大臣に通知するものとする。

5　第1項の規定による立入検査又は質問については、前条第4項及び第5項の規定を準用する。

（センターに対する命令）

第10条　農林水産大臣は、前条第1項の規定による立入検査又は質問の業務の適正な実施を確保するため必要があると認めるときは、センターに対し、当該業務に関し必要な命令をすることができる。

（食品の回収の届出等）

第10条の2　食品関連事業者等は、第6条第8項の内閣府令で定める事項について食品表示基準に従った表示がされていない食品の販売をした場合において、当該食品を回収するとき（同項の規定による命令を受けて回収するとき、及び消費者の生命又は身体に対する危害が発生するおそれがない場合として内閣府令で定めるときを除く。）は、内閣府令で定めるところにより、遅滞なく、回収に着手した旨及び回収の状況を内閣総理大臣に届け出なければならない。

2　内閣総理大臣は、前項の規定による届出があったときは、その旨を公表しなければならない。

第4章　差止請求及び申出

（適格消費者団体の差止請求権）

第11条　消費者契約法（平成12年法律第61号）第2条第4項に規定する適格消費

者団体は、食品関連事業者が、不特定かつ多数の者に対して、食品表示基準に違反し、販売の用に供する食品の名称、アレルゲン、保存の方法、消費期限、原材料、添加物、栄養成分の量若しくは熱量又は原産地について著しく事実に相違する表示をする行為を現に行い、又は行うおそれがあるときは、当該食品関連事業者に対し、当該行為の停止若しくは予防又は当該食品に関して著しく事実に相違する表示を行った旨の周知その他の当該行為の停止若しくは予防に必要な措置をとることを請求することができる。

（内閣総理大臣等に対する申出）
第12条　何人も、販売の用に供する食品（酒類を除く。以下この項において同じ。）に関する表示が適正でないため一般消費者の利益が害されていると認めるときは、内閣府令・農林水産省令で定める手続に従い、その旨を内閣総理大臣又は農林水産大臣（当該食品に関する表示が適正でないことが第6条第1項の内閣府令・農林水産省令で定める表示事項又は遵守事項のみに係るものである場合にあっては、内閣総理大臣）に申し出て適切な措置をとるべきことを求めることができる。

2　何人も、販売の用に供する酒類に関する表示が適正でないため一般消費者の利益が害されていると認めるときは、内閣府令・財務省令で定める手続に従い、その旨を内閣総理大臣又は財務大臣（当該酒類に関する表示が適正でないことが第6条第3項の内閣府令・財務省令で定める表示事項又は遵守事項のみに係るものである場合にあっては、内閣総理大臣）に申し出て適切な措置をとるべきことを求めることができる。

〇食品表示法第六条第三項の内閣府令・財務省令で定める表示事項及び遵守事項等を定める命令（平成二十七年内閣府・財務省令第一号）
（消費者庁長官又は財務大臣に対する申出の手続）
第3条　法第12条第2項の内閣府令・財務省令で定める手続は、次に掲げる事項を記載した文書をもって行うものとする。
　一　申出人の氏名又は名称及び住所
　二　申出に係る酒類の品目
　三　申出の理由
　四　申出に係る酒類に係る食品関連事業者等の氏名又は名称及び住所
　五　申出に係る酒類の申出時における所在場所及び所有者の氏名又は名称

3 　内閣総理大臣、農林水産大臣又は財務大臣は、前二項の規定による申出があった場合には、必要な調査を行い、その申出の内容が事実であると認めるときは、第4条又は第6条の規定による措置その他の適切な措置をとらなければならない。

第5章　雑則

（内閣総理大臣への資料提供等）
第13条　内閣総理大臣は、この法律の目的を達成するため必要があると認めるときは、厚生労働大臣、農林水産大臣又は財務大臣に対し、資料の提供、説明その他必要な協力を求めることができる。

（不当景品類及び不当表示防止法の適用）
第14条　この法律の規定は、不当景品類及び不当表示防止法（昭和37年法律第134号）の適用を排除するものと解してはならない。

（権限の委任等）
第15条　内閣総理大臣は、この法律の規定による権限（政令で定めるものを除く。）を消費者庁長官に委任する。
2 　この法律に規定する財務大臣の権限の全部又は一部は、政令で定めるところにより、国税庁長官に委任することができる。
3 　この法律に規定する農林水産大臣の権限及び前項の規定により国税庁長官に委任された権限の全部又は一部は、政令で定めるところにより、地方支分部局の長に委任することができる。
4 　この法律に規定する農林水産大臣の権限に属する事務の一部は、政令で定めるところにより、都道府県知事又は地方自治法（昭和22年法律第67号）第252条の19第1項の指定都市の長が行うこととすることができる。
5 　第1項の規定により消費者庁長官に委任された権限に属する事務の一部は、政令で定めるところにより、都道府県知事、地域保健法（昭和22年法律第101号）第5条第1項の政令で定める市（次条において「保健所を設置する市」という。）の市長又は特別区の区長が行うこととすることができる。

（再審査請求等）

第16条　前条第５項の規定により保健所を設置する市の市長又は特別区の区長がした処分（地方自治法第２条第９項第１号に規定する第１号法定受託事務（次項において単に「第１号法定受託事務」という。）に係るものに限る。）についての審査請求の裁決に不服がある者は、内閣総理大臣に対して再審査請求をすることができる。

２　保健所を設置する市又は特別区の長が前条第５項の規定によりその行うこととされた事務のうち第１号法定受託事務に係る処分をする権限をその補助機関である職員又はその管理に属する行政機関の長に委任した場合において、委任を受けた職員又は行政機関の長がその委任に基づいてした処分につき、地方自治法第255条の２第２項の再審査請求の裁決があったときは、当該裁決に不服がある者は、同法第252条の17の４第５項から第７項までの規定の例により、内閣総理大臣に対して再々審査請求をすることができる。

第６章　罰則

第17条　第６条第８項の規定による命令に違反した者は、３年以下の懲役若しくは300万円以下の罰金に処し、又はこれを併科する。

第18条　第６条第８項の内閣府令で定める事項について、食品表示基準に従った表示がされていない食品の販売をした者は、２年以下の懲役若しくは200万円以下の罰金に処し、又はこれを併科する。

第19条　食品表示基準において表示されるべきこととされている原産地（原材料の原産地を含む。）について虚偽の表示がされた食品の販売をした者は、２年以下の懲役又は200万円以下の罰金に処する。

第20条　第６条第５項の規定による命令に違反した者は、１年以下の懲役又は100万円以下の罰金に処する。

第21条　次の各号のいずれかに該当する者は、50万円以下の罰金に処する。

一　第８条第１項から第３項までの規定による報告若しくは物件の提出をせず、若

しくは虚偽の報告若しくは虚偽の物件の提出をし、又は同条第1項から第3項まで若しくは第9条第1項の規定による検査を拒み、妨げ、若しくは忌避し、若しくは質問に対して答弁をせず、若しくは虚偽の答弁をした者

二　第8条第1項の規定による収去を拒み、妨げ、又は忌避した者

三　第10条の2第1項の規定による届出をせず、又は虚偽の届出をした者

第22条　法人（人格のない社団又は財団で代表者又は管理人の定めのあるものを含む。以下この項において同じ。）の代表者若しくは管理人又は法人若しくは人の代理人、使用人その他の従業者が、その法人又は人の業務に関して、次の各号に掲げる規定の違反行為をしたときは、行為者を罰するほか、その法人に対して当該各号に定める罰金刑を、その人に対して各本条の罰金刑を科する。

一　第17条　3億円以下の罰金刑

二　第18条から第20条まで　1億円以下の罰金刑

三　前条　同条の罰金刑

2　人格のない社団又は財団について前項の規定の適用があるときは、その代表者又は管理人が、その訴訟行為につきその人格のない社団又は財団を代表するほか、法人を被告人又は被疑者とする場合の刑事訴訟に関する法律の規定を準用する。

第23条　第10条の規定による命令に違反したときは、その違反行為をしたセンターの役員は、20万円以下の過料に処する。

平成27年内閣府令第10号

第1章　総則

（適用範囲）

第1条　この府令は、食品関連事業者等が、加工食品、生鮮食品又は添加物を販売する場合について適用する。ただし、加工食品又は生鮮食品を設備を設けて飲食させる場合には、第40条の規定を除き、適用しない。

（定義）

第2条　この府令において、次の各号に掲げる用語の意義は、当該各号に定めるところによる。

　一　加工食品　製造又は加工された食品として別表第一に掲げるものをいう。

　三　業務用加工食品　加工食品のうち、消費者に販売される形態となっているもの以外のものをいう。

　六　容器包装　食品衛生法（昭和22年法律第233号）第4条第5項に規定する容器包装をいう。

> ○食品衛生法第4条第5項
> 　この法律で容器包装とは、食品又は添加物を入れ、又は包んでいる物で、食品又は添加物を授受する場合そのままで引き渡すものをいう。

　十　機能性表示食品　疾病に罹患していない者（未成年者、妊産婦（妊娠を計画している者を含む。）及び授乳婦を除く。）に対し、機能性関与成分によって健康の維持及び増進に資する特定の保健の目的（疾病リスクの低減に係るものを除く。）が期待できる旨を科学的根拠に基づいて容器包装に表示をする食品（健康増進法（平成14年法律第103号）第43条第1項の規定に基づく許可又は同法第63条第1項の規定に基づく承認を受け、特別の用途に適する旨の表示をする食品（以下「特別用途食品」という。）、栄養機能食品、アルコールを含有する飲料及び国民の栄養摂取の状況からみてその過剰な摂取が国民の健康の保持増進に影響を与えているものとして健康増進法施行規則（平成15年厚生労働省令第86号）第

11条第2項で定める栄養素の過剰な摂取につながる食品を除く。）であって、当該食品に関する表示の内容、食品関連事業者名及び連絡先等の食品関連事業者に関する基本情報、安全性及び機能性の根拠に関する情報、生産・製造及び品質の管理に関する情報、健康被害の情報収集体制その他必要な事項を販売日の60日前までに消費者庁長官に届け出たものをいう。

第2章　加工食品
第1節　食品関連事業者に係る基準
第1款　一般用加工食品

（横断的義務表示）

第3条　食品関連事業者が容器包装に入れられた加工食品（業務用加工食品を除く。以下この節において「一般用加工食品」という。）を販売する際（設備を設けて飲食させる場合を除く。第6条及び第7条において同じ。）には、次の表の上欄に掲げる表示事項が同表の下欄に定める表示の方法に従い表示されなければならない。ただし、（以下略）

名称
1　その内容を表す一般的な名称を表示する。ただし、乳（生乳、生山羊乳、生めん羊乳及び生水牛乳を除く。以下同じ。）及び乳製品にあっては、この限りでない。
2　1の規定にかかわらず、別表第五の上欄に掲げる食品以外のものにあっては、それぞれ同表の下欄に掲げる名称を表示してはならない。

添加物
1　次に掲げるものを除き、添加物に占める重量の割合の高いものから順に、別表第六の上欄に掲げるものとして使用される添加物を含む食品にあっては当該添加物の物質名及び同表の下欄に掲げる用途の表示を、それ以外の添加物を含む食品にあっては当該添加物の物質名を表示する。
一　栄養強化の目的で使用されるもの（特別用途食品及び機能性表示食品を除く。）
二　加工助剤（食品の加工の際に添加されるものであって、当該食品の完成前に除去されるもの、当該食品の原材料に起因してその食品中に通常含まれる

成分と同じ成分に変えられ、かつ、その成分の量を明らかに増加させるものではないもの又は当該食品中に含まれる量が少なく、かつ、その成分による影響を当該食品に及ぼさないものをいう。以下同じ。)

　三　キャリーオーバー（食品の原材料の製造又は加工の過程において使用され、かつ、当該食品の製造又は加工の過程において使用されないものであって、当該食品中には当該添加物が効果を発揮することができる量より少ない量しか含まれていないものをいう。以下同じ。)

2　1の規定にかかわらず、複数の加工食品により構成される加工食品にあっては、各構成要素で使用した添加物を、各構成要素を表す一般的な名称の次に括弧を付して、1に定めるところにより表示することができる。

3　1の規定にかかわらず、添加物の物質名の表示は、一般に広く使用されている名称を有する添加物にあっては、その名称をもって、別表第七の上欄に掲げるものとして使用される添加物を含む食品にあっては同表の下欄に掲げる表示をもって、これに代えることができる。

4　1の規定にかかわらず、次の各号に掲げる場合にあってはそれぞれ当該各号に定める用途の表示を省略することができる。

　一　添加物を含む旨の表示中「色」の文字を含む場合　着色料

　二　添加物を含む旨の表示中「増粘」の文字を含む場合　増粘剤又は糊料

内容量又は固形量及び内容総量

1　特定商品の販売に係る計量に関する政令（平成5年政令第249号）第5条に掲げる特定商品については、計量法（平成4年法律第51号）の規定により表示することとし、それ以外の食品にあっては内容重量、内容体積又は内容数量を表示することとし、内容重量はグラム又はキログラム、内容体積はミリリットル又はリットル、内容数量は個数等の単位で、単位を明記して表示する。

2　1の規定にかかわらず、固形物に充てん液を加え缶又は瓶に密封したもの（固形量の管理が困難な場合を除く。)にあっては、内容量に代えて、固形量及び内容総量とすることとし、固形量はグラム又はキログラム、内容総量はグラム又はキログラムの単位で、単位を明記して表示する。ただし、固形量と内容総量がおおむね同一の場合又は充てん液を加える主たる目的が内容物を保護するためである場合は、内容量に代えて、固形量を表示する。

3　1の規定にかかわらず、固形物に充てん液を加え缶及び瓶以外の容器包装に

密封したものにあっては、内容量に代えて、固形量とすることができる。この場合において、固形量は、グラム又はキログラムの単位で、単位を明記して表示する。

食品関連事業者の氏名又は名称及び住所

食品関連事業者のうち表示内容に責任を有する者の氏名又は名称及び住所を表示する。

製造所・加工所の所在地、製造者・加工者の氏名又は名称（輸入品の場合、輸入業者の営業所の所在地・氏名又は名称）

1　製造所又は加工所（食品の製造又は加工（当該食品に関し、最終的に衛生状態を変化させる製造又は加工（調整及び選別を含む。）に限る。）が行われた場所）の所在地（輸入品にあっては輸入業者の営業所の所在地）及び製造者又は加工者（食品を調整又は選別した者を含む。）の氏名又は名称（輸入品にあっては輸入業者の氏名又は名称）を表示する。

2　1の規定にかかわらず、食品関連事業者の住所又は氏名若しくは名称が製造所若しくは加工所（食品の製造又は加工が行われた場所）の所在地（輸入品にあっては輸入業者の営業所の所在地）又は製造者若しくは加工者（食品を調整又は選別した者を含む）の氏名若しくは名称（輸入品にあっては輸入業者の氏名又は名称）と同一である場合は、製造所若しくは加工所の所在地又は製造者若しくは加工者の氏名若しくは名称を省略することができる。

3　1の規定にかかわらず、原則として同一製品を2以上の製造所で製造している場合にあっては、製造者の住所及び氏名又は名称並びに製造者が消費者庁長官に届け出た製造所固有の記号（アラビア数字、ローマ字、平仮名若しくは片仮名又はこれらの組合せによるものに限る）又は販売者の住所、氏名又は名称並びに製造者及び販売者が連名で消費者庁長官に届け出た製造者の製造所固有の記号（以下「製造所固有記号」という。）の表示をもって製造所の所在地及び製造者の氏名又は名称の表示に代えることができる。この場合においては、次に掲げるいずれかの事項を表示しなければならない。

一　製造所の所在地又は製造者の氏名若しくは名称の情報の提供を求められたときに回答する者の連絡先

二　製造所固有記号が表す製造所の所在地及び製造者の氏名又は名称を表示したウェブサイトのアドレス（二次元コードその他のこれに代わるものを含む。）

三　当該製品を製造している全ての製造所の所在地又は製造者の氏名若しくは
　　名称及び製造所固有記号

2　前項に定めるもののほか、食品関連事業者が一般用加工食品のうち次の表の上欄
　に掲げるものを販売する際（設備を設けて飲食させる場合を除く。）には、同表の
　中欄に掲げる表示事項が同表の下欄に定める表示の方法に従い表示されなければな
　らない。

アスパルテームを含む食品
L－フェニルアラニン化合物を含む旨
L－フェニルアラニン化合物を含む旨を表示する。

別表第十七の下欄及び別表第十八の中欄に掲げる加工食品
遺伝子組換え食品に関する事項

1　加工工程後も組み換えられたDNA又はこれによって生じたたんぱく質が残
　存する加工食品として別表第十七の下欄に掲げるもの（2に掲げるものを除
　く。）にあっては、次に定めるところにより表示する。
　一　分別生産流通管理が行われたことを確認した遺伝子組換え農産物である別
　　　表第十七の上欄に掲げる対象農産物を原材料とする場合は、当該原材料名の
　　　次に括弧を付して「遺伝子組換えのものを分別」、「遺伝子組換え」等分別生
　　　産流通管理が行われた遺伝子組換え農産物である旨を表示する。
　二　生産、流通又は加工のいずれかの段階で遺伝子組換え農産物及び非遺伝子
　　　組換え農産物が分別されていない別表第十七の上欄に掲げる対象農産物を原
　　　材料とする場合は、当該原材料名の次に括弧を付して「遺伝子組換え不分
　　　別」等遺伝子組換え農産物及び非遺伝子組換え農産物が分別されていない旨
　　　を表示する。
　三　分別生産流通管理が行われたことを確認した非遺伝子組換え農産物である
　　　別表第十七の上欄に掲げる対象農産物を原材料とする場合は、当該原材料名
　　　を表示するか、又は当該原材料名の次に括弧を付して「遺伝子組換えでない
　　　ものを分別」、「遺伝子組換えでない」等分別生産流通管理が行われた非遺伝
　　　子組換え農産物である旨を表示する。
2　別表第十八の上欄に掲げる形質を有する特定遺伝子組換え農産物を含む同表
　の下欄に掲げる対象農産物を原材料とする加工食品（これを原材料とする加工

食品を含む。）であって同表の中欄に掲げるものにあっては、次に定めるところにより表示する。

一　特定分別生産流通管理が行われたことを確認した特定遺伝子組換え農産物である別表第十八の下欄に掲げる対象農産物を原材料とする場合は、当該原材料名の次に括弧を付して「〇〇〇遺伝子組換えのものを分別」、「〇〇〇遺伝子組換え」（〇〇〇は、同表の上欄に掲げる形質）等特定分別生産流通管理が行われた特定遺伝子組換え農産物である旨を表示する。

二　特定遺伝子組換え農産物及び非特定遺伝子組換え農産物が意図的に混合された別表第十八の下欄に掲げる対象農産物を原材料とする場合は、第3項の規定にかかわらず、当該原材料名の次に括弧を付して「〇〇〇遺伝子組換えのものを混合」（〇〇〇は、同表の上欄に掲げる形質）等特定遺伝子組換え農産物及び非特定遺伝子組換え農産物が意図的に混合された農産物である旨を表示する。この場合において、「〇〇〇遺伝子組換えのものを混合」等の文字の次に括弧を付して、当該特定遺伝子組換え農産物が同一の作目に属する対象農産物に占める重量の割合を表示することができる。

3　分別生産流通管理を行ったにもかかわらず、意図せざる遺伝子組換え農産物又は非遺伝子組換え農産物の一定の混入があった場合においても、１の一又は三の確認が適切に行われている場合には、１の規定の適用については、分別生産流通管理が行われたことを確認したものとみなす。

4　特定分別生産流通管理を行ったにもかかわらず、意図せざる特定遺伝子組換え農産物又は非遺伝子組換え農産物の一定の混入があった場合においても、２の一の確認が適切に行われている場合には、２の規定の適用については、特定分別生産流通管理が行われたことを確認したものとみなす。

5　別表第十七及び別表第十八に掲げる加工食品の原材料のうち、対象農産物又はこれを原材料とする加工食品であって主な原材料（原材料の重量に占める割合の高い原材料の上位３位までのもので、かつ、原材料及び添加物の重量に占める割合が５パーセント以上であるものをいう。以下同じ。）でないものについては、分別生産流通管理が行われた遺伝子組換え農産物若しくは非遺伝子組換え農産物である旨、遺伝子組換え農産物及び非遺伝子組換え農産物が分別されていない旨、特定分別生産流通管理が行われた特定遺伝子組換え農産物である旨又は特定遺伝子組換え農産物及び非遺伝子組換え農産物が意図的に混

合された農産物である旨の表示（以下「遺伝子組換えに関する表示」という。）
は不要とする。ただし、これらの原材料について遺伝子組換えに関する表示を
行う場合には、１から４までの規定の例によりこれを表示しなければならない。

6　対象農産物を原材料とする加工食品であって別表第十七及び別表第十八に掲
げる加工食品以外のものの対象農産物である原材料については、遺伝子組換え
に関する表示は不要とする。ただし、当該原材料について遺伝子組換えに関す
る表示を行う場合には、１及び２の規定の例によりこれを表示しなければなら
ない。

輸入品以外の加工食品

原料原産地名

1　対象原材料（使用した原材料に占める重量の割合が最も高い原材料（酒税の
保全及び酒類業組合等に関する法律（昭和28年法律第７号）第86条の６第１
項の規定に基づく酒類の表示の基準において原産地を表示することとされてい
る原材料及び米穀等の取引等に係る情報の記録及び産地情報の伝達に関する法
律（平成21年法律第26号）第２条第３項に規定する指定米穀等（米穀及び別
表第十五の１の(6)に掲げるもちを除く。）の原材料である米穀を除く。）をいう。
以下同じ。）の原産地を、原材料名に対応させて、次に定めるところにより表示
する。

一　対象原材料が生鮮食品であるもの（別表第十五の２から５までに掲げるも
のを除く。）にあっては、次に定めるところにより表示する。

イ　国産品にあっては国産である旨を、輸入品にあっては原産国名を表示す
る。ただし、国産品にあっては、国産である旨の表示に代えて次に掲げる
地名を表示することができる。

㋑　農産物にあっては、都道府県名その他一般に知られている地名

㋺　畜産物にあっては、主たる飼養地（最も飼養期間が長い場所をいう。
以下同じ。）が属する都道府県名その他一般に知られている地名

㋩　水産物にあっては、生産（採取及び採捕を含む。以下同じ。）した水
域の名称（以下「水域名」という。）、水揚げした港名、水揚げした港又
は主たる養殖場（最も養殖期間の長い場所をいう。以下同じ。）が属す
る都道府県名その他一般に知られている地名

ロ　輸入された水産物にあっては、原産国名に水域名を併記することができる。

二　対象原材料が加工食品であるもの（別表第十五の2から5までに掲げるものを除く。）にあっては、次に定めるところにより表示する。

　　イ　国産品にあっては、国内において製造された旨を「国内製造」と、輸入品にあっては外国において製造された旨を「〇〇製造」と表示する（〇〇は、原産国名とする。）。ただし、国産品にあっては、「国内製造」の表示に代えて、「〇〇製造」と表示する（〇〇は、都道府県名その他一般に知られている地名とする。）ことができる。

　　ロ　イの規定による原産地の表示に代えて、当該対象原材料に占める重量の割合が最も高い生鮮食品の名称と共にその原産地を表示することができる。

　　ハ　別表第十五の1に掲げるものにあっては、イの規定にかかわらず、当該対象原材料に占める重量の割合が最も高い生鮮食品の名称と共にその原産地を表示する。

三　一及び二の規定により表示することとされる原産地が2以上ある場合にあっては、対象原材料に占める重量の割合の高いものから順に表示する。

四　一及び二の規定により表示することとされる原産地が3以上ある場合にあっては、対象原材料に占める重量の割合の高いものから順に2以上表示し、その他の原産地を「その他」と表示することができる。

五　別表第十五の1に掲げるものの対象原材料及び2から6までの規定により原産地を表示する原材料以外の対象原材料にあっては、次のいずれかに該当し、かつ、三及び四の規定により表示することが困難な場合には、次に定めるところにより表示することができる。

　　イ　対象原材料として2以上の原産地のものを使用し、かつ、当該対象原材料に占める重量の割合の順序が変動する可能性がある場合であって、次に掲げる要件の全てに該当する場合には、三の規定にかかわらず、使用される可能性がある原産地を、過去の一定期間における使用実績又は将来の一定期間における使用計画における対象原材料に占める重量の割合（以下「一定期間使用割合」という。）の高い原産地から順に、「又は」の文字を用いて表示することができる。

　　　　㈠　過去の一定期間における使用実績に基づき原産地を表示した場合にはその旨、将来の一定期間における使用計画に基づき原産地を表示した場合にはその旨が認識できるよう、一定期間使用割合の高いものから順に

表示した旨を、容器包装の原料原産地名に近接した箇所に表示すること。

(ロ)　一定期間使用割合が5パーセント未満である対象原材料の原産地（前号の規定に基づき「その他」と表示されたものを除く。）については、当該原産地の表示の次に括弧を付して、当該一定期間使用割合が5パーセント未満である旨を表示すること。

(ハ)　過去又は将来の一定期間において、対象原材料として使用する2以上の原産地のものの当該対象原材料に占める重量の割合の順序の変動があること及びこれらの一定期間使用割合の順を示す資料を保管すること。

ロ　対象原材料として3以上の外国が原産地のものを使用し、かつ、当該対象原材料に占める重量の割合の順序が変動する可能性がある場合であって、過去又は将来の一定期間における当該原産地の当該対象原材料に占める重量の割合の順序の変動を示す資料を保管している場合には、三の規定にかかわらず、原産国名の表示に代えて、輸入品である旨を、対象原材料が生鮮食品である場合には「輸入」等と、対象原材料が加工食品である場合には「外国製造」等と表示することができる。

八　対象原材料として国産品及び3以上の外国が原産地のものを使用し、かつ、当該対象原材料に占める重量の割合の順序が変動する可能性がある場合であって、次に掲げる要件の全てに該当する場合には、三の規定にかかわらず、使用される可能性がある原産地として、対象原材料が生鮮食品である場合には国産である旨及び輸入品である旨を「国産又は輸入」等と、対象原材料が加工食品である場合には国内において製造された旨及び外国において製造された旨を「国内製造又は外国製造」等と、一定期間使用割合の高いものから順に表示することができる。

(イ)　過去の一定期間における使用実績に基づき原産地を表示した場合にはその旨、将来の一定期間における使用計画に基づき原産地を表示した場合にはその旨が認識できるよう、一定期間使用割合の高いものから順に表示した旨を、容器包装の原料原産地名に近接した箇所に表示すること。

(ロ)　一定期間使用割合が5パーセント未満である対象原材料の原産地については、当該原産地の表示の次に括弧を付して、当該一定期間使用割合が5パーセント未満である旨を表示すること。

(ハ)　過去又は将来の一定期間において、対象原材料として使用する3以上

の外国が原産地のものの当該対象原材料に占める重量の割合の順序の変動があること、３以上の外国が原産地である対象原材料と国産品である対象原材料の当該対象原材料に占める重量の割合の順序の変動があること及びこれらの一定期間使用割合の順を示す資料を保管すること。

　六　別表第十五の１に掲げるものにあっては、対象原材料として２以上の原産地のものを使用し、かつ、当該対象原材料に占める重量の割合の順序が変動する可能性がある場合には、三の規定にかかわらず、使用される可能性がある原産地を、一定期間使用割合の高い原産地から順に表示することができる。この場合において、一定期間において使用した割合の高いものから順に表示したことが認識できるよう、必要な表示をしなければならない。

２〜６　（省略）

７　１から６までの規定により表示することとされる原産地以外の原材料の原産地を、１の規定により表示することができる。

輸入品
原産国名
原産国名を表示する。

３　前２項の規定にかかわらず、次の表の上欄に掲げる表示事項の表示は、同表の下欄に掲げる区分に該当する食品にあってはこれを省略することができる。

保存の方法
７　酒類

消費期限又は賞味期限
７　酒類

栄養成分の量及び熱量
以下に掲げるもの（栄養表示（栄養成分若しくは熱量に関する表示及び栄養成分の総称、その構成成分、前駆体その他これらを示唆する表現が含まれる表示をいう。以下同じ。）をしようとする場合、特定保健用食品及び機能性表示食品を除く。） 二　酒類

（義務表示の特例）

第５条　前二条の規定にかかわらず、次の表の上欄に掲げる場合にあっては、同表の

下欄に掲げる表示事項の表示は要しない。

酒類を販売する場合
原材料名　アレルゲン　原産国名

（任意表示）

第7条　食品関連事業者が一般用加工食品を販売する際に、次の表の上欄に掲げる表示事項（特色のある原材料等に関する事項にあっては、酒類を販売する場合、食品を製造し、又は加工した場所で販売する場合及び不特定又は多数の者に対して譲渡（販売を除く。）する場合を除く。）が当該一般用加工食品の容器包装に表示される場合には、同表の下欄に定める表示の方法に従い表示されなければならない。

糖類（単糖類又は二糖類であって、糖アルコールでないものに限る。以下この項において同じ。）を添加していない旨
次に掲げる要件の全てに該当する場合には、糖類を添加していない旨の表示をすることができる。 　一　いかなる糖類も添加されていないこと。 　二　糖類（添加されたものに限る。）に代わる原材料（複合原材料を含む。）又は添加物を使用していないこと。 　三　酵素分解その他何らかの方法により、当該食品の糖類含有量が原材料及び添加物に含まれていた量を超えていないこと。 　四　当該食品の100グラム若しくは100ミリリットル又は一食分、一包装その他の一単位当たりの糖類の含有量を表示していること。

（表示の方式等）

第8条　第3条及び第4条に掲げる事項（栄養成分の量及び熱量については、第3条、第4条及び前2条に掲げる事項）の表示は、次の各号に定めるところによりされなければならない。ただし、（以下略）

　一　邦文をもって、当該食品を一般に購入し、又は使用する者が読みやすく、理解しやすいような用語により正確に行う。

　二　容器包装（容器包装が小売のために包装されている場合は、当該包装）を開かないでも容易に見ることができるように当該容器包装の見やすい箇所（栄養成分の量及び熱量の表示に関し、同一の食品が継続的に同一人に販売されるもので

あって、容器包装に表示することが困難な食品（特定保健用食品及び機能性表示食品を除く。）にあっては、当該食品の販売に伴って定期的に購入者に提供される文書）に表示する。

三　名称、原材料名、添加物、原料原産地名、内容量、固形量、内容総量、消費期限、保存の方法、原産国名及び食品関連事業者の表示は別記様式一により、栄養成分（たんぱく質、脂質、炭水化物及びナトリウム（食塩相当量に換算したもの））の量及び熱量の表示は別記様式二（たんぱく質、脂質、炭水化物及び食塩相当量に換算したナトリウム以外の栄養成分もこれと併せて表示する場合にあっては、別記様式三）により行う。ただし、別記様式一から別記様式三までにより表示される事項が別記様式による表示と同等程度に分かりやすく一括して表示される場合は、この限りでない。

四　名称は、前号に規定する別記様式一の枠内ではなく、商品の主要面に表示することができる。この場合において、内容量、固形量又は内容総量についても、前号に規定する別記様式一の枠内ではなく、名称と同じ面に表示することができる。

五　製造所又は加工所の所在地及び製造者又は加工者の氏名又は名称は、食品関連事業者の氏名又は名称及び住所と近接して表示しなければならない。

六　製造所の所在地及び製造者の氏名又は名称を製造所固有記号をもって表示する場合にあっては、原則として、食品関連事業者の氏名又は名称の次に表示する。

七　特定保健用食品にあっては、特定の保健の目的が期待できる旨の表示は、添付する文書への表示をもって、容器包装への表示に代えることができる。

八　表示に用いる文字及び枠の色は、背景の色と対照的な色とする。

九　表示に用いる文字は、日本産業規格Ｚ8305（1962）（以下「JISZ8305」という。）に規定する8ポイントの活字以上の大きさの文字とする。ただし、表示可能面積がおおむね150平方センチメートル以下のもの及び印刷瓶に入れられた一般用加工食品であって、表示すべき事項を蓋（その面積が30平方センチメートル以下のものに限る。）に表示するものにあっては、JISZ8305に規定する5.5ポイントの活字以上の大きさの文字とすることができる。蓋に表示をする場合であって、内容量以外の事項を全て蓋に表示する場合には、内容量の表示は、蓋以外の箇所にすることができる。

（表示禁止事項）

第９条　食品関連事業者は、第３条、第４条、第６条及び第７条に掲げる表示事項に関して、次に掲げる事項を一般用加工食品の容器包装に表示してはならない。

一　実際のものより著しく優良又は有利であると誤認させる用語

二　第３条及び第４条の規定により表示すべき事項の内容と矛盾する用語

三　乳児用規格適用食品以外の食品にあっては、乳児用規格適用食品である旨を示す用語又はこれと紛らわしい用語

四　分別生産流通管理が行われたことを確認した非遺伝子組換え農産物を原材料とする食品（当該食品を原材料とするものを含む。）以外の食品にあっては、当該食品の原材料である別表第十七の上欄に掲げる作物が非遺伝子組換え農産物である旨を示す用語

五　組換えＤＮＡ技術を用いて生産された農産物の属する作目以外の作目を原材料とする食品にあっては、当該農産物に関し遺伝子組換えでないことを示す用語

六　産地名を示す表示であって、産地名の意味を誤認させるような用語

七　ナトリウム塩を添加している食品にあっては、ナトリウムの量

八　機能性表示食品にあっては、次に掲げる用語

　イ　疾病の治療効果又は予防効果を標榜する用語

　ロ　第七条の規定に基づく栄養成分の補給ができる旨の表示及び栄養成分又は熱量の適切な摂取ができる旨の表示をする場合を除き、消費者庁長官に届け出た機能性関与成分以外の成分（別表第九の第一欄に掲げる栄養成分を含む。）を強調する用語

　ハ　消費者庁長官の評価、許可等を受けたものと誤認させるような用語

　ニ　別表第九の第一欄に掲げる栄養成分の機能を示す用語

九　栄養機能食品にあっては、次に掲げる用語

　イ　別表第十一に掲げる栄養成分以外の成分の機能を示す用語

　ロ　特定の保健の目的が期待できる旨を示す用語

十　保健機能食品（特定保健用食品、機能性表示食品及び栄養機能食品をいう。以下同じ。）以外の食品にあっては、保健機能食品と紛らわしい名称、栄養成分の機能及び特定の保健の目的が期待できる旨を示す用語

十一　屋根型紙パック容器の上端の一部を一箇所切り欠いた表示（ただし、牛乳について、別表第二十一に掲げる方法により表示する場合を除く。）

十二　等級のある日本農林規格の格付対象品目であって、等級の格付が行われた食品以外のものにあっては、等級を表す用語

十三　その他内容物を誤認させるような文字、絵、写真その他の表示

2　前項に規定するもののほか、別表第二十二の上欄に掲げる食品にあっては、同表の下欄に掲げる表示禁止事項を容器包装に表示してはならない。

第2款　業務用加工食品

（義務表示）

第10条　食品関連事業者が業務用加工食品を販売する際（容器包装に入れないで、かつ、設備を設けて飲食させる施設における飲食の用に供する場合、食品を製造し、若しくは加工した場所における販売の用に供する場合又は不特定若しくは多数の者に対する譲渡（販売を除く。）の用に供する場合を除く。）には、次の各号に掲げる表示事項がそれぞれ第3条及び第4条に定める表示の方法に従い表示されなければならない。この場合において、第3条第1項ただし書の規定は適用しない。

一　名称

四　原材料名

五　添加物

六　食品関連事業者の氏名又は名称及び住所

七　製造所又は加工所の所在地及び製造者又は加工者の氏名又は名称

九　L－フェニルアラニン化合物を含む旨

十一　原料原産地名（一般用加工食品の用に供する業務用加工食品の原材料であって、当該一般用加工食品において第3条第2項の表の輸入品以外の加工食品の項の規定による原料原産地の表示の義務があるもの（同項下欄の1の二のロの規定により当該一般用加工食品の対象原材料に占める重量の割合が最も高い生鮮食品の原産地を表示することを売買の当事者である食品関連事業者間で合意した場合（次号及び第24条において「当事者間で合意した場合」という。）にあっては、当該生鮮食品。）となるものの原産地に限る。）

十二　原産国名（一般用加工食品の用に供する業務用加工食品であって、当該一般用加工食品において第3条第2項の表の輸入品以外の加工食品の項の規定による原料原産地の表示の義務がある原材料となるもの（当事者間で合意した場合を除

く。）及び輸入後にその性質に変更を加えない輸入品の原産国名に限る。）

2　前項第７号の表示をする際には、第３条第１項の表の製造所又は加工所の所在地（輸入品にあっては輸入業者の営業所の所在地）及び製造者又は加工者の氏名又は名称（輸入品にあっては輸入業者の氏名又は名称）の項の下欄中次の表の上欄に掲げる字句は、同表の下欄に掲げる字句とする。

3　1の規定にかかわらず、原則として同一製品を２以上の製造所で製造している場合にあっては、製造者の住所及び氏名又は名称並びに製造者が消費者庁長官に届け出た製造所固有の記号（アラビア数字、ローマ字、平仮名若しくは片仮名又はこれらの組合せによるものに限る。以下この項において同じ。）又は販売者の住所、氏名又は名称並びに製造者及び販売者が連名で消費者庁長官に届け出た製造者の製造所固有の記号（以下「製造所固有記号」という。）の表示をもって製造所の所在地及び製造者の氏名又は名称の表示に代えることができる。この場合においては、次に掲げるいずれかの事項を表示しなければならない。 　一　製造所の所在地又は製造者の氏名若しくは名称の情報の提供を求められたときに回答する者の連絡先 　二　製造所固有記号が表す製造所の所在地及び製造者の氏名又は名称を表示したウェブサイトのアドレス（二次元コードその他のこれに代わるものを含む。） 　三　当該製品を製造している全ての製造所の所在地又は製造者の氏名若しくは名称及び製造所固有記号
3　1の規定にかかわらず、製造者の住所及び氏名又は名称並びに製造者が消費者庁長官に届け出た製造所固有の記号（アラビア数字、ローマ字、平仮名若しくは片仮名又はこれらの組合せによるものに限る。以下この項において同じ。）又は販売者の住所、氏名又は名称並びに製造者及び販売者が連名で消費者庁長官に届け出た製造者の製造所固有の記号（以下「製造所固有記号」という。）の表示をもって製造所の所在地及び製造者の氏名又は名称の表示に代えることができる。

3　第１項の規定にかかわらず、次の各号に掲げる表示事項は、それぞれ当該各号に定める表示の方法により表示することができる。

　一　原材料名　原材料に占める重量の割合については、その高い順が分かるように表示する。

二　添加物　添加物に占める重量の割合については、その高い順が分かるように表示する。

三　原料原産地名　原材料の重量に占める割合（一定期間使用割合を含む。）については、その割合が高い原産地の順が分かるように表示する。

4　前三項の規定にかかわらず、次の表の上欄に掲げる表示事項の表示は、同表の下欄に掲げる区分に該当する食品にあってはこれを省略することができる。

保存の方法
以下に掲げるもの（食品衛生法第13条第1項の規定により保存の方法の基準が定められた食品を除く。） 二　酒類

消費期限又は賞味期限
酒類

（義務表示の特例）

第11条　前条の規定にかかわらず、次の表の上欄に掲げる場合にあっては、同表の下欄に定める表示事項の表示は要しない。

業務用酒類（消費者に販売される形態となっている酒類以外のものをいう。）を販売する場合
原材料名　アレルゲン　原産国名

設備を設けて飲食させる施設における飲食の用に供する場合、食品を製造し、若しくは加工した場所における販売の用に供する場合又は不特定若しくは多数の者に対する譲渡（販売を除く。）の用に供する場合
原材料名　食品関連事業者の氏名又は名称及び住所　原料原産地名　原産国名

容器包装に入れないで販売する場合
保存の方法　消費期限又は賞味期限　製造所又は加工所の所在地及び製造者又は加工者の氏名又は名称　アレルゲン　L－フェニルアラニン化合物を含む旨 （後略）

（任意表示）

第12条　食品関連事業者が業務用加工食品を販売する際に、次の表の上欄に掲げる表示事項（特色のある原材料等に関する事項にあっては、業務用酒類を販売する場

合、食品を調理して供与する施設における飲食の用に供する場合、食品を製造し、又は加工した場所における販売の用に供する場合及び不特定又は多数の者に対する譲渡（販売を除く。）の用に供する場合を除く。）が当該食品の容器包装、送り状、納品書等（製品に添付されるものに限る。以下同じ。）又は規格書等（製品に添付されないものであって、当該製品を識別できるものに限る。以下同じ。）に表示される場合には、同表の下欄に定める表示の方法に従い表示されなければならない。

特色のある原材料等に関する事項
第7条の表の特色のある原材料等に関する事項の項に定める表示の方法を準用する。

（表示の方式等）

第13条　第10条及び前条の表示は、次に定めるところによりされなければならない。

一　邦文をもって、当該食品を一般に購入し、又は使用する者が読みやすく、理解しやすいような用語により正確に行う。

三　製造所の所在地及び製造者の氏名又は名称を製造所固有記号をもって表示する場合にあっては、原則として、食品関連事業者の氏名又は名称の次に表示する。

（表示禁止事項）

第14条　食品関連事業者が販売する業務用加工食品の容器包装、送り状、納品書等又は規格書等への表示が禁止される事項については、第9条第1項（第12号を除く。）の規定を準用する。

第2節　食品関連事業者以外の販売者に係る基準

（義務表示）

第15条　食品関連事業者以外の販売者が容器包装に入れられた加工食品を販売する際には、次の各号に掲げる表示事項（酒類にあっては、第6号に掲げる表示事項を除く。）が第3条及び第4条に定める表示の方法に従い表示されなければならない。この場合において、第3条第1項ただし書及び同項の表の名称の項の2の規定は適用しない。

一　名称

二　保存の方法

三　消費期限又は賞味期限

四　添加物

五　製造所又は加工所の所在地及び製造者又は加工者の氏名又は名称

六　アレルゲン

七　L－フェニルアラニン化合物を含む旨

七の二　指定成分等含有食品に関する事項

八　遺伝子組換え食品に関する事項（遺伝子組換え農産物及び非遺伝子組換え農産物が分別されていない旨の表示並びに分別生産流通管理が行われた非遺伝子組換え農産物である旨の表示に限る。）

（以下略）

（表示の方式等）

第16条　前条の表示は、第8条第1項（第3号を除く。）の規定に定めるところに従いされなければならない。

（表示禁止事項）

第17条　食品関連事業者以外の販売者が販売する加工食品の容器包装への表示が禁止される事項については、第9条第1項の規定を準用する。

附　則

第4条　この府令の施行の日から令和2年3月31日までに製造され、加工され、又は輸入される加工食品（業務用加工食品を除く。）及び添加物（業務用添加物を除く。）並びに同日までに販売される業務用加工食品及び業務用添加物の表示については、第2章及び第4章の規定にかかわらず、なお従前の例によることができる。

別表第一（第2条関係）

25　飲料等

　　飲料水、清涼飲料、酒類、氷、その他の飲料

別表第六（第3条関係）

甘味料	甘味料
着色料	着色料
保存料	保存料
増粘剤、安定剤、ゲル化剤又は糊料	主として増粘の目的で使用される場合にあっては、増粘剤又は糊料　主として安定の目的で使用される場合にあっては、安定剤又は糊料　主としてゲル化の目的で使用される場合にあっては、ゲル化剤又は糊料
酸化防止剤	酸化防止剤
発色剤	発色剤
漂白剤	漂白剤
防かび剤又は防ばい剤	防かび剤又は防ばい剤

別記様式一（第8条関係）

名称 原材料名 添加物 原料原産地名 内容量 固形量 内容総量 消費期限 保存方法 原産国名 製造者

備考

1　この様式中「名称」とあるのは、これに代えて、「品名」、「品目」、「種類別」又は「種類別名称」と表示することができる。

2　添加物については、事項欄を設けずに、原材料名の欄に原材料名と明確に区分して表示することができる。

3　原料原産地名については、事項欄を設けずに、対応する原材料名の次に括弧を付して表示することができる。

4　消費期限に代えて賞味期限を表示すべき場合にあっては、この様式中「消費期限」を「賞味期限」とする。

5　食品関連事業者が、販売業者、加工業者又は輸入業者である場合にあっては、この様式中「製造者」とあるのは、それぞれ「販売者」、「加工者」又は「輸入者」とする。

6　原材料名、原料原産地名、内容量及び消費期限又は賞味期限を他の事項と一括して表示することが困難な場合には、表示事項を一括して表示する箇所にその表示箇所を表示すれば他の箇所に表示することができる。

7　消費期限又は賞味期限の表示箇所を表示して他の箇所に表示する場合において、保存の方法についても、表示事項を一括して表示する箇所にその表示箇所を表示すれば消費期限又は賞味期限の表示箇所に近接して表示することができる。

8　第8条第4号の規定に至づき名称を商品の主要面に表示した場合にあっては、この様式中、名称の事項を省略することができる。内容量、固形量又は内容総量を名称とともに主要面に表示した場合も同様とする。

9　第3条第2項の表の上欄に掲げる食品に該当しない食品にあっては、同表の中欄に定める事項、第3条第3項により省略できる事項又は第5条の規定により表示しない事項については、この様式中、当該事項を省略する。

10　この様式は、縦書とすることができる。

11　この様式の枠を表示することが困難な場合には、枠を省略することができる。

12　不当景品類及び不当表示防止法（昭和37年法律第134号）第11条第1項の規定に至づき公正競争規約に定められた表示事項その他法令により表示すべき事項及び消費者の選択に資する適切な表示事項は、枠内に表示することができる。

別記様式二（第8条、第22条、第35条関係）

栄養成分表示	
食品単位当たり	
熱量	kcal
たんぱく質	g
脂質	g
炭水化物	g
食塩相当量	g

備考

1　食品単位は、100g、100㎖、1食分、1包装その他の1単位のいずれかを表
示する。この場合において、1食分である場合は、1食分の量を併記して表示する。

2　この様式中の栄養成分及び熱量の順を変更してはならない。

3　栄養成分の量及び熱量であって一定の値を0とするものについては、当該栄養成
分又は熱量である旨の文字を冠して一括して表示することができる。

4　この様式の枠を表示することが困難な場合には、枠を省略することができる。

食品表示法の概要
（酒類表示編）

令和２年３月
国税庁酒税課

－ 目次 －

〔概論〕

〔適用関係〕

〔各表示項目のポイント〕

　このパンフレットは、酒類における食品表示法等の取扱いのポイントをまとめたものです。

　酒類の表示に関する個別具体的なご相談・ご質問等に関しては、最寄りの国税局・税務署にお問い合わせいただくほか、国税庁ホームページに掲載している「食品表示法における酒類の表示のQ＆A」を併せてご参照ください。

食品表示基準の構成

【食品表示基準（平成27年内閣府令第10号）】
第1章　総則（1条、2条）
第2章　加工食品
第1節　食品関連事業者に係る基準
第1款　一般用加工食品（3条〜9条）
第2款　業務用加工食品（10条〜14条）
第2節　食品関連事業者以外の販売者に係る基準（15条〜17条）
第3章　生鮮食品（18条〜31条）
第4章　添加物（32条〜39条）
第5章　雑則（40条、41条）附則

【食品表示基準（抜粋）】
　「加工食品」 製造又は加工された食品として<u>別表第1</u>に掲げるものをいう。（2条）
　⇒　別表第1（食品表示基準の対象となる加工食品を定めるもの）
　　　25「飲料等」 飲料水、清涼飲料、**酒類**、氷、その他の飲料

▶　酒類　＝「加工食品」に該当します

食品区分 食品関連事業者等		加工食品	生鮮食品	添加物
食品関連事業者	一般用	第2章第1節第1款 3条〜9条	第3章第1節第1款 18条〜23条	第4章第1節 32条〜36条
	業務用	第2章第1節第2款 10条〜14条	第3章第1節第2款 24条〜28条	
食品関連事業者 以外の販売者		第2章第2節 15条〜17条	第3章第2節 29条〜31条	第4章第2節 37条〜39条

※　「食品関連事業者」とは、食品の製造、加工（調整及び選別を含みます。）若しくは輸入を業とする者（当該食品の販売をしない者を除きます。）又は食品の販売を業とする者をいいます。
※　「製造」とは、酒類醸造などその原料として使用したものとは本質的に異なる新たな物を作り出すことをいい、「加工」とは、容器詰めやろ過などあるものを原料としてその本質は保持させつつ、新たな属性を付加することをいいます。
※　「食品関連事業者以外の販売者」とは、例えば、学校のバザー等の催事で自家製飲食物を販売する者など、反復性、継続性のない販売を行う販売者のことをいい、食品関連事業者とは別区分となっています。

3

酒類における食品表示基準の適用開始時期

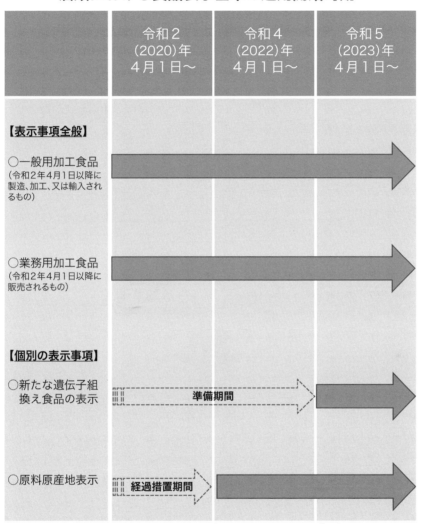

	令和2 (2020)年 4月1日〜	令和4 (2022)年 4月1日〜	令和5 (2023)年 4月1日〜
【表示事項全般】 ○一般用加工食品 (令和2年4月1日以降に 製造、加工、又は輸入され るもの)			
○業務用加工食品 (令和2年4月1日以降に 販売されるもの)			
【個別の表示事項】 ○新たな遺伝子組 換え食品の表示	準備期間		
○原料原産地表示	経過措置期間		

※　酒類においては、消費者に販売される容器包装に入れられたものが「一般用加工食品」に該当し、酒類製造業者間で未納税取引されているようなものが「業務用加工食品」に該当します。

※　添加物の表示は、令和2年4月1日以降に製造、加工又は輸入されるものから適用が開始されます。

4

食品表示基準と酒類業組合法との関係性

酒税の保全及び酒類業組合等に関する法律

○アルコール分
○発泡性を有する旨
○税率適用区分　など

●名称(品目)
●内容量
●製造者の氏名又は名称
●製造場(所)の所在地　など

○消費期限又は賞味期限
○添加物
○食品関連事業者など

食品表示基準

それぞれの法律の目的を達成するために必要な事項

▶ 各法律の目的に沿った義務の履行が求められています

※　食品表示基準と酒類業組合法で共通する表示事項については、一つの表示で両者の内容の
　　表示がなされている場合、重複表示は不要です。

5

一般用加工食品（酒類）の表示

横断的義務事項 （食品表示基準3条1項）	特定の商品は 義務表示 （同3条2項）

※ **太字**の項目は、酒類の表示で必要なもの。

名称（品目）	その内容を表す一般的な名称（清酒等の品目）を表示
保存方法	酒類は省略可能（同3条3項）^{※1}
消費期限又は賞味期限	酒類は省略可能（同3条3項）^{※1}
原材料名	酒類は省略可能（同5条1項）^{※2} （清酒は清酒の製法品質表示基準により、国内製造ワインは果実酒等の製法品質 表示基準により原材料名の表示義務があります。）
添加物	**使用された添加物を重量順に全て表示**
内容量	**内容量　○○mlなどと表示**
栄養成分表示	酒類は省略可能（同3条3項）^{※1}
食品関連事業者の氏名 又は名称及び住所	**食品関連事業者（製造者・加工者・販売者・輸入者）のうち表示内容 に責任を有する者の氏名又は名称及び住所を表示**
製造所等の所在地及び 製造者等の名称等	**国内製造（加工）品にあっては、その製造（加工）所 輸入品にあっては、輸入者の住所（所在地）・氏名（名称）を表示**
アレルゲン	酒類は省略可能（同5条1項）^{※2}
L－フェニルアラニン 化合物を含む食品	**L－フェニルアラニン化合物が含まれている場合はその旨を表示**
遺伝子組換え 【新任意表示：令和5年4月1日 以降適用】	**遺伝子組換え又は遺伝子組換え不分別である対象農産物が含ま れる場合はその旨を表示** 　(注)　酒類については遺伝子組換え表示の義務がない場合あり
原料原産地名 【令和4年4月1日以降適用】	**国内で製造・加工された酒類を含む全ての加工食品が表示対象**
原産国名	酒類は省略可能（同5条1項）^{※2} （外国産清酒及び日本酒と外国産清酒を混和した清酒は清酒の製法品質表示基準 により、輸入ワインは果実酒等の製法品質表示基準により原産国名の表示義務が あります。）

※1　食品表示基準上表示を省略することが可能なもの（保存方法、消費期限又は賞味期限、
　　栄養成分の量及び熱量）を表示しようとするときは、食品表示基準で定める方法により表
　　示しなければなりません。

※2　食品表示基準上表示義務がないもの（原材料名、アレルゲン、原産国名）を表示しようとす
　　るときは、食品表示基準で定める方法により表示するよう努める必要があります（同41条）。

(注)　清酒については、清酒の製法品質表示基準により製造時期の表示義務があります。また、製
　　成後加熱処理をしないで移出する清酒については、保存若しくは飲用上の注意事項の表示義
　　務があります。

6

表示方式

○　消費者に分かりやすい表示を行うため、義務表示に用いる文字について色・ポイント数が規定されています。
○　義務表示事項の一部について、一括表示欄による表示が義務付けられています。

1　表示に用いる文字の色・ポイント数

食品表示基準で定められた義務表示事項に用いる文字については、背景の色と対照的な色とし、名称（品目）を除き、日本産業規格に規定する8ポイントの活字以上の大きさとしなければなりません。

ただし、表示可能面積がおおむね150平方センチメートル以下のもの等は、5.5ポイントの活字以上の大きさとすることができます。

※　酒類の品目のポイント数については、別途酒税法及び酒類行政関係法令等解釈通達（酒類業組合法条の5酒類の品目等の表示義務2（3））に従って表示する必要があります。

2　一括表示欄による表示

以下の項目について、別記様式一（枠囲み）により表示しなければなりません。

ただし、各項目を罫線で区切る等別記様式による表示と同等程度に分かりやすく一括して表示することも可能です。

（別記様式一表示例）
※　食品表示基準上、酒類で表示が必要とされている事項を記載。

名称（品目）	※　商品の主要面に表示する場合に省略することができます。
添加物	
原料原産地名	
内容量	※　名称（品目）とともに商品の主要面に表示する場合に省略することができます。
食品関連事業者	※　製造者、加工者、輸入者又は販売者の氏名又は名称及び住所を記載します。

※　酒類において表示不要とされている「原材料名」及び「原産国名」は、清酒の製法品質表示基準又は果実酒等の製法品質表示基準により、表示を要する場合があります。
※　製造（又は加工）所の所在地及び製造（又は加工）者の氏名又は名称は、食品関連事業者の氏名又は名称及び住所と近接して表示しなければならないため、別記様式一の枠内に表示するか、食品関連事業者の表示に近接する枠外に表示する必要があります。
※　法令により記載すべき事項及び消費者の選択に資する適正な表示は、枠内に表示することができます。
※　原料原産地名及び内容量を他の事項と一括して表示することが困難な場合には、表示事項を一括して表示する箇所にその表示箇所を表示すれば、他の箇所に表示することができます。
※　別記様式の枠を表示することが困難な場合は、枠を省略することができます。
※　別記様式一は、縦書きとすることもできます。

7

名称（品目）の表示

○　酒類は、酒類業組合法86条の５の規定により、酒類の品目の表示義務があります。

○　食品表示基準では、その内容を表す一般的な名称を表示する義務がありますが、上記の規定により酒類の品目を表示していれば、食品表示基準に基づく当該名称を表示していることとなります。

▷　名称等を商品の主要面に表示した場合には、一括表示欄の名称等の事項を省略することができます。

【表示例】
　主要面に名称として酒類の品目である「清酒」を表示した場合には、一括表示部分の「清酒」表示は省略可能です。

（主要面）　　　　　　　　　（一括表示部分）

清酒
大手町

内容量：720ml
・・・
　　　　一括表示部分の
　　　　名称を省略可

▷　酒類の品目以外の一般的な名称（ウォッカ、ラム、ジン、濁酒など）を表示したい場合には、当該名称（品名）と酒類の品目の表示を併せて行う必要があります。

【名称（品名）と品目を併記する場合の一括表示欄の表示例】

品目：スピリッツ　　⇐　10.5ポイント（酒類業組合法による表示）
品名：ウォッカ　　　⇐　　8ポイント（食品表示法による表示）
内容量：720ml　　　　　(注)　酒類の品目の文字の大きさは、内容量と
・・・　　　　　　　　　　　　　酒類の品目の文字数で異なります。

8

添加物の表示

○ 添加物表示は、添加物を使用した酒類においても必須です。

1 添加物の種類

指定添加物 （令和2年1月15日現在）	既存添加物 （平成29年11月30日現在）	天然香料	一般飲食物 添加物
464品目 （限定列挙）	365品目 （限定列挙）	約600品目 （例示）	約100品目 （例示）

※厚生労働省ホームページより

2 添加物の表示（原則と例外）

原則として、使用した全ての添加物を「物質名」で表示します。

※ 物質名の代わりに、品名（名称又は別名）、簡略名、類別名の表示も可能です。

【表示例（原則）】
原材料名：オレンジ果汁、スピリッツ、砂糖
添 加 物 ：二酸化炭素、食用黄色4号、カロテン色素、オレンジ香料

【表示例（例外）】
原材料名：オレンジ果汁、スピリッツ、砂糖
添 加 物 ：炭酸、黄色4号、着色料（カロテン）、香料

簡略名

用途名併記
（用途名：使用目的や効果の名称）

一括名表示
（一括名：食品表示基準別表7に掲げる
添加物の物質名の代替となる名称）

※ 添加物表示が免除される場合
最終的に食品に残っていない添加物や、残っていても量が少ないために
効果が発揮されない添加物等（キャリーオーバー、加工助剤、栄養強化剤）
は表示義務が免除されます。

3 原材料名と添加物を明確に区分して表示する例

	区分表示		（スラッシュ）	（改行）	（別欄）
原材料名	オレンジ果汁、 スピリッツ	原材料名	オレンジ果汁、ス ピリッツ/炭酸	オレンジ果汁、ス ピリッツ 炭酸	オレンジ果汁、ス ピリッツ
添 加 物	炭酸				炭酸

9

内容量の表示

○ 酒類は、特定商品の販売に係る計量に関する政令(平成5年政令第249号)5条に掲げる特定商品※に該当するため、内容量又は固形量及び内容総量の表示は計量法(平成4年法律第51号)の規定によります。
※ 計量法では、生活関連物資で計量取引される可能性のある商品について「特定商品」と定めており、内容量等の表示等に関し一定の義務を課しています。

▷ 粉末酒を除く酒類は、「体積(ミリリットル(ml)、リットル(L))」で内容量を表示します。
※ 粉末酒は、計量法上「特定商品」に該当しません(内容量は食品表示基準に基づき「重量(g又はkg)」で表示。)。
※ 果実の実等の入った酒類に対する内容量の表示は、当該果実の実等を除いた酒類の内容量で表示。この場合、果実の実等の量又は果実の実等の量を加えた内容総量を併せて表示しても差し支えありません。

▷ 清酒やビールなどの名称(品目)とともに商品の主要面に内容量を表示した場合には、一括表示欄への表示を省略できます。

【表示例】　（主要面）　（一括表示部分）

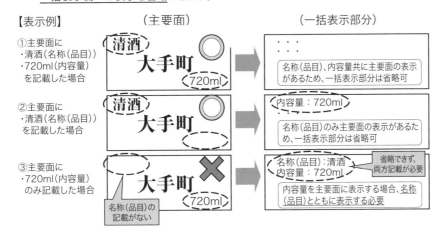

①主要面に
・清酒(名称(品目))
・720ml(内容量)
を記載した場合

②主要面に
・清酒(名称(品目))
を記載した場合

③主要面に
・720ml(内容量)
のみ記載した場合

▷ 酒類のセット商品の外箱表示については、計量法に従い、次のように表示します。

【表示例1】全くの同一酒類(1本720ml)3本セット

内容量：2,160ml（720ml詰×3本）
・・・

【表示例2】容量の異なる酒類(A商品720ml×1本、B商品300ml×2本)3本セット

内容量：1,320ml（A商品720ml詰、B商品300ml詰×2本）
・・・

又は

内容量：A商品720ml詰、B商品300ml詰×2本
・・・

10

食品関連事業者、製造（加工）者、製造（加工）所の表示①

○ 酒類を含む加工食品は、以下の表示が必要です。
1 食品関連事業者
2 製造（加工）所及び製造（加工）者
※ 1と2が同一の場合には、その事業者名と所在地を表示することで2は省略することができます。

1 食品関連事業者の氏名又は名称及び住所

食品関連事業者（製造者：酒類の製造業者、加工者：酒類の加工業者、輸入者：酒類の輸入業者、販売者：酒類の販売業者）のうちで、品質的見地から当該酒類の表示内容に責任を有する者を明らかにするため、事項とともに氏名又は名称及び住所を表示する必要があります。

なお、製造業者、加工業者又は輸入業者との合意等により、これらの者に代わって販売業者が表示を行うことも可能です。

【自社（霞が関酒造株式会社）が表示内容に責任を有する者（食品関連事業者）の場合の表示例】

製造者※1	霞が関酒造株式会社	⇐	食品関連事業者の事項及び自社の名称
	東京都千代田区霞が関Ａ－Ａ	⇐	自社の本店所在地
製造所※2	東京都千代田区大手町ａ－ａ		

※1 当該酒類の表示内容に責任を有する者である「製造者」、「加工者」、「輸入者」又は「販売者」のいずれかの事項を付して当該者の氏名又は名称及び住所を表示します。
※2 食品関連事業者の氏名又は名称及び住所と製造（又は加工）所の所在地及び製造（又は加工）者の氏名又は名称とが同一である場合には、食品関連事業者の氏名又は名称及び住所の表示のみで製造（又は加工）所の所在地及び製造（又は加工）者の氏名又は名称も表示したものとみなされます。

2 製造（加工）所の所在地及び製造（加工）者の氏名又は名称

上記食品関連事業者とは別に、衛生的見地から最終的に衛生状態を変化させた製造（又は加工）所の所在地及び製造（又は加工）者の氏名又は名称を表示します（輸入品については、輸入業者の営業所の所在地及び氏名又は名称を表示。）。

（例1）
A社製造場で製造・容器詰め（加工）された酒類を当該製造場から課税移出する場合

A社製造場
（製造・加工）　　→ 移出（課税）

【A社が表示内容に責任を有する者（食品関連事業者）の場合の表示例】

| 製造者※1 | A社※2 東京都千代田区霞が関Ａ－Ａ | ⇐ | 食品関連事業者の事項及びA社の名称、本店所在地 |
| 製造所※3 | 東京都千代田区大手町ａ－ａ | ⇐ | 最終的に衛生状態を変化させた場所（製造所）及び課税移出場所の所在地 |

※1 醸造、容器詰めのように製造、加工の一連の工程を同一事業者が行う場合の当該事業者は、「製造者」（当該場所は「製造所」）となります。
※2 食品関連事業者の氏名又は名称と製造者の氏名又は名称とが同一である場合には、食品関連事業者の氏名又は名称を表示することで両規定を満たしているものとみなされます。
※3 製造場、製造場所等の製造した場所が分かるような事項も可。

11

324

食品関連事業者、製造（加工）者、製造（加工）所の表示②

（例２）
　B社製造場で製造された酒類をA社製造場が未納税移入し、A社製造場で容器詰めして
A社製造場から課税移出する場合

B社製造場 （製造）	①移出（未納税）→	A社製造場 （加工）	②移出（課税）→

【A社が表示内容に責任を有する者（食品関連事業者）の場合】

加工者※1　　A社　東京都千代田区霞が関A－A　　⇦　食品関連事業者の事項及びA社の名称、
　　　　　　　　　　　　　　　　　　　　　　　　　　　本店所在地

加工所※2　（A社）東京都千代田区大手町a－a　　⇦　最終的に衛生状態を変化させた場所
　　　　　　　　　　　　　　　　　　　　　　　　　　　（加工所）及び課税移出場所の所在地

※1　食品関連事業者の氏名又は名称と加工者の氏名又は名称とが同一である場合には、食品関連事
　　業者の氏名又は名称を表示することで両規定を満たしているものとみなされます。
※2　「加工場」、「加工場所」等の加工した場所が分かる事項も可能。

（例３）
　A社製造場で製造された酒類をB社製造場が未納税移入し、B社製造場で容器詰めして
A社製造場が未納税移入してA社製造場から課税移出する場合

B社製造場 （加工）	①移出（未納税）→ ←②移出（未納税）	A社製造場 （加工）	③移出（課税）→

【A社が表示内容に責任を有する者（食品関連事業者）の場合】

加工者※1　　A社　東京都千代田区霞が関A－A　　⇦　食品関連事業者の事項及びA社の名称、
　　　　　　　　　　　　　　　　　　　　　　　　　　　本店所在地

製造場※2　（A社）東京都千代田区大手町a－a　　⇦　課税移出場所の所在地

加工所※3　　B社　東京都港区虎ノ門B－B　　　　⇦　最終的に衛生状態を変化させた場所
　　　　　　　　　　　　　　　　　　　　　　　　　　　（加工所）の所在地及び加工者の名称

※1　他者（B社）が最終的に衛生状態を変化させたものを販売することから、「販売者」と記載していますが、
　　A社が実際に製造も行っていることから、「製造者」と記載することも可能。
※2　「製造場所」等の製造した場所が分かる事項も可能。
※3　食品関連事業者（A社）と加工者（B社）とが異なるため、加工者の名称も記載が必要。

12

食品関連事業者、製造(加工)者、製造(加工)所の表示③

(例4)
　B社製造場で製造、容器詰めされた酒類をA社製造場が未納税移入し、当該酒類にA社製造場でラベルを貼付してA社製造場から課税移出する場合

B社製造場 (製造・加工)	①移出(未納税)→	A社製造場 (ラベル貼付)	②移出(課税)→

【A社が表示内容に責任を有する者(食品関連事業者)の場合】

販売者　　　A社　東京都千代田区霞が関A−A	⇐	食品関連事業者の事項及びA社の名称、A社の本店所在地
製造所^{※1}　B社　東京都港区虎ノ門B−B	⇐	最終的に衛生状態を変化させた場所(製造所)の所在地及び製造者の名称
販売元^{※2}　(A社)東京都千代田区大手町a−a	⇐	課税移出場所の所在地

※1　食品関連事業者(A社)と製造者(B社)が異なるため、製造者の名称も記載が必要。
※2　「販売場」、「販売場所」等の販売した場所が分かる事項も可能。

(例5)
　小売業者C社から製造委託された酒類をA社製造場で製造・容器詰めし、A社製造場から課税移出する場合

C社 (小売業者)	①製造委託 ----→	A社製造場 (製造・加工)	②移出(課税)→

【C社が表示内容に責任を有する者(食品関連事業者)の場合】

販売者　　　C社　東京都港区虎ノ門C−C	⇐	食品関連事業者の事項及びC社の名称、C社の本店所在地
製造所　　　A社　東京都千代田区大手町a−a	⇐	最終的に衛生状態を変化させた場所(製造所)の所在地及び製造者の名称、課税移出場所の所在地

13

製造所固有記号表示

○　製造所の所在地及び製造者の氏名又は名称は、原則として同一製品を２以上の製造所で製造している場合に、製造者又は製造者と販売者が連名で消費者庁長官に届け出た製造所固有記号による表示をすることができます。

○　酒類については、酒類業組合法に基づく表示により、最終的に衛生状態を変化させた者又は場所が特定できる場合には、例外として１の製造所で製造している場合であっても製造所固有記号の表示が認められる場合があります。

▷　製造所固有記号の届出は、製造所固有記号制度届出データベース※で行います。

　※　製造所固有記号制度に関する資料のウェブサイトアドレス
　　　https://www.caa.go.jp/policies/policy/food_labeling/unique_code/

　なお、食品衛生法に基づく製造所固有記号を食品表示基準の経過措置期間後も継続して使用する場合には、改めて届出を行う必要があります。

　また、有効期間５年を超えて使用する場合には、５年ごとに更新手続が必要となります。

▷　製造所固有記号を使用する場合は、「＋」を冠して表示します。

▷　課税移出する製造場の記号として、酒類業組合法に基づく記号を使用する場合には、財務大臣への届出が必要です。

○　製造所固有記号を使用する場合には、次の①から③のいずれかの事項の表示が必要です。

①　製造所の所在地又は製造者の氏名又は名称の情報の提供を求められたときに回答する者の連絡先
②　製造所固有記号が表す製造所の所在地及び製造者の氏名又は名称を表示したウェブサイトのアドレス（二次元コード等これに代わるものを含みます。）
③　当該製品を製造している全ての製造所の所在地又は製造者の氏名若しくは名称及び製造所固有記号

○　食品表示法の製造所固有記号と酒類業組合法の記号の違い

　食品表示法の製造所固有記号と酒類業組合法の記号は同一のものでも異なるものでも差し支えありません。

	食品表示法	酒類業組合法
製造所の所在地	記号表示可	記号表示可
製造者の氏名又は名称	記号表示可	記号表示不可
酒類業組合法の記号（A） 食品表示法の記号（B）	霞が関酒造株式会社 A ＋B 東京都千代田区霞が関〇－○－○	

14

L‒フェニルアラニン化合物を含む表示

○　L－フェニルアラニン化合物（アミノ酸の一種）が体内で分解できない方のため、L－フェニルアラニン化合物を含む旨の注意喚起表示が義務付けられています。

○　体内でL－フェニルアラニン化合物に分解される物質として、アスパルテーム（人工甘味料）があるため、アスパルテーム（人工甘味料）を含む酒類については、L－フェニルアラニン化合物を含む旨の注意喚起表示を行う必要があります。

■ 1　表示方法（原則）

　L－フェニルアラニン化合物やアスパルテーム（人工甘味料）を含む酒類には、次のとおり表示が必要です。

※　表示可能面積（表示が不可能な部分を除いた容器又は包装の表面積）が<u>おおむね30平方センチメートル以下であっても省略できません。</u>

【表示例】
L－フェニルアラニン化合物を含む

■ 2　表示方法（例外）

　表示可能面積がおおむね30平方センチメートル以下のものに限り、文字の多さにより表示が困難な場合は、「L－フェニルアラニン化合物を含む」旨の文言を次のとおり省略して表示しても差し支えありません。

①　添加物（アスパルテーム）を表示する場合

【表示例】
アスパルテーム（フェニルアラニン）

②　添加物（アスパルテーム）の表示を省略する場合

【表示例】
フェニルアラニンを含む

15

遺伝子組換え表示①

○　主要な原材料（原材料の重量に占める割合の高い原材料の上位３位までのもので、かつ、原材料及び添加物の合計の重量に占める割合が５％以上であるもの）に表示が義務付けられています。

○　遺伝子組換え食品の表示には、義務表示と任意表示があり、任意表示は令和５（2023）年４月１日から新基準に切り替わります。
　※　義務表示についての基準内容の変更はありません

○　ビール類（ビール・発泡酒・いわゆる新ジャンル）や焼酎、ウイスキー等の蒸留酒は、組み換えられたＤＮＡ等が加工により除去・分解され検出できないことから表示義務はありません。

1　表示義務の対象

　遺伝子組換え食品の表示義務の対象となるのは、安全性審査を経て国内流通が認められた以下の８作物及び食品群です。

【作物（８種類）】
　大豆、とうもろこし、ばれいしょ、菜種、綿実、アルファルファ、てん菜、パパイヤ
　※　大豆は、枝豆及び大豆もやしを含みます。

【加工食品（33食品群）】　※　33食品群を分かりやすく加工しているため数は一致しない

【原材料となる農産物：大豆】
　次のものを主な原材料とするもの（豆腐類及び油揚げ類、凍豆腐、おから及びゆば、納豆、豆乳類、みそ、大豆煮豆、大豆缶詰、きな粉、大豆いり豆、調理用の大豆、大豆粉、大豆たんぱく）

【原材料となる農産物：枝豆】
　枝豆を主な原材料とするもの

【原材料となる農産物：大豆もやし】
　大豆もやしを主な原材料とするもの

【原材料となる農産物：とうもろこし】
　次のものを主な原材料とするもの（コーンスナック菓子、コーンスターチ、ポップコーン、冷凍とうもろこし、とうもろこし缶詰及びとうもろこし瓶詰、コーンフラワー、コーングリッツ（コーンフレークを除く。）、調理用のとうもろこし）

【原材料となる農産物：ばれいしょ】
　次のものを主な原材料とするもの（ポテトスナック菓子、乾燥ばれいしょ、冷凍ばれいしょ、ばれいしょでん粉、調理用ばれいしょ）

【原材料となる農産物：アルファルファ】
　アルファルファを主な原材料とするもの

【原材料となる農産物：てん菜】
　調理用てん菜を主な原材料とするもの

【原材料となる農産物：パパイヤ】
　パパイヤを主な原材料とするもの

16

遺伝子組換え表示②

■ 2 　義務表示

【分別生産流通管理をした遺伝子組換え農産物を原料とする場合】
▶ 分別生産流通管理が行われた遺伝子組換え農産物である旨を表示
　※　分別生産流通管理（ＩＰハンドリング）とは、遺伝子組換え農産物と非遺伝子組換え農産物を生産、流通、加工の各段階で相互に混入が起こらないよう管理し、そのことが書類等により証明されていることをいいます。

【遺伝子組換え農産物と非遺伝子組換え農産物が分別されていない農産物を原料とする場合】
▶ 遺伝子組換え農産物と非遺伝子組換え農産物が分別されていない旨を表示

■ 3 　任意表示（現行基準：令和５（2023）年３月31日まで）

　分別生産流通管理をして、意図せざる混入を５％以下に抑えている大豆及びとうもろこし並びにそれらを原材料とする酒類

▶ 「遺伝子組換えでないものを分別」、「遺伝子組換えでない」等の表示が可能

■ 4 　任意表示（新基準：令和５（2023）年４月１日以降適用）

・　分別生産流通管理をして、意図せざる混入を５％以下に抑えている大豆及びとうもろこし並びにそれらを原材料とする酒類

　▶ 適切に分別生産流通管理された旨の表示が可能（適用前でも表示可能）。

・　分別生産流通管理をして、遺伝子組換えの混入がないと認められる大豆及びとうもろこし並びにそれらを原材料とする酒類

　▶ 「遺伝子組換えでない」、「非遺伝子組換え」等の表示が可能。

　　※　大豆及びとうもろこし以外の対象農産物に、意図せざる混入率の定めはないため、これらを原材料とする加工食品に「遺伝子組換えでない」と表示する場合は、遺伝子組換えの混入が認められないことが条件です。

17

原料原産地表示①

> ○ 国内で製造した酒類を含む全ての加工食品（輸入品を除く。）に原料原産地表示が義務化されました（令和4(2022)年3月31日まで経過措置期間）。
> ○ 使用した原材料に占める重量割合が最も高い原材料が表示対象です。当該原材料の原産地を原材料名に対応させて表示することとなります。
> ○ 生鮮原材料は「原産国」を、加工原材料は「製造地」を表示するのが基本となります（例：りんご(アメリカ)、りんご果汁(アメリカ製造)）。
> ○ 「国別重量順表示」が原則です。使用する原材料の原産地ごとの重量順位の変動が見込まれる等、原則表示が困難な場合は「又は表示」、「大括り表示」及び「大括り表示＋又は表示」が可能です。
> ○ 清酒、単式蒸留焼酎、みりん、果実酒及び甘味果実酒については、米穀等の取引等に係る情報の記録及び産地情報の伝達に関する法律又は酒類業組合法に基づく表示の基準により、重量割合上位1位の原材料の原産地が表示されている場合は、食品表示基準の原料原産地表示の規定の適用はありません。

■ 1 国別重量順表示（原則）

表示をしようとする時点（製造日）を含む今後の1年間で使用する原材料の産地が、1か国の場合や2か国以上の場合で産地の配合割合が一定している等、産地の重量順の変動がない場合の表示方法※。

※ 国別の重量順位の変動や産地切替えが行われる見込みがある場合であっても、包装資材の切替え等ができる場合は本方法で表示します。

原材料の産地について、国別に重量の割合のものから順に国名を「、(読点)」でつないで表示します。産地が3か国以上ある場合には、3か国目以降を「その他」と表示することができます。

原材料名	麦 (アメリカ) 、麦芽、…

原材料名	麦 (アメリカ、オーストラリア) 、麦芽、…

原材料名	麦 (アメリカ、オーストラリア、カナダ、ブラジル) 、麦芽、…

原材料名	麦 (アメリカ、オーストラリア、その他) 、麦芽、…

■ 2 又は表示

過去の使用実績等に基づき、重量割合の高い原産地から順に「又は」でつないで表示する方法。「又は表示」をするには、根拠書類の保管が条件となります。また、過去の使用実績等に基づき表示したことを示す注意書きを付記します。

※ 一定期間における使用割合が5％未満である原産地については、当該原産地の後に括弧を付して、一定期間における使用割合が5％未満である旨を表示します（その他と表示している産地には5％未満の表示は不要。）。

原材料名	麦 (アメリカ又はオーストラリア) 、麦芽、…

※ 麦の産地は、令和○年の使用実績順

原材料名	麦 (アメリカ又はオーストラリア (5％未満)) 、麦芽、…

※ 麦の産地は、令和○年の使用実績順・割合

原材料名	麦 (アメリカ又はオーストラリア又はその他) 、麦芽、…

※ 麦の産地は、令和○年の使用実績順

18

原料原産地表示②

■ 3　大括り表示

　過去の使用実績等に基づき、使用予定の産地が外国３か国以上の場合、<u>３か国以上の外国</u>の原産地を「輸入」と括って表示する方法。

　なお、輸入品と国産品を使用する場合は、輸入品と国産品の重量割合を比べ、その高いものから順に「、(読点)」でつないで表示します。また、「大括り表示」をする場合にも、<u>根拠書類の保管が条件</u>となります。

　３か国以上を「輸入」と括ることから、「２　又は表示」や「４　大括り表示＋又は表示」のような注意書きは不要です。

　表示方法については、「輸入」のほか「外国産」、「外国」などの表示でも可能（一般的に知られている地域名等（ＥＵ、アフリカ、南米など）の表示も可能）です。

原材料名	麦（輸入）、麦芽、…

原材料名	麦（輸入、国産）、麦芽、…

原材料名	麦（ＥＵ）、麦芽、…

> 加工原材料の場合には、「輸入」ではなく「外国製造」と表示します。

■ 4　大括り表示＋又は表示

　過去の使用実績等に基づき、使用予定の産地が<u>国産及び３か国以上の外国</u>である場合で、かつ、国産と輸入の間で重量順の変動が見込まれる場合、「輸入又は国産」、「国産又は輸入」と表示する方法。

　「大括り表示」＋「又は表示」をするには、<u>根拠書類の保管が条件</u>となります。

　また、過去の使用実績等に基づき表示したことを示す注意書きを付記します。

　　※　一定期間における使用割合が５％未満である産地については、当該原産地の後に括弧を付して、一定期間における使用割合が５％未満である旨を表示します。

原材料名	麦（輸入又は国産）、麦芽、…

　※　麦の産地は、令和○年の使用実績順

原材料名	麦（国産又は輸入）、麦芽、…

　※　麦の産地は、令和○年の使用実績順

原材料名	麦（輸入又は国産（５％未満））、麦芽、…

　※　麦の産地は、令和○年の使用実績順・割合

19

平成30年7月　国税庁

※　用語の使い方

○　酒税法３七ロ：酒税法第３条第七号ロ

○　通達：平成11年6月25日付課酒1－36ほか4課共同「酒税法及び酒類行政
　　関係法令等解釈通達の制定について（法令解釈通達）」

【食品表示基準第１条：適用範囲】

問1

　どのような食品が食品表示基準の適用を受けますか。

答　食品表示法第２条第３項第１号に規定する食品の製造・加工・輸入を業とする者
（当該食品の販売をしない者を除く。）又は食品の販売を業とする者や食品関連事業
者以外の者（バザー等で販売する者など、販売を業としない者）が、加工食品（酒
類を含む。）、生鮮食品又は添加物を販売する場合及び不特定多数の者に対して無償
で譲渡する場合に適用を受けます。

　よって、酒類は加工食品の一つとして、食品表示基準の対象となります。

（食品表示基準第２条第１項第１号、別表第一　25　飲料等）

食品表示基準（抄）

（定義）

第2条　この府令において、次の各号に掲げる用語の意義は、当該各号に定め
　るところによる。

　一　加工食品　製造又は加工された食品として別表第一に掲げるものをいう。

別表第一（第2条関係）

25　飲料等

　　飲料水、清涼飲料、酒類、氷、その他の飲料

《関連》食品表示基準Q＆A　総則－1

　詰め合わせ酒類の表示方法はどうすればよいですか。

答　詰め合わせ酒類の場合は、外装（小売のための包装）にも表示を行う必要があります。ただし、購買者の求めに応じて詰め合わせ内容がその都度変わる場合は、外装には表示を要しません。

　　（食品表示基準第2条第1項第6号）

> 食品表示基準（抄）
>
> （定義）
>
> 第2条　この府令において、次の各号に掲げる用語の意義は、当該各号に定めるところによる。
>
> 　　六　容器包装　食品衛生法（昭和22年法律第233号）第4条第5項に規定する容器包装をいう。

　　《関連》食品表示基準Q＆A　総則－7・－8

【第2条：定義】

　食品表示基準では、加工食品は一般用加工食品と業務用加工食品に区分されますが、それぞれどのような酒類が該当しますか。

答　酒類においては、消費者に販売される容器包装に入れられた酒類が「一般用加工食品」に該当し、酒類製造業者間で未納税取引されているような酒類は「業務用加工食品」に該当します。

　　（食品表示基準第2条第1項第3号、同第3条第1項）

> 食品表示基準（抄）
>
> （定義）
>
> 第2条　この府令において、次の各号に掲げる用語の意義は、当該各号に定めるところによる。
>
> 　　一　加工食品　製造又は加工された食品として別表第一に掲げるものをいう。
>
> 　　三　業務用加工食品　加工食品のうち、消費者に販売される形態となってい

るもの以外のものをいう。

（横断的義務表示）

第3条　食品関連事業者が容器包装に入れられた加工食品（業務用加工食品を
　　　除く。以下この節において「一般用加工食品」という。）を販売する際（設備
　　　を設けて飲食させる場合を除く。第六条及び第七条において同じ。）には、次
　　　の表の上欄に掲げる表示事項が同表の下欄に定める表示の方法に従い表示さ
　　　れなければならない。

問4

　主に業務用として流通している生ビールの樽容器については、一般用加工食品
に該当しないと考えてよいですか。

答　例えば、生ビールの樽容器など、通常、業者向けにのみ流通・販売する酒類で
あっても、それが実際に消費者に販売されている場合には、一般用加工食品に該当
します。

　なお、業者向けにのみ販売する酒類であって、一般用加工食品としての表示義務
を満たしていないことを取引時に書面等で明確に示しているにもかかわらず、酒類
製造業者や酒類卸売業者の意に反して、購入した酒類小売業者が消費者に販売した
場合の表示責任は、当該酒類小売業者が負うこととなります。

　《関連》食品表示基準Q＆A　総則－18

【第3条第1項：義務表示】

問5

　ビールの6缶パックとケース売りの場合は、どのように表示する必要がありま
すか。

答　食品表示基準第3条第1項においては、「容器包装に入れられた加工食品」を販
売する際に、食品表示基準に従い表示されなければならないこととされています。

　この「容器包装に入れられた加工食品」とは、加工食品を容器包装しているもの
で、そのままの状態で消費者に引き渡せるものをいいますので、これに該当する場
合には、個々のビールの缶等への表示とは別に、6缶パックやケースについても、
表示することが原則となります。ただし、個々のビールの缶等への表示が、6缶

パックやケースを通して確認できる状態であれば、6缶パックやケースに表示する
必要はありません。

《関連》食品表示基準Q＆A　加工－2

問6

　酒類販売業者が客の求めに応じて量り売りする場合、表示義務はどのようになりますか。

答　酒類の購入者が用意した容器に、購入者の希望する酒類を、希望する量だけ酒類
販売業者が販売する「量り売り」については、販売する酒類が食品表示基準における
容器包装に入れられた加工食品に該当しないため、食品表示基準に定められた表
示は必要ありません。

　なお、酒類販売業者等が仕入れた酒類をあらかじめ別の容器に小分け等して販売
する「詰め替え」については、食品表示基準に定められた表示や、酒税の保全及び
酒類業組合等に関する法律（以下「酒類業組合法」といいます。）に定められた表
示を行う必要があり、そのほか、酒税法に定める手続き等として、詰め替えを行う
場所の所在地の所轄税務署長に詰め替えを行う2日前までに「酒類の詰替え届出
書」により届出なければなりません。

《関連》食品表示基準Q＆A　加工－4

問7

　タンクローリーなどの通い容器についても表示義務が課されますか。

答　食品表示基準においては、最終製品における表示の正確性を確保するため、タン
クローリーなどの通い容器についても表示義務の対象とされています。通い容器に
関する全ての義務表示事項は、容器包装に限らず、送り状、納品書等又は規格書等
に表示することができます。

　なお、タンクローリーなどの通い容器は、容器包装に該当しません。通い容器に
よる販売は食品表示基準第11条の表の「容器包装に入れないで販売する場合」に
該当します。（具体的な表示事項については、問36をご確認ください。）

《関連》食品表示基準Q＆A　加工－5

酒類にはどのような事項を表示すればよいですか。

答　食品表示基準においては、酒類について以下の事項を表示する必要があります。

「名称」、「添加物」、「内容量」、「食品関連事業者の氏名又は名称及び住所」、「製造所又は加工所の所在地及び製造者又は加工者の氏名又は名称」、「L-フェニルアラニン化合物を含む旨」、「遺伝子組換え食品に関する事項」、「原料原産地名」（輸入品を除く。）

（食品表示基準第3条第1項、同条第2項）

※　食品表示基準においては、酒類は「原材料名」、「アレルゲン」、「原産国名」の表示を要しないこととされており、表示義務は課されていません。（食品表示基準第5条）

　　なお、酒類の原材料名及び原産国名の表示については、別途、清酒の製法品質表示基準（平成元年11月国税庁告示第8号）や果実酒等の製法品質表示基準（平成27年10月国税庁告示第18号）により義務付けられているほか、公正競争規約などに基づく表示が行われています。

《関連》食品表示基準Q&A　雑則-5・-6

【第3条第1項：義務表示（名称）】

酒類の「名称」はどのような表示を行えばよいですか。

答　酒類については、酒類業組合法第86条の5の規定に基づき、酒類の品目等の表示義務があります。

　　食品表示基準においては、その内容を表す一般的な名称を表示する義務があり、酒類の品目を表示することでこの名称を表示していることとなります。

　　（食品表示基準別記様式一、備考1参照）

食品表示基準（抄）
別記様式一

```
名称
原材料名
　・
　・
```

```
備考
1　この様式中「名称」とあるのは、これに代えて、「品名」、「品目」、「種類
　別」又は「種類別名称」と表示することができる。
```

《品目と品名を併記する場合の一括表示欄の表示例》

```
品　目：スピリッツ    ⇦　10.5ポイント
品　名：ウオッカ      ⇦　　8ポイント
内容量：750ml
　・
　・
```

※　酒類の品目の文字の大きさは、内容量と酒類の品目の文字数で異なります。

《関連》食品表示基準Q＆A　加工－7

【第3条第1項：義務表示（添加物）】

問10

　「添加物」の事項欄を設けずに、原材料名の欄に原材料名と区分して表示する方法について教えてください。

答　原材料（麦芽）と添加物（苦味料）を明確に区分する方法として、以下の方法が考えられますが、これらに限定するものではありません。ただし、例えば、区切りを入れずに連続して表示することはできません。

（食品表示基準別記様式一　備考2参照）

```
食品表示基準（抄）
別記様式一
備考
2　添加物については、事項欄を設けずに、原材料名の欄に原材料名と明確に
　区分して表示することができる。
```

① 原材料と添加物を記号で区分して表示する。

原材料名	麦芽／苦味料

② 原材料と添加物を改行して表示する。

原材料名	麦芽 苦味料

③ 原材料と添加物を別欄に表示する。

原材料名	麦芽
	苦味料

※ 食品表示基準においては、酒類は「原材料名」の表示を要しないこととされており、表示義務は課されていません。
（食品表示基準第5条）

> 食品表示基準（抄）
>
> （義務表示の特例）
>
> 第5条　前二条の規定にかかわらず、次の表の上欄に掲げる場合にあっては、同表の下欄に掲げる表示事項の表示は要しない。
>
> | 酒類を販売する場合 | 原材料名　アレルゲン　原産国名 |
> |---|---|

《関連》食品表示基準Q&A　加工−73・−74

問11

　清酒の調味液として、乳酸、クエン酸等の有機酸を使用した場合、原材料名の欄はどのように表示したらよいですか。

答　酒税法では、米や米こうじのほかに、醸造アルコール、ぶどう糖、有機酸（乳酸、こはく酸、クエン酸、リンゴ酸）、アミノ酸塩等、一定の原料を限られた量だけ使用することができます。

　乳酸等の有機酸は、糖類などの原料とともにアルコールに加えられた後、調味液（調味アルコール）として、清酒のもろみに投入されます。この場合の有機酸は、酒税法上の原料となりますので、清酒の製法品質表示基準（平成元年11月国税庁告示第8号。以下「清酒表示基準」といいます。）に定める原材料の表示が必要となります。ただし、清酒に酸味を付与する目的で使用されているため、食品衛生法

上、添加物に該当し、食品表示法による添加物の表示も必要となります。

　このように、酒税法上の原料として使用されているものが添加物にも該当する場合、その表示の方法については、食品表示基準に従い原材料名と明確に区分して表示する必要があります。具体的には、以下のような表示方法が挙げられます。

　なお、酸味料として使用した有機酸については、物質名（例えば「乳酸」）の表示に代えて、「酸味料」と表示することも可能です。

　（酒税法３七ロ、酒税法施行令２、清酒表示基準３(1)、通達第８編第86条の６関係２(3)イ(ハ)）

（例）　調味液に乳酸を使用した場合の表示例

①　原材料と添加物を記号で区分して表示する。

原材料名	米（国産）、米こうじ（国産米）、醸造アルコール、糖類／乳酸（又は酸味料）

②　原材料と添加物を改行して表示する。

原材料名	米（国産）、米こうじ（国産米）、醸造アルコール、糖類 乳酸（又は酸味料）

③　原材料と添加物を別欄に表示する。

原材料名	米（国産）、米こうじ（国産米）、醸造アルコール、糖類
	乳酸（又は酸味料）

④　原材料名欄とは別に添加物名の欄を設け表示する。

原材料名	米（国産）、米こうじ（国産米）、醸造アルコール、糖類
添加物	乳酸（又は酸味料）

問12

　清酒の製造に際して、酒母に乳酸を加えた場合には、原材料名の欄はどのように表示したらよいですか。

答　酒母に加える乳酸は、雑菌の繁殖による腐造といった清酒の製造上の不測の危険を防止するものです。こうした、酒類の製造の健全を期する目的で使用される必要最小量の物品は、酒税法上の酒類の原料として取り扱わないこととしており、清酒

表示基準に定める原材料の表示は必要ありません。

　また、この場合の乳酸は、「食品の製造の過程において又は食品の加工若しくは保存の目的で、食品に添加、混和、浸潤その他の方法により」使用されるものであり、食品衛生法上の添加物に該当することとなりますが、本件の乳酸は、「当該食品の原材料に起因して」その食品中に通常含まれる成分と同じ成分に変えられ、かつ、その成分の量を明らかに増加させるものではないもの」であり、加工助剤に該当するため、表示を省略することができます。

　したがって、清酒表示基準による原材料名の表示の必要はなく、また、食品表示法による添加物としての表示も免除されるため、「乳酸」の表示は必要ありません。

　（食品表示基準第3条第1項、清酒表示基準3(1)、通達第2編第3条関係（共通事項）7(2)、通達第8編第86条の6関係2(3)イ(ハ)

（参考）清酒の仕込み（もろみの製造）の際に使用する、酵母を純粋に培養させたものを酒母（酛）といいますが、この酒母の製造には雑菌の増殖を防止するための乳酸が必要となります。酒母の製法には、乳酸を加える方法（速醸系酒母）と乳酸を加えずに酒母の中で乳酸菌に乳酸を作らせる方法（生酛系酒母）の2通りの方法があります。

【第3条第1項：義務表示（内容量）】

問13

　720mlや1.8Lのみ表示するなど、「内容量」の項目名を省略して表示することができますか。

答　内容量の表示に当たっては、「○○ml」、「○○L」のように単位を明記することが必要であり、内容量を名称とともに主要面に表示する際にも、単位が明記されていれば、消費者は内容量の表示であることを十分理解できると考えられます。

　したがって、商品の主要面において内容量を表示する場合には、「内容量」の項目名については省略することが可能です。

　《関連》食品表示基準Q&A　加工-93

問14

　酒類業組合法施行令の改正により、「容器の容量」の表示が「内容量」となりましたが、従来どおり「容器の容量」の項目名で表示することができますか。

答　改正酒類業組合法施行令は、平成29年4月1日に施行されましたが、この改正は平成32年3月31日まで経過措置が設けられています。

　なお、食品表示基準においても「内容量」の項目名を表示する必要がありますが、平成32年3月31日までの経過措置が設けられています。

問15

　どのような場合に、一括表示部分の「内容量」の表示を省略することができますか。

答　食品表示基準においては、「名称」や「内容量」などの事項欄※を一括表示することとしていますが、清酒やビールなどの名称（品目）と共に商品の主要面に内容量を表示した場合には、事項欄を省略して表示できます。

　なお、名称を裏ラベルなど主要面以外の場所に一括表示する場合には、「名称：清酒」など項目名の表示が必要ですが、「名称」に代えて「品目」と表示できます。

（食品表示基準8条第4号、別記様式一備考1及び8）

　※　例えば、「内容量」の事項欄とは、一括表示として表示される「内容量：720ml」の表示部分のことをいいます。

《表示例》

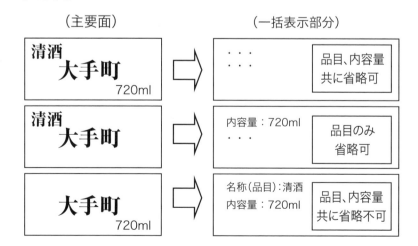

【第3条第1項：義務表示（食品関連事業者)】

問16

食品関連事業者の表示方法を教えてください。

答 表示責任者である食品関連事業者の氏名又は名称及び住所を、「製造者」、「加工者」、「販売者」、「輸入者」のいずれかの項目名を付して、一括表示部分に表示する必要があります。

項目名については、表示を行う者（表示内容に責任を有する者）が当該製品の製造業者である場合には「製造者」、加工者である場合は「加工者」、輸入業者にあっては「輸入者」とすることが基本です。

なお、製造業者、加工者又は輸入業者との合意等により、これらの者に代わって販売業者が表示を行うことも可能です。この場合、項目名は「販売者」としてください。

《関連》食品表示基準Q&A　加工－113

問17

酒類における食品関連事業者の「製造」や「加工」の行為とは、具体的にはどのような行為を示すのですか。

答 表示責任者である食品関連事業者の氏名又は名称及び住所を、「製造者」、「加工者」、「販売者」、「輸入者」のいずれかの項目名を付して、一括表示部分に表示する必要があります。

項目名については、表示を行う者（表示内容に責任を有する者）が当該製品の製造業者である場合には「製造者」、加工者である場合は「加工者」、輸入業者にあっては「輸入者」とすることが基本です。

なお、製造業者、加工者又は輸入業者との合意等により、これらの者に代わって販売業者が表示を行うことも可能です。この場合、項目名は「販売者」としてください。

《関連》食品表示基準Q&A　総則－14・－15

※　具体的な判断は個別に行う必要があります。

食品表示法に基づく食品関連事業者の表示を行った場合、酒類業組合法上の表示義務者の表示はしなくてもよいですか。

答　食品表示法と酒類業組合法の目的は異なっていることから、それぞれの法律で必要な表示事項も異なっています。

　　したがって、食品表示法と酒類業組合法で異なる表示事項は、それぞれの法律に基づく表示を行う必要があります。なお、共通する表示事項は一つの表示で両方の法律における必要な表示がされたものとなります。

※　食品関連事業者とは、食品の製造、加工、輸入を業とする者又は食品の販売を業とする者のことをいい、食品表示基準では、これらのうち表示内容に責任を有する者の氏名又は名称及び住所を表示することとされています。

　（食品表示法第2条第3項第1号、食品表示基準第3条第1項）

酒類業組合法上の表示義務者が食品表示法上の表示責任者とならない場合には、どのような項目名で表示すればよいですか。

答　酒類業組合法上の表示義務者が、食品表示法上の表示責任者とならない場合には、どの者が酒類業組合法上の表示義務者かを明確にするため、その取引形態に応じて、以下のとおり項目名を表示するようにしてください。

【食品表示法上の表示責任者以外の酒類業組合法上の表示義務者の項目名】

○　実際に酒類を製造（加工）した酒類製造業者の場合

　⇒　「酒類製造業者」又は「製造場」

○　酒類を保税地域から引き取る者の場合　⇒　「輸入元」

○　詰口後の酒類を仕入れて販売する者の場合　⇒　「販売元」

　（例）　販売者　A㈱　東京都○○区……（食品表示法上の表示責任者）

　　　　製造場　B㈱　神奈川県○○市……（酒類業組合法上の表示義務者）

【第3条第1項：義務表示（製造所又は加工所の所在地等）】

問20

製造所固有記号制度の概要について教えてください。

答 食品表示基準においては、食品関連事業者の氏名又は名称及び住所の表示が義務付けられているほか、製造所又は加工所の所在地（最終的に衛生状態を変化させる製造又は加工が行われた場所の所在地）及び製造者又は加工者の氏名又は名称の表示が義務付けられています。

　このうち、「製造所の所在地」（販売者が食品関連事業者であるときは「製造者の氏名又は名称」を含む。）の表示については、一定の要件の下、あらかじめ消費者庁長官に届け出た製造所固有記号の表示をもって代えることができることとされています。

（参考）

　酒類については、上記の表示義務のほかに、酒類業組合法において、①酒類を課税移出する製造場、②酒類を保税地域から引き取る引取先、③酒類を詰め替える場所の所在地の表示が義務付けられていますが、これらの所在地の表示についても、財務大臣に届け出た記号の表示をもって代えることができることとされています。

※　酒類製造業者が酒類業組合法の記号により表示を行うことができるのは、その住所を併せて表示する場合に限られています。

《関連》食品表示基準Q＆A　固有記号－1

問21

食品表示基準による製造所固有記号を表示する場合について教えてください。

答 食品表示基準上の製造所固有記号の表示は、原則として同一製品を二以上の製造所で製造している場合のように、包材の共有化のメリットが生じる場合に認められています。ただし、他の法令の規定により、最終的に衛生状態を変化させた場所及び当該行為を行った者に関する情報の厳格な管理が行われているような場合であって、かつ、当該法令その他関係法令に基づく表示から、最終的に衛生状態を変化させた者又は場所が特定できる場合にあっては、「同一製品を二以上の製造場で製造している場合」と取り扱うことが認められています。

したがって、最終的に衛生状態を変化させた製造場から課税移出をする酒類については、酒税法の規定により最終的に衛生状態を変化させた場所及び当該行為を行った者に関する情報の厳格な管理が行われており、酒類業組合法に基づく表示から最終的に衛生状態を変化させた者又は場所の特定ができることから、１つの製造所で製造している場合であっても、食品表示基準上の製造所固有記号による表示が認められることになります。

　なお、消費者に販売される酒類に製造所固有記号を表示する場合には、応答義務が課されています。

　《関連》食品表示基準Ｑ＆Ａ　固有記号－７

問22

　自社の製造場で製造した酒類を未納税移出し、他社の製造場で容器に詰口した後、さらに自社の製造場に未納税移入し課税移出する場合、食品表示基準で義務付けられている「加工所の所在地」の表示を記号表示することはできますか。

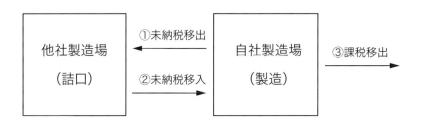

答　製造所固有記号の表示は、原則として同一製品を二以上の「製造所」で製造している場合に認められているため、「加工所」には使用できません。ただし、従来は食品衛生法上「製造所」に該当していた場所のうち、食品表示法において「加工所」と解されることとなった場所については、制度の変更により特定の事業者にのみ製造所固有記号が使用できなくなるという不利益が生じることを防ぐため、同一製品を２以上の加工所で加工（食品の衛生状態を最終的に変化させるものに限る。）している場合は、引き続き製造所固有記号の使用が認められます。

　したがって、自社の製造場で製造した酒類を容器に詰口する他社の製造場は、食品表示法上「加工所」と解されますが、従来は食品衛生法上「製造所」に該当していたことから、同一の酒類を２以上の他社製造場で詰口する場合は、製造所固有記号の使用が認められることになります。

　なお、消費者に販売される酒類に製造所固有記号を表示する場合には、応答義務

が課されています。

※　従来、食品衛生法上「製造所」とされており、食品表示法において「加工所」と解することとされた場所とは、製造された食品の衛生状態を最終的に変化させるような小分け作業を行った場所をいい、ご質問のような容器への詰口も含まれます。

問23

製造所固有記号による表示例を教えてください。

答　取引形態に応じ、次のようになります。

①　自社の製造場で製造・容器詰めを行った酒類を課税移出

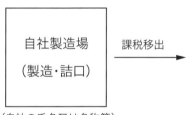

（自社の氏名又は名称等）
氏名又は名称：霞ヶ関酒造株式会社
本店所在地：東京都千代田区霞が関Ａ－Ａ－Ａ
製造場の所在地：東京都千代田区大手町Ｂ－Ｂ－Ｂ

（自社が表示内容に責任を有する場合の表示例）

製造者　霞が関酒造株式会社 　　　　東京都千代田区霞が関Ａ－Ａ－Ａ 製造所　東京都千代田区大手町Ｂ－Ｂ－Ｂ

（製造所固有記号による表示例）

製造者　霞が関酒造株式会社　＋Ｂ 　　　　東京都千代田区霞が関Ａ－Ａ－Ａ

※１　①製造所の所在地及び②課税移出する酒類製造場の所在地（千代田区大手町Ｂ－Ｂ－Ｂ）を表す記号として、①消費者庁長官及び②財務大臣に「Ｂ」を届出。

※２　製造所固有記号に冠する「＋」は、製造所固有記号には当たりません。

② 他社の製造場で製造された酒類を自社の製造場に未納税移入し、容器に詰口を行って課税移出

（自社の氏名又は名称等）
氏名又は名称：霞ヶ関酒造株式会社
本店所在地：東京都千代田区霞が関Ａ－Ａ－Ａ
製造場の所在地：東京都千代田区大手町Ｂ－Ｂ－Ｂ

（自社が表示内容に責任を有する場合の表示例）

製造者　霞が関酒造株式会社
東京都千代田区霞が関Ａ－Ａ－Ａ
製造所　東京都千代田区大手町Ｂ－Ｂ－Ｂ

（製造所固有記号による表示例）

製造者　霞が関酒造株式会社　＋Ｂ
東京都千代田区霞が関Ａ－Ａ－Ａ

※１　①加工所の所在地及び②課税移出する酒類製造場の所在地（千代田区大手町Ｂ－Ｂ－Ｂ）を表す記号として、①消費者庁長官及び②財務大臣に「Ｂ」を届出。

※２　製造所固有記号に冠する「＋」は、製造所固有記号には当たりません。

《関連》食品表示基準Ｑ＆Ａ　固有記号－48

③ 自社の製造場で製造した酒類を未納税移出し、他社の製造場で容器に詰口した後、さらに自社の製造場に未納税移入し課税移出

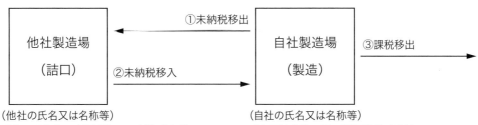

（他社の氏名又は名称等）
氏名又は名称：大阪ボトリング株式会社
本店所在地：大阪府大阪市中央区大手前Ｃ－Ｃ－Ｃ
加工所の所在地：大阪府大阪市中央区大手前Ｄ－Ｄ－Ｄ

（自社の氏名又は名称等）
氏名又は名称：霞ヶ関酒造株式会社
本店所在地：東京都千代田区霞が関Ａ－Ａ－Ａ
製造場の所在地：東京都千代田区大手町Ｂ－Ｂ－Ｂ

（自社が表示内容に責任を有する場合の表示例）

販売者　霞が関酒造株式会社　　（事項名は「製造者」でも可） 　　　　東京都千代田区霞が関Ａ－Ａ－Ａ 製造場　東京都千代田区大手町Ｂ－Ｂ－Ｂ 加工所　大阪ボトリング株式会社　大阪府大阪市中央区大手前Ｄ－Ｄ－Ｄ	

（製造所固有記号による表示例）　⇒　問22を併せてご参照ください。

販売者　霞が関酒造株式会社　Ｂ　＋Ｄ　（事項名は「販売者」が原則） 　　　　東京都千代田区霞が関Ａ－Ａ－Ａ	

※１　加工所の所在地及び加工者の氏名又は名称（大阪ボトリング株式会社、大阪府大阪市中央区大手前Ｄ－Ｄ－Ｄ）を表す記号として、消費者庁長官に「Ｄ」を届出。

※２　課税移出する酒類製造場の所在地（千代田区大手町Ｂ－Ｂ－Ｂ）を表す記号として、財務大臣に「Ｂ」を届出。

※３　製造所固有記号に冠する「＋」は、製造所固有記号には当たりません。

《関連》食品表示基準Ｑ＆Ａ　加工－118・固有記号－48

④　他社の製造場で製造・詰口された酒類を自社の製造場に未納税移入し、ラベル等を貼付して課税移出

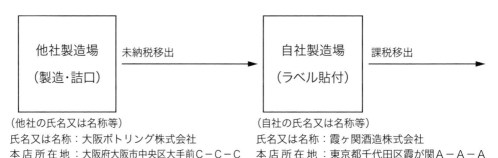

（他社の氏名又は名称等）
氏名又は名称：大阪ボトリング株式会社
本店所在地：大阪府大阪市中央区大手前Ｃ－Ｃ－Ｃ
加工所の所在地：大阪府大阪市中央区大手前Ｄ－Ｄ－Ｄ

（自社の氏名又は名称等）
氏名又は名称：霞ヶ関酒造株式会社
本店所在地：東京都千代田区霞が関Ａ－Ａ－Ａ
製造場の所在地：東京都千代田区大手町Ｂ－Ｂ－Ｂ

（自社が表示内容に責任を有する場合の表示例）

販売者　霞が関酒造株式会社 　　　　東京都千代田区霞が関Ａ－Ａ－Ａ
販売場　東京都千代田区大手町Ｂ－Ｂ－Ｂ
加工所　大阪ボトリング株式会社　大阪府大阪市中央区大手前Ｄ－Ｄ－Ｄ

（注）　圏21のただし書の例外規定の適用はありませんが、原則として同一製品を二以上の製造所で製造している場合のように、包材の共有化のメリットが生じる場合には、食品表示基準上の製造所固有記号の表示が認められます。

（製造所固有記号による表示例）

販売者　霞が関酒造株式会社　Ｂ　＋Ｄ 　　　　東京都千代田区霞が関Ａ－Ａ－Ａ

※１　製造所の所在地及び製造者の氏名又は名称（大阪ボトリング株式会社、大阪府大阪市中央区大手前Ｄ－Ｄ－Ｄ）を表す記号として、消費者庁長官に「Ｄ」を届出。

※２　課税移出する酒類製造場の所在地（千代田区大手町Ｂ－Ｂ－Ｂ）を表す記号として、財務大臣に「Ｂ」を届出。

※３　製造所固有記号に冠する「＋」は、製造所固有記号には当たりません。

⑤　④の酒類を課税移出後に引き取った他の販売者が表示内容に責任を有する場合

（他の販売者の氏名又は名称等）
氏名又は名称：埼玉酒類販売株式会社
本店所在地：埼玉県さいたま市中央区新都心Ｅ－Ｅ－Ｅ
販売所の所在地：埼玉県さいたま市中央区新都心Ｆ－Ｆ－Ｆ

（表示例）

販売元　霞が関酒造株式会社 　　　　東京都千代田区霞が関Ｂ－Ｂ－Ｂ 販売者　埼玉酒類販売株式会社 　　　　埼玉県さいたま市中央区新都心Ｅ－Ｅ－Ｅ 製造所　大阪ボトリング株式会社　　大阪府大阪市中央区大手前Ｄ－Ｄ－Ｄ

（注）　圀21のただし書の例外規定の適用はありませんが、原則として同一製品を二以上の製造所で製造している場合のように、包材の共有化のメリットが生じる場合には、食品表示基準上の製造所固有記号の表示が認められます。

（製造所固有記号による表示例）

販売元　霞が関酒造株式会社　　Ｂ 　　　　東京都千代田区霞が関Ａ－Ａ－Ａ 販売者　埼玉酒類販売株式会社　　＋Ｄ 　　　　埼玉県さいたま市中央区新都心Ｅ－Ｅ－Ｅ

※1　製造所の所在地及び製造者の氏名又は名称（大阪ボトリング株式会社、大阪府大阪市中央区大手前Ｄ－Ｄ－Ｄ）を表す記号として、消費者庁長官に「Ｄ」を届出。

※2　課税移出する酒類製造場の所在地（千代田区大手町Ｂ－Ｂ－Ｂ）を表す記号として、財務大臣に「Ｂ」を届出。

※3　製造所固有記号に冠する「＋」は、製造所固有記号には当たりません。

【第3条第2項：該当する場合の義務表示】

問24

　酒類は、機能性表示食品の対象となりますか。

答　機能性表示食品※の対象から、アルコールを含有する飲料は除外されているため、酒類は対象となりません。

　（食品表示基準第2条第1項第10号）

　※　機能性表示食品とは、疾病に罹患していない者に対し、機能性関与成分によって健康の維持及び増進に資する特定の保健の目的が期待できる旨を科学的根拠に基づいて容器包装に表示をする食品であって、当該食品に関する表示の内容等を消費者庁長官に届け出たものをいいます。

【第3条第3項：省略できる義務表示】

問25

　酒類において、表示の省略ができる事項はありますか。

答　酒類については、「保存の方法」、「消費期限又は賞味期限」、「栄養成分（たんぱく質、脂質、炭水化物及びナトリウム）の量及び熱量」※の表示を省略することができます。ただし、これらの事項を表示する場合には、食品表示基準に沿った表示を行う必要があります。（食品表示基準第3条第3項）

　※　栄養表示（栄養成分若しくは熱量に関する表示及び栄養成分の総称、その構成成分、前駆体その他これらを示唆する表現が含まれる表示）をしようとする場合には省略することができません。

　（食品表示基準第3条第3項の表中の《栄養成分の量及び熱量》の下欄）

【第5条：義務表示の特例】

問26

　酒類にアレルゲン表示は要しないこととされていますが、任意表示として、特定原材料○○が検出されない場合、「○○を使用していません」と表示をすることはできますか。

答　「使用していない」旨の表示は、必ずしも「含んでいない」ことを意味するもの

ではありません。これは、表示をする者が、特定原材料等の使用の有無について、製造記録などにより適切に確認したことを意味するものです。

　製造工程でのコンタミネーション※1を含めて、特定原材料○○※2を使用していないことが管理可能であれば、「○○を使用していない旨」の表示は可能です。ただし、特定原材料○○が検出されないことを根拠とした「○○が含まれていない旨」の表示は認められません。

※1　コンタミネーションとは、食品を生産する際に、原材料として使用していないにもかかわらず、アレルゲンが微量混入してしまう場合をいいます。

※2　アレルゲンを含む食品として、加工食品に表示が義務付けられているもの（えび、かに、小麦、そば、卵、乳、落花生）。

【第7条：任意表示（栄養機能食品）】

問27

　栄養機能食品の表示で、留意すべき事項はありますか。

答　酒類について、栄養機能食品の表示をすることは望ましくないと考えます。
　《関連》食品表示基準Q＆A　加工－222

【第7条：任意表示（糖類）】

問28

　清酒に、「糖類不添加」と表示することはできますか。

答　清酒は麹菌の作用により、原料の米を糖化させた後にアルコール発酵させて製造しているので、通常、原料に含まれる糖類よりも製品に含まれる糖類が増加していると考えられます。

　このため、一般的には食品表示基準第7条の表中の《糖類を添加していない旨》の要件の三「酵素分解その他何らかの方法により、当該食品の糖類含有量が原材料及び添加物に含まれていた量を超えていないこと」を満たさないため、糖類を原料として使用していない場合であっても表示することはできないこととなります。

問29

栄養成分（たんぱく質、脂質、炭水化物及びナトリウム）の量及び熱量の表示が省略できない場合には、どのようなケースがありますか。

答 栄養表示を任意に表示した場合には、栄養成分（たんぱく質、脂質、炭水化物及びナトリウム）の量及び熱量の表示を省略できないこととなります。

例えば、問28に該当しない酒類で、糖類不添加の旨を表示するに当たっては、糖類の表示を行う場合に、併せて栄養成分（たんぱく質、脂質、炭水化物及びナトリウム）の量及び熱量の表示をする必要があります。

（食品表示基準第3条第3項）

問30

アルコールと果汁を混和した酒類について、「糖類無添加」又は「糖類不使用」と表示できますか。

答 アルコールと果汁を混和した酒類については、添加糖類の代用として果汁が使用されていない場合は、自然果汁よりも高濃度の果汁、乾燥果実ペースト等を使用している場合を除き、「糖類無添加」等の表示ができます。

《関連》食品表示基準Q&A　加工-236

問31

糖類表示を行う場合は、以下の表示が必要となりますか。

【例】炭水化物
　　－糖質
　　　－糖類
　　　－食物繊維　※　「－」は省略可。

答 糖質を表示する場合には、食物繊維とセットで表示する必要がありますが、糖類のみを表示することも可能であり、問の例のほかに、以下の表示も認められます。

（食品表示基準　別記様式三　備考4）

　　【例】炭水化物
　　　－糖類　※　「－」は省略可。

【第8条：表示の方式等】

問32

酒類に表示する文字の大きさに規制はありますか。

答 食品表示基準で定める表示事項については、消費者に販売される一般用加工食品の場合は、原則8ポイント以上（表示可能面積がおおむね150平方センチメートル以下のものは、5.5ポイント以上）の文字の大きさで表示する必要があります。

　なお、酒類業組合法に基づき酒類の品目の表示が義務付けられていますが、酒類の品目の文字の大きさは、内容量と文字数により定めています。

　（食品表示基準第8条第9号）

問33

食品表示基準で使われている「おおむね30平方センチメートル」及び「おおむね150平方センチメートル」の「おおむね」とはどの範囲まで指すのですか。

答 容器包装の形状や義務表示対象となる事項の字数は、個々の食品により異なるため、表示可能面積30平方センチメートル及び150平方センチメートル以下を基本としつつ、個々のケースに応じて判断することとなります。

　《関連》食品表示基準Q＆A　加工－264

問34

食品表示基準別記様式一の備考12「消費者の選択に資する適切な表示事項」とは具体的にどのような事項がありますか。

答 一括表示枠内には、食品表示基準別記様式一において規定されている事項のほか、公正競争規約、その他法令により定められているものに加え、消費者の選択に資する適切な表示事項を表示することができます。具体的には、「使用上の注意」などが考えられます。

　この場合、「保存方法」と「使用上の注意」は異なるものであるため、誤認が生じないように、項目名を明らかにして表示するようにしてください。

　《関連》食品表示基準Q＆A　加工－276

別記様式一の備考11にある「枠を表示することが困難な場合」とは、具体的にどのような場合を指しますか。

また、食品表示基準第8条第3号によれば、「枠」は必ずしも必要でないと考えてよいですか。

答　別記様式一に基づき表示するのが基本ですが、別記様式による表示と同等程度に消費者が一見して判別できるようまとめて分かりやすく表示されていれば、必ずしも枠囲いして表示しなくても差し支えありません。

（食品表示基準第8条第3号）

【第10条：業務用加工食品の表示】

問36

業務用加工食品の場合、酒類にはどのような表示をすればよいですか。

答　食品表示基準においては、業務用加工食品に該当する酒類について以下の事項を表示する必要があります。

なお、食品表示基準においては、業務用加工食品に対して「内容量」の表示を義務付けていませんが、酒類は、酒類業組合法第86条の5の規定により表示が義務付けられているため、「内容量」の表示が必要となります。

「名称」、「添加物」、「食品関連事業者の氏名又は名称及び住所」、「製造所又は加工所の所在地及び製造者又は加工者の氏名又は名称」㊟、「L-フェニルアラニン化合物を含む旨」㊟

（食品表示基準第10条第1項）

※　食品表示基準においては、酒類は「原材料名」、「アレルゲン」、「原産国名」の表示を要しないこととされており、表示義務は課されていません（食品表示基準第5条）。

なお、㊟の表示事項は、タンクローリーなどの通い容器の場合には表示を要しません。

問37

業務用加工食品の場合、字の大きさや書き方に規制はあるのですか。

答 業務用加工食品については、消費者にとって分かりやすい表示を行わせるための規制（一括表示、活字の大きさ、文字の色等）を適用しませんので、例えば、「名称」等の項目名を記載する必要はありません。ただし、その際には、取引の相手方に名称等の情報が伝わるように記載しなければなりません。

【附則：経過措置等】

問38

食品表示基準の施行に当たっては、経過措置が設けられていますか。

答 加工食品（酒類を含む。）については、5年間の経過措置期間が設けられています。平成32年3月末までに製造され、加工され、又は輸入される加工食品（業務用加工食品を除く。）及び同日までに販売される業務用加工食品の表示については、なお従前の例によることができます。（食品表示基準附則第4条）

※ 平成29年9月1日に公布・施行された食品表示基準の一部改正に伴う新たな原料原産地制度については、平成34年3月末まで経過措置が設けられています。

詳しくは、「別冊　原料原産地表示関係」をご覧ください。

平成29年9月　国税庁

別冊　【原料原産地表示関係】

問1

酒類については「原材料名」の表示義務がないのに、なぜ原料原産地表示の対象になるのですか。

答　平成29年9月1日に公布・施行された改正食品表示基準においては、消費者への情報提供を目的として、国内で製造した全ての加工食品に原料原産地表示を行うこととされました。酒類は加工食品に該当することから、原料原産地表示の対象となるものです。

※　食品表示基準においては、酒類は「原材料名」の表示を要さないこととされており、表示義務が課されていません。（食品表示基準第5条）

ただし、「L‐フェニルアラニン化合物を含む旨」など、特定の原材料を使用した旨の表示義務があります。

また、清酒、単式蒸留焼酎（米焼酎）、みりん、果実酒及び甘味果実酒については、米穀等の取引に係る情報の記録及び産地情報の伝達に関する法律（平成21年法律第26号）（米トレーサビリィティ法）又は酒類業組合法に基づく表示の基準に基づき、重量割合上位1位の原材料の原産地が表示（情報伝達）されている場合、食品表示基準の原料原産地表示の規定を適用しません。

《関連》食品表示基準Q&A　別添 新たな原料原産地表示制度　原原－1・－3

問2

原料原産地表示は、どこに表示すればよいですか。

答　一般用加工食品への原料原産地表示は、食品表示基準の別記様式1又はこれと同等程度に分かりやすく一括して、容器包装に原料原産地名欄を設け原材料名に対応させて原料原産地を表示する、原材料名欄に表示してある原材料名に対応させて括弧を付して原料原産地を表示する、いずれかの方法による必要があります。

一般用加工食品は、食品表示基準により原材料名を「原材料に占める重量の割合の高いものから順に、その最も一般的な名称をもって表示する」こととされています。このため、基本的には、原材料名欄の最初に表示された原材料名の原料原産地が表示されることとなります。

　しかし、酒類については、食品表示基準において原材料名の表示を要しないこととされているため、酒税法に掲げられた原料順に表示されているなど、表示順が重量順とは限りませんが、原材料名の表示順にかかわらず、原材料に占める割合が最も高い原材料（重量割合上位１位の原材料）に原料原産地表示を行ってください。

　《関連》食品表示基準Ｑ＆Ａ　別添 新たな原料原産地表示制度　原原－16

問3

酒類の原料原産地はどのように表示すればよいですか。

答　重量割合上位１位の原材料が生鮮食品である場合には、その生鮮食品のの原産地を記載することになります（例１）。

　また、重量割合上位１位の原材料が加工食品である場合には、その加工食品の製造地を表示することになります（例２－１、２－２）。ただし、製造地の表示に代え、当該対象原材料に占める重量の割合が最も高い生鮮食品の名称と共にその原産地を表示することもできます（例２－３）。

（梅酒の表示例）

※　原材料名欄に原料原産地を表示する場合（重量割合上位１位が梅である場合）

> （現行）　原材料名：梅、砂糖、醸造アルコール
> ↓
> （例１）　原材料名：梅（国産）、砂糖、醸造アルコール

（いわゆる新ジャンル（リキュールタイプ）の表示例）

※　原材料名欄に原料原産地を表示する場合（発泡酒中の重量割合上位１位が麦である場合）

（現行）	原材料名：発泡酒（麦芽、麦、ホップ）、麦スピリッツ
	↓
（例2－1）	原材料名：発泡酒 (国内製造) （麦芽、麦、ホップ）、麦スピリッツ
（例2－2）	原材料名：発泡酒 (国内製造)、麦スピリッツ
（例2－3）	原材料名：発泡酒（麦芽、麦 (カナダ産)、ホップ）、麦スピリッツ

《関連》食品表示基準Q＆A　別添 新たな原料原産地表示制度　原原－17・－42

問4

　酒類の原料として、国内で蒸留して製造された酒類用の原料アルコール（輸入原材料（エチルアルコール）使用）を使用した場合、原料原産地はどのように表示すればよいですか。

答　酒類の製造用の原料アルコールは、そのほとんどが輸入されたエチルアルコールから製造されています。これを酒類の原料として使用した場合の原料アルコールの原料原産地は、国内で製造（蒸留）された中間加工原材料であり、「国内製造」又は「○○県製造」と表示することとなります。

（参考）

　関税法（昭和29年法律第61号）において、アルコール飲料の原料アルコールの製造用のものは、国内で連続式蒸留機により蒸留（製造）することを前提に輸入が許可されます。（HS2207.10‐130）

　また、アルコール事業法（平成12年法律第36号）においては、「HS2207.10-130」で輸入される原料アルコール製造用のエチルアルコール（粗留アルコール）は、アルコール事業法の「【1－61】酒類原料用」の許可を受けた使用事業者が連続式蒸留機により蒸留することを要件としています。

※　蒸留しないで酒類の原料用に使用した場合は、「【1－44】アルコールを含む飲料」の許可区分となるほか、関税法の分類も「2207.10-199」となる。

　《関連》食品表示基準Q＆A　別添 新たな原料原産地表示制度　原原－43・－44

ビールの仕込みに、３か国以上の国から輸入した麦芽を使用した場合、麦芽の原料原産地はどのように表示すればよいですか。

答 麦芽は麦を発芽させた中間加工原材料であり、その麦芽の製造地を表示することが原則となります。

　製造地を表示する場合も、国別重量順表示が原則ですが、国別重量順表示が困難な場合に限り、一定の条件下で、「又は表示」、「大括り表示」及びそれらの併用が認められます。認められる条件については、食品表示基準Ｑ＆Ａ別添　新たな原料原産地表示制度（原原－32）～（原原－41）を参照ください。

《関連》食品表示基準Ｑ＆Ａ　別添 新たな原料原産地表示制度　原原－48

原料原産地表示を行わなくてもよい酒類がありますか。

答 次の２つの場合があります。

１　他法令により表示がなされている場合

　清酒、単式蒸留焼酎（米焼酎）、みりん、果実酒及び甘味果実酒については、米穀等の取引に係る情報の記録及び産地情報の伝達に関する法律（平成21年法律第26号）（米トレーサビリィティ法）又は酒類業組合法に基づく表示の基準に基づき、重量割合上位１位の原材料の原産地が表示（情報伝達）されている場合、食品表示基準の原料原産地表示の規定を適用しません。（問１参照）

２　経過措置の対象となる場合

⑴　平成34年３月31日までに製造される酒類（改正附則第２条）施行日（平成29年９月１日）から平成34年３月31日までに製造される酒類（業務用加工食品に該当する酒類については、平成34年３月31日までに販売される酒類）については、原料原産地表示を行わないことができます。

⑵　施行の際に酒類製造場に現存する酒類（改正附則第３条）施行の際に製造所又は加工所で製造過程にある加工食品については、経過措置期間経過後（平成34年４月１日以降）も原料原産地表示を行わないことができます。

これは、施行の際に酒類製造場に貯蔵している酒類については、その原料の原産地を確認することができないため原料原産地表示は不要としているものです。

　この考え方から、施行の際に酒類製造場に現存する酒類を原材料の一部に使用した酒類を、経過措置期間経過後に出荷する場合にあっても原料原産地表示は不要となります。

なお、上記(1)及び(2)のいずれの場合も、消費者への情報提供の観点から、できる限り新基準に基づく原料原産地表示を行うことが望ましいです。（「食品表示基準について」（平成27年3月30日消食表第139号消費者庁次長通知）附則4）

《関連》食品表示基準Q＆A　別添 新たな原料原産地表示制度　原原－66

平成27年3月

（最終改正　令和4年消食表第243号）

消費者庁　食品表示企画課

【編注】ここでは、お酒の表示に関するものを抜粋して掲載しています。全文は消費者庁
　　　　HPをご覧ください。

第1章　総則

第1条関係

総則－1

> どのような食品が食品表示基準の適用を受けるのですか。

答　食品表示法第2条第3項第1号に規定する食品の製造・加工・輸入を業とする者
（当該食品の販売をしない者を除く。）又は食品の販売を業とする者や食品関連事業
者以外の者（バザー等で販売する者など、販売を業としない者）が、加工食品（酒
類を含む。）、生鮮食品又は添加物を販売する場合及び不特定又は多数の者に対して
無償で譲渡する場合に適用を受けます。

　なお、配合飼料のように食品でないものは対象とはなりません。

総則－6

> 有機加工食品には食品表示基準が適用されますか。

答　適用されます。

　有機加工食品の日本農林規格（平成12年1月20日農林水産省告示第60号）第
5条及び食品表示基準に基づく表示を行ってください。

　また、有機酒類については、酒類における有機等の表示基準（平成12年12月
26日国税庁告示第7号）及び食品表示基準に定められた表示を行ってください。

　店頭において、客の求めに応じ個々に表示されている食品を詰め合わせした場合の外装である化粧箱等について、さらにこの化粧箱等にも表示をする必要があるのですか。

答　個々の容器包装に表示をしてある食品を、客の求めに応じて箱等に入れて販売する場合の箱等には表示をしなくても差し支えありません。

　詰め合わせ食品の表示方法はどうすればよいですか。

答　購買者の求めに応じて詰め合わせ内容がその都度変わる場合は、外装は単なる化粧箱に過ぎないと考えられるので外装には表示を要しませんが、このような場合を除いては、外装（小売のための包装）に表示することが必要です。

第2条関係

（加工食品及び生鮮食品関係）

　「製造」及び「加工」の定義を教えてください。

答　一般的には、

　①　「製造」とは、その原料として使用したものとは本質的に異なる新たな物を作り出すこと

　②　「加工」とは、あるものを材料としてその本質は保持させつつ、新たな属性を付加すること

　です。

　食品関連事業者の行為における「製造」、「加工」とは、具体的にはどのような行為を指しますか。

答　「加工」とは、新たな属性を付加する行為であり、加工行為を行う前後で比較し

て、本質の変更を及ぼさない程度の行為を指します。具体的には以下の行為が「加工」に該当します。なお、酒類における「製造」、「加工」の判断については、「食品表示法における酒類の表示のＱ＆Ａ（平成30年７月国税庁）」を確認願います。（以下省略）

総則－18

いわゆる業務用スーパーなどで消費者にも販売される可能性のある加工食品は、どのような表示を行えばよいのですか。

答 主として業務用の食品として販売されるものであっても、消費者に販売される形態となっており、消費者にも販売される可能性があるものについては、一般用加工食品として表示する必要があります。

第２章　加工食品

第３条第１項関係

（表示の対象について）

加工－2

容器包装に入れられた加工食品の定義を教えてください。

また次のものは該当しますか。

① 串に刺してある焼き鳥をそのまま販売

② トレイに載せた加工食品（ラップ等で包装しないもの）

③ 小分け包装している製品をダース単位でまとめた加工食品包装

④ 消費者に渡す際に紙、ビニール等で包装した加工食品

答

1 「容器包装に入れられた加工食品」とは加工食品を容器包装しているもので、そのままの状態で消費者に引き渡せるものをいいます。

2 御質問の例については、次のように区分します。

(1) 容器包装に該当するもの……③

なお、小分けした個々の包装に食品表示基準に定められた表示がされており、ダース単位でまとめた包装をとおして見えれば、新たに表示し直す必要はありません。

(2) 容器包装に該当しないもの……①、②、④

加工－4

客の注文に応じて弁当、そうざいをその場で容器に詰めて販売している場合、食品表示基準に定められた表示が必要なのですか。

答　客の注文に応じて弁当、そうざいをその場で容器に詰めて販売する行為は、食品表示基準における容器包装に入れられた加工食品の販売に該当せず、食品表示基準第40条に定める生食用牛肉の注意喚起表示を除き、食品表示基準に定められた表示は必要ありません。

加工－5

タンクローリーやコンテナ等の通い容器についても表示義務が課されるのですか。

答

1　食品表示基準においては、最終的に小売りされる食品における表示の正確性を確保するため、タンクローリーやコンテナ等の通い容器についても必要に応じて表示義務の対象としています。

2　タンクローリーやコンテナ等の通い容器は、容器包装に該当しないものの、業務用加工食品に該当する場合、食品表示基準第11条第1項の表の「容器包装に入れないで販売する場合」に該当します。

3　この場合、業務用加工食品として必要な表示事項は、送り状、納品書等又は規格書等に表示してください。

（名称関係）

加工－7

商品名を名称として表示したり、名称に括弧を付して商品名を併記することはできますか。

答

1　食品表示基準第3条第1項の表の名称の規定において、名称は、その内容を表す一般的な名称で表示するよう規定していますので、商品名がその内容を表す一般的な名称であれば名称に使用することは可能です。

2　また、他法令により表示規制のある品目については、当該法令により名称が制限

を受けることがあります。

3　名称に括弧を付して商品名を併記することについては、併記することにより名称を誤認させるものでないものであれば、差し支えないものと考えます。

（消費期限又は賞味期限関係）

加工ー37

酒類について、一部の瓶入りビールで従来から実施されているとおり、ラベル周辺に年月日の部位に切れ込みを入れて日付を表示する方式（切れ欠き方式）は認められますか。

答　製造又は加工の日から賞味期限が3箇月を超えるものにあっては、ビールにおいて従来から行われているように、ラベル周辺に年月の部位に切れ込みを入れて、賞味期限を表示しても差し支えありません。ただし、この場合、一括表示部分には、「賞味期限はラベル周辺部に切れ欠き方式で記載」等と表示することが必要です。

（原材料名関係）

加工ー73

原材料と添加物は区分して表示することになっていますが、原材料、添加物の表示順序は特に指定はないという解釈でよろしいでしょうか。

答　原材料、添加物の順序が一般的であり、当該順序で表示する方が望ましいと考えます。

ただし、サプリメントのようにそのほとんどが添加物で構成されている場合は添加物を先に表示（その場合も重量順に表示）しても差し支えありません。

加工ー74

複合原材料に使用されている添加物は、複合原材料の括弧内の最後に表示するのですか。それとも一括表示の原材料名欄の最後に表示するのですか。

答

1　添加物の表示は、原則、添加物の事項欄を設け、添加物に占める重量の割合の高いものから順に表示することになります。

なお、添加物の事項欄を設けずに表示する場合は、原材料名の事項欄に原材料名と明確に区分して表示する必要があり、複合原材料の括弧内の最後に表示するので

はなく、その食品に使用した他の添加物（複合原材料に使用されている以外の添加物）とまとめて最後に表示が必要です。

2　この際、加工助剤やキャリーオーバーに該当する添加物の表示は不要ですが、当該添加物に由来する特定原材料についてのアレルギー表示が必要です。

（添加物関係）

加工－75

「一般に食品として飲食に供されている物であって添加物として使用される品目リスト」（以下「一般飲食物添加物リスト」という。）に収載されていない食品は、添加物の目的で使用しても、添加物表示は不要と解してよいですか。

答　添加物の目的で使用した場合は、当該物が食品であっても、添加物としての表示が必要です。

（内容量又は固形量及び内容総量関係）

加工－93

内容量の単位として、「g」、「kg」、「ml」、「L」の記号は使えますか。

答　使えます。

ただし、計量法の規定により表示することとなっているものについては、計量法に従って表示することが必要です。詳しくは各都道府県の計量検定所等へお問い合わせください。

（食品関連事業者の氏名又は名称及び住所）

加工－114

食品関連事業者の表示方法を教えてください。

答

1　表示責任者である食品関連事業者の氏名又は名称及び住所を、「製造者」、「加工者」、「販売者」、「輸入者」のいずれかの事項名を付して、一括表示部分に表示することが必要です。

2　事項名については、表示責任者が当該製品の製造業者である場合には「製造者」、

加工者である場合は「加工者」、輸入業者にあっては「輸入者」とすることが基本
です。

3　なお、製造業者、加工者又は輸入業者との合意等により、これらの者に代わって
販売業者が表示責任者となることも可能です。この場合、事項名を「販売者」とす
ることが必要です。

加工－119

　表示責任者が販売者の場合であって、かつ製造所固有記号を使用できる場合に、
製造所固有記号を表示した上で、さらに任意で製造者の本社の名称等を表示した
い場合、どう表示したらよいですか。

答　製造所固有記号に代えられている製造者の表示と区別するためにも、この場合の
製造者の本社の名称は、表示するのであれば、一括表示部分の枠外に表示すること
が望ましいと考えます。また、表示する際には、消費者に誤認を与えないように、
「製造者　○○社」ではなく、事実に基づき、「本製品は○○社で製造しています」、
「お問い合わせ先　○○社」等と表示することが望ましいと考えます。

第4条関係

（缶詰の食品）

加工－190

　缶詰の食品は主要な原材料名を表示することになっていますが、ビール、酒、
ジュース類の缶詰はどのように主要な原材料名を表示すればよいですか。

答　清涼飲料水や酒類は、缶詰の食品に該当しません。

第7条関係

（特色のある原材料等に関する事項関係）

加工－217

　有機農産物、有機畜産物又は有機加工食品を使用した旨を表示できるのは、ど
のような場合ですか。

答

1　有機農産物、有機畜産物又は有機加工食品については、ＪＡＳ法第63条第2項
において、「何人も、指定農林物資以外の農林物資について、当該指定農林物資に

係る日本農林規格において定める名称の表示又はこれと紛らわしい表示を付しては
ならない」という表示規制が課せられており、当該食品が有機農産物、有機畜産物
又は有機加工食品である旨の表示を行うには、当該食品について、有機ＪＡＳ制度
に基づき格付けを受けている必要があります。

　　なお、有機ＪＡＳ制度の内容については、農林水産省にお問い合わせください。

2　また、酒類の原材料として有機農産物や有機加工食品などを使用し、その旨を表
　示する場合は、国税庁の「酒類における有機等の表示基準」（平成12年12月26
　日国税庁告示第7号）を御確認ください。

（栄養機能食品に係る栄養成分の機能関係）

加工－223

栄養機能食品の表示が望ましくない食品はありますか。

答　例えば、ビール等のアルコール飲料や、ナトリウム、糖類等を過剰に摂取させる
　ことになる食品等は、栄養機能食品の表示をすることによって、当該食品が健康の
　保持増進に資するという一面を強調することになりますが、摂取による健康への悪
　影響も否定できないことから、栄養機能食品の表示をすることは望ましくないと考
　えます。

（糖類を添加していない旨及びナトリウム塩を添加していない旨関係）

加工－236

糖類無添加について、食品本来の成分として糖類を含む場合であっても、糖類
の代用として使用しなければ、糖類無添加表示はできますか。

答　可能です。

第8条関係

加工－264

「おおむね30平方センチメートル」及び「おおむね150平方センチメートル」
の「おおむね」とはどの範囲までを指すのですか。

答　容器包装の形状、義務表示対象となる事項の字数は、個々の食品により異なるた
　め、表示可能面積30平方センチメートル及び150平方センチメートル以下を基本

としつつ、個々のケースに応じて判断することとなります。

　食品表示基準別記様式１の備考12「消費者の選択に資する適切な表示事項」とは具体的にどのような事項がありますか。

答　一括表示枠内には、食品表示基準別記様式１において規定されている事項のほか、食品表示基準第４条で個別品目ごとに定められている表示事項や公正競争規約、その他法令により定められているもののほか、消費者の選択に資する適切な表示事項を表示することが可能です。具体的には「使用上の注意」、「開封後の賞味期限」、「使用方法」などが考えられます。

　この場合、「保存方法」と「使用上の注意」、「賞味期限」と「開封後の賞味期限」は異なるものであるため、誤認が生じないように、事項名を明らかにして表示するようにしてください。

第10条関係

　業務用の輸入品は、どの段階から食品表示基準に基づく表示が義務付けられるのですか。

答
1　輸入業者が国内で他の事業者へ販売する時点から表示が必要となります。
2　また、酒類については、酒税の保全及び酒類業組合等に関する法律（昭和28年法律第７号）に基づき、酒類を保税地域から引き取るまでに表示することが義務付けられています。
3　したがって、輸出国側の事業者には、食品表示基準に基づく表示義務はありません。
4　なお、輸入手続の代行だけを行う事業者には、食品表示基準に基づく表示義務はありません。

　業務用の酒類について、食品表示法による表示はどうなるのですか。

答 業務用の酒類は食品表示法の対象ですので、業者間取引における表示義務の対象となります。また、酒類については、酒税の保全及び酒類業組合等に関する法律に基づく表示も必要となります。

第5章　雑則

（その他）

雑則－5

表示に関して、食品表示法以外の法令や公正競争規約との関連はどうなるのですか。

答

1　食品表示法以外の法令で表示が義務付けられている事項については、それぞれの法令に従って表示することが必要です。なお、これらの事項は、一括表示部分に表示することができます。

2　公正競争規約は、景品表示法に基づいて、消費者庁及び公正取引委員会が認定したものであり、これは品目ごとの公正取引協議会の会員が表示の義務を負うものです。

3　表示に際しては、食品表示法のみならず、他の法令や公正競争規約の規定も御確認ください。

雑則－6

他の法令との関係で、次のことは可能ですか。

① 一方の基準に基づく表示をし、他の基準に基づく表示を省略すること。

② 同一事項について異なる表示方法を用いること。

答　①、②について、食品表示基準に基づく表示内容が他法令で規定されている表示内容を満たしていれば、特に問題はありませんが、他法令に基づく表示内容が満たされていない場合は、食品表示基準と併せて満たすように表示してください。単に一方のみの基準に基づき表示し、他を省略してよいということではありません。

別添　製造所固有記号

Ⅰ　制度

製造所固有記号制度とは何ですか。

答

1　食品表示基準では、「製造所の所在地及び製造者の氏名又は名称」（※）の表示を義務付けています。

※　食品の処理工程が加工と解される場合は「加工所の所在地及び加工者の氏名又は名称」を、輸入品である場合は「輸入業者の営業所の所在地及び輸入業者の氏名又は名称」を、乳である場合は「乳処理場（特別牛乳にあっては特別牛乳搾取処理場）の所在地及び乳処理業者（特別牛乳にあっては特別牛乳搾取処理業者）の氏名又は名称」を表示することとなっています。

2　この「製造所の所在地及び製造者の氏名又は名称」の表示を、あらかじめ消費者庁長官に届け出た製造所固有記号の表示をもって代えることができる制度が製造所固有記号制度です。

3　製造所固有記号の表示は、原則として同一製品を2以上の製造所で製造している場合のように、包材の共有化のメリットが生じる場合にのみ認められます。

4　具体的には、以下のとおりです。

①　所在地が異なる複数の自社工場（製造所）で製造した食品に、本社の名称及び所在地を表示する場合

→　製造所固有記号を用いることにより、自社工場の所在地に代えて表示できます。

②　複数の他社工場（製造所）に製造を委託している販売者が、自社の名称及び所在地を表示する場合

→　製造所固有記号を用いることにより、委託先である製造者の名称及びその工場の所在地に代えて表示できます。

5　ただし、乳、乳製品及び乳又は乳製品を主要原料とする食品について、上記②「複数の他社工場（製造所）に製造を委託している販売者が、自社の名称及び所在地を表示する場合」の製造所固有記号の表示は、認められていません。

6　また、消費者に販売される加工食品又は添加物に製造所固有記号を表示する場合には、応答義務が課されます。

Ⅱ 原則として同一製品を二以上の製造所で製造している場合

固有記号－7

「原則として同一製品を二以上の製造所で製造している場合」に製造所固有記号を使用することができるとなっていますが、「例外」について具体的に教えてください。

答 例外としては、下記の取扱いが認められます。

① 届出時点では同一製品を複数の製造所で製造を行っていない場合であっても、製造所固有記号の使用に係る有効期間内に複数の製造所で製造することが計画されている場合には、製造を予定している製造所に関する製造計画書を添付して届け出ることで、「二以上の製造所で製造している場合」と取り扱うこととします。

これは、届出時点では一つの製造所で製造している製品であっても、将来的には複数の製造所で製造する事態が生じ得ることに鑑み、そのような場合には、製造所固有記号を使用することによる包材の共有化という制度趣旨が妥当することから、このような運用を認めるものです。

② 製造された製品を仕入れ、最終的に衛生状態を変化させる行為として小分け作業を行う場所や、「食品表示法における酒類の表示のＱ＆Ａ（平成30年7月 国税庁）」において加工行為とされている酒類に水や酒類を混和する場所は、従来の食品衛生法において製造所固有記号を使用することができたところですが、食品表示法では「加工所」と取り扱われることから、制度の変更により特定の事業者にのみ製造所固有記号が使用できなくなるという不利益が生じることを防ぐため、同一製品について、それら小分け行為を行う場所や酒類に水や酒類を混和する場所が、同一製品を2以上ある場合には、引き続き製造所固有記号の使用を認めることとします。

例えば、うなぎ蒲焼をバルクで仕入れて小分けし、包装するなど衛生状態の変化が生じる場合がこれに該当します。

③ 一つの製造所で製造している場合であっても、他の法令の規定により、最終的に衛生状態を変化させた場所及び当該行為を行った者に関する情報の管理が厳格に行われているような場合であって、かつ、当該法令その他関係法令に基づく表示から最終的に衛生状態を変化させた者又は場所が特定できる場合には、「二以上の製造所で製造している場合」と同様に取り扱うこととします。

Ⅵ　表示の方式等

　「食品表示基準について」では、同一製品を、製造者が自らの製造所で製造するとともに、他者の製造所に委託して製造する場合には、食品表示基準別記様式1の「製造者」及び「販売者」の事項名を表示をしなくとも差し支えないとしていますが、なぜでしょうか。

答　食品表示基準においては、別記様式1による表示と同等程度に分かりやすく一括して表示される場合を認めており、一括表示枠内に一人の者の氏名又は名称及び住所しか表示されていないのであれば、その者が表示内容に責任を有する者であることが明白であり、事項名がなくても同等程度に分かりやすいと判断がすることができると考えられるからです。

別添　アレルゲンを含む食品に関する表示

C．表示対象外・免除

　酒類は原材料に麦や果実を使用する場合がありますが、これらについても表示は必要ですか。

答　酒類については、アルコールを摂取することにより、顔が赤くなったり、動悸がしたりという摂取時の反応があるため、その反応が特定原材料等の抗原性によるものかアルコールの作用によるものかを判断することは極めて困難です。

　したがって、アレルギー疾患を引き起こすとの知見が得られにくいため、飲料用のアルコールや牛乳の乳清から製造される工業用アルコール（主に食品の製造時に用いられるアルコール）についても、現時点では表示義務の対象となっていません。

　しかしながら、今後さらに報告・症例の調査に基づき検討していく必要があります。

別添　遺伝子組換え食品に関する事項

Ⅱ　表示対象と表示方法

　食品表示基準の遺伝子組換えに関する表示ルールはお酒についても適用されますか。

答 酒類についても食品表示基準の対象であり、遺伝子組換えに関する表示ルールが適用されます。

ただし、ビール類（ビール・発泡酒・いわゆる新ジャンル）や焼酎・ウイスキー等の蒸留酒は、原料由来のＤＮＡ等が加工（発酵・蒸留）過程で除去・分解され、広く認められた最新の検出技術によっても検出されず※、組み換えられたＤＮＡ等が残存する加工食品には該当しないため、遺伝子組換えに関する表示義務はありません。

発酵・蒸留後の酒類に遺伝子組換え農産物（その加工品を含みます。）を主な原材料として混和した酒類は、遺伝子組換えに関する表示ルールに従って表示を行う必要があります。

※　独立行政法人酒類総合研究所による研究結果が公表されています。（2018年（平成30年）「酒類におけるとうもろこし由来ＤＮＡの残存分析に関する研究」https://www.nrib.go.jp/data/research.htm）

別添　新たな原料原産地表示制度

Ⅰ　表示対象

原原－1

　原料原産地表示の対象となる加工食品はどのようなものですか。

答

1　消費者への情報提供を目的として、国内で製造した全ての加工食品が原料原産地表示の対象となります。

　　輸入品（輸入後の国内での加工行為等が、実質的な変更をもたらしていないものを含む。）については、従来どおり輸入品として「原産国名」の表示が必要であり、原料原産地名の表示は必要ありません。

2　原材料名の表示等と同様、以下の場合には、原料原産地名の表示は必要ありません。
　①　設備を設けて飲食させる場合（外食）
　②　食品を製造し、又は加工した場所で販売する場合（いわゆるインストア加工を含む。）

③　不特定又は多数の者に対して譲渡（販売を除く。）する場合

④　容器包装に入れずに販売する場合

　また、容器包装の表示可能面積がおおむね30平方センチメートル以下の場合には、原料原産地名の表示を省略することができます。

原原－2

　　原料原産地表示の対象となる原材料とはどのようなものですか。

答

1　原材料に占める重量割合が最も高い原材料（重量割合上位１位の原材料）を原料原産地表示の対象（これを対象原材料といいます。）とし、原材料名に対応させてその原産地名の表示をする必要があります。

　　事業者の実行可能性も考慮し上記を原料原産地表示の対象としましたが、消費者への情報提供の観点からは、できるだけ多くの原材料を原料原産地表示の対象とすることが望ましいです。

（中略）

2　なお、以下の法律の規定に基づき、重量割合上位１位の原材料の原産地が表示（情報伝達）されている場合、当該原材料には食品表示基準の原料原産地表示の規定を適用しません。

①　（省略）

②　酒税の保全及び酒類業組合等に関する法律（昭和28年法律第７号）

　　平成29年９月時点では、②に基づく表示の基準として、果実酒等の製法品質表示基準を定める件（平成27年国税庁告示第18号）が制定されています。

　酒類も原料原産地表示の対象になりますか。対象である場合、原料原産地表示
の対象となる原材料とはどのようなものですか。

答

1　食品表示基準において、「原材料名」の表示義務がない酒類も、原料原産地表示
　の対象となります。

2　具体的には、以下のいずれかになります。
　①　原料原産地名の事項欄を設けて、原材料に占める重量割合が最も高い原材料
　　（重量割合上位1位の原材料）に対応させて原料原産地を表示。
　②　原材料名を任意で表示している場合は、原料原産地名の欄を設けずに、対応す
　　る原材料名の次に括弧を付して原料原産地表示することも可能。

3　上記2の②の場合、酒類については、原材料名の表示が義務ではないため、表示
　順が重量順とは限りませんが、原材料名欄の原材料名の表示順にかかわらず、原材
　料に占める重量割合が最も高い原材料（重量割合上位1位の原材料）に原料原産地
　表示を行ってください。

4　なお、清酒、米焼酎（単式蒸留）、みりん、果実酒及び甘味果実酒において、米
　穀等の取引等に係る情報の記録及び産地情報の伝達に関する法律又は酒税の保全及
　び酒類業組合等に関する法律第86条の6第1項の規定に基づく表示の基準に基づ
　き、原材料に占める重量割合が最も高い原材料（重量割合上位1位の原材料）の原
　産地が表示（情報伝達）されている場合、食品表示基準における原料原産地表示の
　規定は適用されません。

Ⅱ　表示方法

　原料原産地表示は、どこに表示すればよいですか。

答　一般用加工食品への原料原産地表示は、食品表示基準の別記様式1又はこれと同
　等程度に分かりやすく一括して、容器包装に原料原産地名欄を設け、原材料名に対
　応させて原料原産地を表示するか、原材料名欄に表示してある原材料名に対応させ
　て括弧を付して原料原産地を表示する必要があります。

原材料が生鮮食品である場合の原料原産地表示の国別重量順表示について、基本的な表示方法を教えてください。

答

1　原材料が国産品であるものには国産である旨を、輸入品であるものには「原産国名」を表示します。

2　ただし、原材料が国産品の場合、国産である旨（国産、日本、日本産など）に代えて以下のような表示が可能です。

　①　原材料が農産物の場合

　　都道府県名その他一般に知られている地名の表示が可能です。原料原産地表示では国産である旨の表示が原則なので、「国産」よりも狭く限定された地域であれば表示可能です。

　　例えば、都道府県名より広い地域名での表示（「九州産」、「関東産」など）も一般に知られている地名として表示が可能です。

　②　原材料が畜産物の場合

　　主たる飼養地が属する都道府県名その他一般に知られている地名の表示が可能です。

　③　原材料が水産物の場合

　　水域名、水揚げ港名、水揚げ港又は主たる養殖地が属する都道府県名その他一般に知られている地名の表示が可能です。

3　また、原材料が輸入品の水産物の場合、原産国名に水域名を併記することができます。これは、例えばインド洋にあるフランス領ケルゲレン諸島で漁獲された魚（キンメダイ）について、原産国名が「フランス」となると、消費者からはフランス本国の近海で獲れたとの誤解を招く可能性があります。このため、国名だけでは分かりにくい場合、水域名を併記できることとしたもので、例えば「原材料名：キンメダイ（フランス（インド洋））」と表示することができます。ただし、水域名のみの記載は、国産である旨を示すことになるため、認められません。

4　（省略）

Ⅶ　中間加工原材料の製造地表示

原原－42

　原料原産地表示の対象の原材料が中間加工原材料の場合の表示方法について教えてください。

答

1　原料原産地表示の対象の原材料が中間加工原材料の場合には、表示した原材料の名称に対応して製造地を表示することを基本とします。

2　加工食品は、生鮮原材料を使用して製造している場合もあれば、他社工場で製造された中間加工原材料を使用して製造する場合もあり、その中間加工原材料を生鮮原材料まで遡って原産国を特定することは困難な場合があります。

　　また、従来から原材料の名称は、生鮮原材料であるか中間加工原材料であるかを区別せず、最も一般的な名称で表示することとしてきたことから、表示した中間加工原材料の名称に対応して製造地を表示します。

　　その際、単に国名のみを表示すると、その中間加工原材料の元となる生鮮原材料の原産地であると消費者が誤認する恐れがあることから、中間加工原材料の原産地を「○○製造」と表示することとします（「○○加工」との表現は使用できません。）。

3　製造地表示をする国が複数ある場合は、国別重量順表示を基本とし、必ず国名ごとに「製造」の文字を付してください。（「ドイツ、ブラジル製造」のような表示は認められません。）また、中間加工原材料名の次に括弧をつけて「○○製造」と中間加工原材料名に対応させた表示が必要です。すなわち、例えば「りんご（ドイツ製造）」のように、生鮮原材料名に対応させて「○○製造」と表示することはできません。ただし、例3のような表示を行うことは可能です。

4　なお、中間加工原材料の原料の原産地が、生鮮原材料の状態まで遡って判明しており、客観的に確認できる場合には、「○○製造」の表示に代えて、当該生鮮原材料名と共にその原産地を表示することができます。

5　その他の表示方法については、生鮮原材料と同じです。すなわち、（原原－20）で示したように、「国内製造」の表示に代えて、「○○県製造」といった都道府県での表示をすることができます。

　（以下略）

原原－43

中間加工原材料の製造地の決め方を教えてください。

答

1　中間加工原材料が国産品の場合には、国内において製造された旨を「国内製造」と、輸入品の場合には、外国において製造された旨を「〇〇製造」と表示します。

2　輸入した中間加工原材料については、通常、通関の際の輸入許可書上の産地が製造地となります。

3　また、輸入された加工食品に対し、国内他社で何らかの行為を行ったものを仕入れ、それを中間加工原材料として用いるような場合については、（原原－44）を参照してください。

4　なお、「製造」又は「加工」を行ったとして、製造者、加工者等と事項名が変わることと、国内で実質的な変更が行われ中間加工原材料が「国内製造」になることは別ですので、それぞれ適切に判断してください。

原原－44

輸入された中間加工原材料について国内で行う行為の中で、「国内製造」とならない行為には、どのようなものがありますか。

答

1　中間加工原材料が国産品の場合には、国内において製造された旨を「国内製造」と、輸入品の場合には、外国において製造された旨を「〇〇製造」と表示する必要があります。

2　そのため、輸入された中間加工原材料については、国内他社でさらに「製品の内容についての実質的な変更をもたらす行為」がなされ、それを仕入れて中間加工原材料として使用する場合は、「国内製造」となります。

3　「製品の内容についての実質的な変更をもたらす行為」とは、製品として輸入品であることを示す「原産国名」表示での考え方と同様です。（食品表示基準Ｑ＆Ａ加工-155、156参照）

4　（省略）

原原－48

中間加工原材料の製造地表示においても、「又は表示」や「大括り表示」等は認められますか。

答

1 中間加工原材料の製造地表示においても、消費者への情報提供の観点から、国別重量順表示が原則です。

　しかしながら、製造地表示であっても、国別重量順表示が困難な場合に限り、一定の条件下で、「又は表示」、「大括り表示」及びそれらの併用を認めます。認められる条件については、生鮮原材料の場合と全く同じです。（（原原－27）～（原原－38）参照）

2 なお、「大括り表示」については、「外国製造」などの表示を行いますが、意味が明確に伝わらない「輸入製造」、「国外製造」などは認められません。

（以下省略）

IX　その他

原原－66

施行の際に製造所又は加工所で製造過程にあって、経過措置期間後に製造を完了する製品も対象になりますか。

答

1 食品表示基準の一部を改正する内閣府令（平成29年9月1日内閣府令第43号）の施行の際に加工食品の製造所又は加工所で製造過程にあり、令和4年4月1日以降に製造を完了、販売する製品は対象とならず、改正前後のいずれの規定によっても表示を行うことができます。具体的には、酒類、果実酢等を想定しています。

2 例えば、施行の際に製造所で熟成しているウイスキーについては、原料原産地表示は不要です。

　また、このウイスキーを他のウイスキーとブレンドした場合も、原料原産地表示は不要です。

第６編　その他の表示

Ⅰ　資源の有効な利用の促進

1 資源の有効な利用への取り組み

近年、廃棄物の減量化、再資源化を通じて地球環境の保全を図ろうとする動きが世界的に高まりを見せており、我が国においても３R※の推進など環境保全に関する施策が強く求められています。

※　３R

Reduce（リデュース：廃棄物の発生抑制）・Reuse（リユース：再使用）・Recycle（リサイクル：再生利用）の３つのRを指します。

国税庁は、酒類業界の健全な発達を目的として、酒類業者が「容器包装に係る分別収集及び再商品化の促進等に関する法律」（容器包装リサイクル法）、「資源の有効な利用の促進に関する法律」（資源有効利用促進法）及び「食品循環資源の再生利用等の促進に関する法律」（食品リサイクル法）等の環境関係法令に適切に対応するよう、消費者に対する啓発や酒類業者に対する指導啓発等を行っています。

また、酒類業界においては、経済システム、消費構造の変化を踏まえるとともに、３R、需要振興及び物流合理化といった様々な観点からどのような容器が酒類業界の発展に寄与するかを検討するため、平成10年９月に生販三層の関係者で構成する「酒類容器等に関する協議会」を発足し、平成11年４月に「酒類業界における当面のリサイクル推進のため採りうる方策」を取りまとめ、酒類容器等の３Rに取り組んでいます。

2 材質表示の取り組み

　資源有効利用促進法では、容器包装に1か所以上の材質表示を義務付けています。

　酒類に関しては、資源有効利用促進法施行規則において次の表示（鋼製缶及びアルミニウム缶）を定めています。

資源の有効な利用の促進に関する法律（抄）

（目的）

第1条　この法律は、主要な資源の大部分を輸入に依存している我が国において、近年の国民経済の発展に伴い、資源が大量に使用されていることにより、使用済物品等及び副産物が大量に発生し、その相当部分が廃棄されており、かつ、再生資源及び再生部品の相当部分が利用されずに廃棄されている状況にかんがみ、資源の有効な利用の確保を図るとともに、廃棄物の発生の抑制及び環境の保全に資するため、使用済物品等及び副産物の発生の抑制並びに再生資源及び再生部品の利用の促進に関する所要の措置を講ずることとし、もって国民経済の健全な発展に寄与することを目的とする。

（指定表示事業者の表示の標準となるべき事項）

第24条　主務大臣は、指定表示製品に係る再生資源の利用を促進するため、主務省令で、指定表示製品ごとに、次に掲げる事項につき表示の標準となるべき事項を定めるものとする。

一　材質又は成分その他の分別回収に関し表示すべき事項

二　表示の方法その他前号に掲げる事項の表示に際して指定表示製品の製造、加工又は販売の事業を行う者（その事業の用に供するために指定表示製品の製造を発注する事業者を含む。以下「指定表示事業者」という。）が遵守すべき事項

2　第10条第3項の規定は、前項に規定する表示の標準となるべき事項を定めようとする場合に準用する。

鋼製又はアルミニウム製の缶であって、飲料が充てんされたものの表示の標準となるべき事項を定める省令

（表示事項）

第1条　資源の有効な利用の促進に関する法律（以下「法」という。）第24条第1項の主務省令で定める同項第1号に掲げる事項は、鋼製又はアルミニウム製の缶（内容積が7リットル未満のものに限る。以下単に「缶」という。）であって、飲料（酒類を含む。以下同じ。）が充てんされたものについて、当該缶の材質に関する事項とする。

（遵守事項）

第2条　法第24条第1項の主務省令で定める同項第2号に掲げる事項は、缶を製造する事業者及び缶に飲料を充てんする事業者並びに飲料が充てんされた缶であって、自ら輸入したものを販売する事業者について、次の各号に掲げる事項とする。

　一　別表の上欄の指定表示製品の区分ごとにそれぞれ同表の下欄に定める様式に基づき、缶の胴に、一箇所以上、印刷し、又はラベルをはることにより、表示をすること。

　二　表示を構成する文字及び記号は、缶の全体の模様及び色彩と比較して鮮明であり、かつ、容易に識別できること。

　三　第1号に規定する表示に装飾を施すに当たっては、前号に反しないものとすること。

別表（第2条関係）

指定表示製品の区分	様式
鋼製の缶（胴が鋼製のものをいう。）であって、飲料が充てんされたもの	様式一
アルミニウム製の缶（胴がアルミニウム製のものをいう。）であって、飲料が充てんされたもの	様式二

様式一

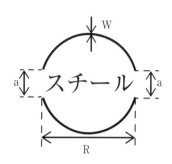

R ：円の外径（6㎜以上）

a ：円の切れ目の幅（Rの3/5以内）

W ：線の幅（0.6㎜以上）

文字の大きさは、日本産業規格 Z 8305 に規定する4ポイントの活字以上の大きさとする。

様式二

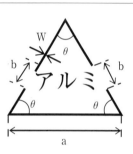

a ：一辺の長さ（6㎜以上）

b ：一辺の切れ目の幅（aの3/5以内）

W ：線の幅（0.6㎜以上）

θ ：1つの角の大きさ（60°）

文字の大きさは、日本産業規格 Z 8305 に規定する4ポイントの活字以上の大きさとする。

法令解釈通達

第2章　資源の有効な利用の促進に関する法律関係

1　鋼製又はアルミニウム製の缶の材質に関する表示の取扱い

資源の有効な利用の促進に関する法律（平成3年法律第48号。以下「リサイクル法」という。）第24条第1項の規定に基づき制定された「鋼製又はアルミニウム製の缶であって、飲料が充てんされたものの表示の標準となるべき事項を定める省令」（平成3年大蔵省、農林水産省、通商産業省令第1号。以下この第2章において「省令」という。）別表に定める缶の材質に関する表示の取扱いは次による。

(1)「缶に-飲料を充てんする事業者」の意義等

イ　省令第２条に規定する「缶に飲料を充てんする事業者」とは、当該飲料の所有権を有する等当該飲料を実質的に支配する事業者をいい、例えば、酒類製造者が他の事業者に対し、自己の製造した酒類の充塡を委託する場合には、当該委託者が「缶に飲料を充てんする事業者」となるのであるから留意する。

ロ　国内において缶に酒類を充塡する場合における省令の別表に定める缶の材質に関する表示の様式（以下この第２章において「識別マーク」という。）の表示義務者は、具体的には次のとおりとなる。

　(イ)　酒類を缶に充塡する事業者（以下この第２章において「ボトラー」という。）が、缶を製造する事業者（以下この第２章において「缶メーカー」という。）からホワイト缶（缶体に商標や図柄が全く印刷されていない缶又はこれらを表示したラベルが貼付されていない缶等をいう。）を購入して酒類を充塡することとしている場合は、ボトラー。

　　(注)　識別マークの表示が行われていない缶詰め酒類又は基準を充足していない識別マークの表示が行われた缶詰め酒類が市場に流通したときは、リサイクル法第25条の規定により、財務大臣が当該ボトラーに対し、「表示事項を表示し、又は遵守事項を遵守すべき旨の勧告」等必要な措置を講ずることになる。

　(ロ)　イ以外の場合には、ボトラー及び缶メーカー。

　　(注)１　例えば、ボトラーが缶の胴に印刷するデザインを作成し、これを缶メーカーに提供し又は缶メーカーに対し識別マークを印刷するよう指示し、これらの印刷後の缶（以下この第２章において「印刷缶」という。）を購入することとしている場合は、ボトラー及び缶メーカーが表示義務者となる。

　　　　２　識別マークの表示が行われていない缶詰め酒類又は基準を充足していない識別マークの表示が行われた缶詰め酒類が市場に流通したときは、リサイクル法第25条の規定により、財務大臣が当該ボトラーに対し、また、経済産業大臣が当該缶メーカーに対し、それぞれ、「表示事項を表示し、又は遵守事項を遵守すべき旨の勧告」等必要な措置を講ずることになる。

(2)　「酒類を自ら輸入して販売する事業者」の範囲等

イ　省令第２条に規定する「酒類を自ら輸入して販売する事業者」には、自己

の経営する酒場、料理店等において酒類を客の飲用に供するために酒類を輸入する料飲業者等も含まれることに留意する。

□ 国外において缶に充塡された酒類を輸入する場合における識別マークの表示義務者は、酒類を保税地域から引き取る事業者が表示義務者となる。

(3) 「表示の特例」を設けた理由

省令附則2《表示の特例》を設けた理由は、例えば、輸入品については、日本向けとしてのオリジナル商品でない場合には、生産国において識別マークを缶の胴へ印刷することは経済的に困難と認められること、また、当該酒類を輸入した後において、仮に、缶の胴に表示することとした場合には、缶を一旦箱（カートン）から取り出した上で、識別マークを貼付しなければならないという事情に鑑み措置されたものである。

(4) 「製造又は販売の数量が少ないため、缶の胴に表示をすることが困難な場合」の取扱い

イ 省令附則2に規定する「製造又は販売の数量が少ないため、缶の胴に表示をすることが困難な場合」については、(1)国内において酒類を充塡する場合にあっては、商品の品質、容器の材質、容量又はデザインのうち、いずれかが異なること、(2)国外において酒類を充塡する場合にあっては、これらに加えて、海外における輸出業者ごとにみた商品の製造数量又は輸入数量が、前年1年間の実績で概ね3百万缶未満の場合に限り適用することに取り扱う。

□ イの数量が3百万缶未満の場合であっても、(1)国内において酒類を充塡する場合にあっては、印刷缶であるとき、また、(2)国外において酒類を充塡する場合にあっては、当該商品に日本向けとしてのオリジナルのデザインが缶の胴に印刷されるとき又は我が国の法律により義務付けられている表示事項が缶の胴に印刷されるときは、それぞれ、「缶の胴に表示することが困難な場合」には該当しないことに留意する。

(5) 対象となる酒類

輸出用酒類については、識別マークを表示する必要はないのであるから留意する。

Ⅱ　税関への表示の手続

酒類を輸入する者（酒類販売業者）（以下「輸入者」といいます。）は、保税地域から引き取る時までに、輸入する酒類の容器又は包装（以下、「容器等」といいます。）の見やすい箇所に、輸入者の氏名又は名称及び住所、その引取先の所在地、内容量及び酒類の品目並びに酒類の品目に応じ法令で定められている事項を、容易に識別することができる方法で表示しなければなりません。

　また、その表示方法の届出は、輸入する酒類が蔵置されている保税地域を管轄する税関に行うこととなっています。税関への手続きに当たっては、次頁「参考　酒類の表示方法の届出について（令和４年４月１日）」を参考に、東京税関管内の酒類業者については、東京税関（業務部収納課許可係）に手続きすることとなります。

令和 4 年 4 月 1 日

<u>酒類の表示方法の届出について</u>

　酒類を輸入する者（酒類販売業者）（以下「輸入者」という。）は、保税地域から引き取る時までに、輸入する酒類の容器又は包装（以下、「容器等」という。）の見やすい箇所に、輸入者の氏名又は名称及び住所、その引取先の所在地、内容量及び酒類の品目並びに酒類の品目に応じ法令で定められている事項を、容易に識別することができる方法で表示しなければなりません。

　また、その表示方法の届出は、輸入する酒類が蔵置されている保税地域を管轄する税関に行うこととなっています。

（酒税の保全及び酒類業組合等に関する法律第 86 条の 5）

Ⅰ．届出書類

　◇　表示方法届出書（別紙「表示方法」を含む）　2 部（税関用・交付用）

　◇　酒類販売業免許証（又は通知書）の写し　1 部

　◇　有機農畜産物加工酒類の製造方法等の基準を満たす酒類であることの証明書等

　　　（有機農畜産物加工酒類の場合　※後述Ⅲ．「酒類表示義務事項」1．⑫有機の表示参照）

　◇　返信用封筒（郵送で届出を行う場合）

Ⅱ．手続方法

　表示方法届出書は、後述Ⅲ．酒類表示義務事項及び表示方法届出書記載例を参考に作成してください。

　上記Ⅰ．の届出書類は、輸入する酒類が蔵置されている保税地域を管轄する税関の本関収納課許可係に提出し、確認を受けてください。届出は窓口又は郵送での受付となります。当該酒類の輸入通関を委任している通関業者に届け出を委任することは差し支えありません。確認後、交付用を返却しますので、大切に保管してください。

　確認を受けた表示方法届出書は、内容に変更がない限り全国の税関で有効です。酒類の輸入通関時などに税関から確認を求められた場合は、確認を受けた表示方法届出書を提示してください。

（届出及び問い合わせ先）

　輸入する酒類が、東京税関が管轄する保税地域に蔵置されている場合の届出及び問い合わせは、下記までお願いいたします。

　〒135-8615　東京都江東区青海 2-7-11　東京港湾合同庁舎 1 階

　東京税関業務部収納課許可係　TEL:03-3599-6335　FAX:03-3599-6654

　　※受付時間　月～金曜日（祝日は除く）　9 時～12 時、13 時～17 時

Ⅲ．酒類表示義務事項

　　表示義務事項を表示するために用いる文字の書体は、原則として「楷書体」又は「ゴシック体」としてください。

　　内容量、アルコール分及び税率適用区分の数字はアラビア数字を用いて明瞭に表示してください。

　　文字の大きさは、原則**8ポイント以上の大きさ**で表示してください。

　　　　注）8ポイントの大きさは、日本産業規格Ｚ8305（1962）による。

　　　　　　「酒類の品目」と「20歳未満の者の飲酒防止に関する表示」を除く。

1．共通表示事項（全ての酒類に共通）

⑴　輸入者の氏名又は名称

　　酒類販売業免許を受けた者の、氏名又は名称を「輸入者」等の文字に続けて「漢字」、「ひらがな」又は「カタカナ」で表示してください。

　　　注）商号をローマ字等で表示する場合は、その読み方を「ひらがな」又は「カタカナ」

　　　　　により、併せて表示する必要があります。

　　個人の場合は、必ず氏名を表示してください。

　　　注）屋号のみでは氏名を表示したことにはなりません。

⑵　輸入者の住所

　　住所は「漢字」、「ひらがな」又は「カタカナ」で表示してください。

⑶　引取先の所在地

　　引取先の所在地は、酒類販売業免許証（又は通知書）に記載されている「販売場の位置」を引取先として表示してください。

　　　注）「販売場の位置」が不動産登記による地番である場合は、「住居表示に関する法律」

　　　　　に基づく住居表示とし、住居番号まで記載してください。

⑷　内容量

　　「内容量」の文字に続けて、「L」、「ml」、「mL」、「ℓ」、「mℓ」又は「リットル」、「ミリリットル」と表示してください。

　　　注）大文字「M」は「メガ」を表す接頭語のため使用しないでください。

⑸　酒類の品目

　　「品目」の文字に続けて、次表1の酒類の品目を表示してください。

　　文字の大きさは、内容量及び酒類の品目の文字数に応じて、次表2に掲げる文字の大きさ以上で表示してください。

　　なお、内容量が 100㎖以下の場合、食品表示基準に基づいた文字の大きさにより表示しても差し支えありません。

表 1　酒類の品目

酒類の分類	発泡性酒類	醸造酒類	蒸留酒類	混成酒類
酒類の品目	ビール 発泡酒	清酒 果実酒 その他の醸造酒	連続式蒸留焼酎※1 単式蒸留焼酎※1 ウイスキー ブランデー 原料用アルコール スピリッツ	合成清酒 みりん 甘味果実酒 リキュール 粉末酒 雑酒

※1　「焼酎」は、「しょうちゅう」との表示も可能。

表 2　酒類の品目を表示する文字の大きさ

内容量＼品目の文字数	2 文字	3 文字	4 文字以上
3.6ℓ超	42 ポイント	26 ポイント	26 ポイント
1.8ℓ超 3.6ℓ以下	26 ポイント	22 ポイント	16 ポイント
1ℓ超 1.8ℓ以下	22 ポイント	16 ポイント	14 ポイント
360mℓ超 1ℓ以下	16 ポイント	14 ポイント	10.5 ポイント
360mℓ以下	14 ポイント	10.5 ポイント	7.5 ポイント※2

※2　食品表示基準では、原則 8 ポイント以上での表示が必要。

⑹　アルコール分

　「アルコール分」の文字に続けて、酒税法に定める税率適用区分を同じくする 1 度の範囲内で「〇〇度以上〇〇度未満」（単位は「度」又は「%」）と表示してください。
　ただし、次の方法により表示しても差し支えありません。

ア　例えば、アルコール分が 15 度以上 16 度未満のものについて、「アルコール分 15.0 度以上 15.9 度以下」又は「アルコール分 15 度」と表示すること

イ　ビール、発泡酒、清酒、果実酒又はその他の醸造酒について、アルコール分±1 度の範囲内で、例えば、アルコール分 12 度以上 14 度未満のものについて、「アルコール分 13 度」、アルコール分 4.5 度以上 6.5 度未満のものについて、「アルコール分 5.5 度」と表示すること

　　注）度数は 1 度単位又は 0.5 度刻みにより表示。

ウ　輸出国におけるラベルにアルコール分の表示があるものについて「アルコール分はラベル（表ラベル又は裏ラベル）に記載」の旨を表示すること

　　注）当該取り扱いについては、次に掲げる要件を共に満たしている場合にのみ認められます。

　　　　a　アルコール分の範囲が法に定める税率の適用区分を同じくする 1 度の範囲内（ビール・発泡酒・清酒・果実酒・その他の醸造酒については±1 度の範囲内）であること

　　　　b　輸出国で表示されたアルコール分の表示方法が「アルコール分」の表示と容易に認識できること

　　　　　　例）「12% Vol」「Alc. 13% Vol」など

　　※参考に輸出国のラベル（写）等を提出して頂く場合があります。

- 3 -

(7)　税率適用区分

　　発泡酒、雑酒及びその他の発泡性酒類（ビール、発泡酒以外の発泡性を有する酒類のうちアルコール分が <u>10 度未満</u> のもの）については、下記の通り税率適用区分を表示する必要があります。

　　注）令和 8 年 10 月 1 日以降は <u>11 度未満</u>となります。

　ア　発泡酒

　　　「麦芽使用率〇〇％」と表示してください。

　　　ただし、麦芽使用率に応じて「麦芽使用率 25％未満」、「麦芽使用率 25％以上 50％未満」、「麦芽使用率 50％以上」と表示して差し支えありません。

　　　注）麦芽使用率 50％以上の場合は、「麦芽使用率〇〇％以上」と表示しても差し支えありません。

　イ　雑酒

　　　酒税法施行令第 8 条の 2 に規定する「みりんに類似する酒類」の場合は「雑酒①」、それ以外のものについては「雑酒②」と表示してください。

　ウ　その他の発泡性酒類

　　　酒類の「品目」、「発泡性を有する旨」の後に次の区分により「①」、「②」又は「③」と表示しなければなりません。

　　　①　酒税法平成 29 年改正法附則第 36 条第 2 項第 4 号に該当する場合

　　　②　同項第 3 号に該当する場合

　　　③　上記①・②以外の場合

　　　　例）発泡性を有する果実酒（アルコール分 8 度）のもの ⇒「果実酒（発泡性）①」

　　注）税率適用区分については、上記「ア」発泡酒は令和 8 年 10 月 1 日から、「ウ」その他の発泡性酒類は令和 5 年 10 月 1 日から、それぞれ表示が不要となります。

(8)　添加物

　　「添加物」の文字に続けて、添加物に占める<u>重量の割合の高い順</u>に物質名、もしくは物質名及び用途を表示してください（食品表示基準第 3 条）。

　　注）原材料名の項目に原材料名と併せて表示する場合は、原材料名と添加物を「／」や改行等の方法により、明確に区分して表示してください。

　　参考

　　　https://www.caa.go.jp/policies/policy/food_labeling/food_sanitation/food_additive/pdf/syokuhin496.pdf

　　（食品添加物表示／消費者庁）

(9)　L－フェニルアラニン化合物を含む旨

　　アスパルテームを含む場合は、「L－フェニルアラニン化合物を含む」旨を表示しなければなりません。（食品表示基準第 3 条）

- 4 -

⑽　**20 歳未満の者の飲酒防止に関する表示**

　　酒類の容器等には、「20 歳未満の者の飲酒は法律で禁止されています」、「飲酒は 20 歳に
なってから」等の表示が義務付けられています。

　　表示は、**6 ポイント以上の大きさの日本文字**を使用してください。ただし、内容量 360mℓ
以下の容器にあっては 5.5 ポイント以上の大きさとして差し支えありません。

　　また、専ら酒場や料理店等に対し引渡されるもの、内容量が 50mℓ 以下のもの等については、
表示を省略することができます。

　　注）令和 4 年 3 月末で「20 歳未満の者」を「未成年者」と表示できる期間は終了しています。

　　　　　　　　　　　　　　　　　　　　　　　（二十歳未満の者の飲酒防止に関する表示基準）

⑾　**識別表示**

　　酒類が充てんされたスチール、アルミ、PET、紙、プラスチックを材料とする容器につい
ては、識別マークの表示が義務付けられています。

　　参考　http://www.meti.go.jp/policy/recycle/main/data/mark/index.html

　　　　（識別表示／経済産業省）

⑿　**有機の表示**

　　有機農畜産物加工酒類の製造方法等の基準を満たす酒類は、当該酒類の容器等に、「有機
又はオーガニック」の表示をすることができます。

　　この場合、品目の前若しくは後又は近接する場所に、品目の表示に用いている文字と同じ
書体及び大きさで「（有機農畜産物加工酒類）」又は「（有機農産物加工酒類）」と表示してく
ださい。

　　輸入される酒類で有機農畜産物加工酒類の製造方法等の基準を満たす酒類とは、以下の通
りです。

　　ア　JAS 法に規定する格付制度と同等の制度を有する国（※1）から輸入される酒類のうち、
　　　その制度の下で認証等を受けた酒類であることについて、政府機関等（※2）が発行し
　　　た証明書が添付されているもの。

　　イ　上記「ア」以外の国から輸入される酒類については、送り状等に酒類における有機の
　　　表示基準 2 の⑴から⑶の規定を満たしていることを確認できる書面等が添付されており、
　　　かつ、その書面等を輸入者（酒類販売業者）が保存している場合。（※3）

　　なお、表示基準の対象となる「有機等」の表示は、日本文字により表示されている場合で
あり、輸出国の表示制度に基づいて日本文字以外の文字で表示されている場合は、表示基準
の対象となりません。

　　※1　参考　http://www.maff.go.jp/j/jas/jas_kikaku/pdf/equiv_country.pdf
　　　　　　　（JAS 制度と同等の制度を有する国／農林水産省）

　　※2　その国の政府機関、公的な認証機関及びその国の制度の下で認証等を行うことができる
　　　　機関等をいいます。

　　※3　原料として使用する有機農産物、有機畜産物及び有機加工食品は、日本農林規格の格付け
　　　　がなされているものを使用する必要があります。

　　　（酒税の保全及び酒類業組合等に関する法律第 86 条の 6 第 1 項及び第 2 項、酒類における有機の表示基準）

2．共通表示事項に加える事項（酒類の品目によって必要な表示）

⑴　**果実酒、甘味果実酒の場合**

ア　表示に使用する文字（品目表示を除く）

表示に使用する文字は、8ポイント以上の大きさの日本文字を使用してください。ただし、内容量200㎖以下の容器にあっては、6ポイント以上の大きさとして差し支えありません。

イ　原産国名

「原産国名」の文字に続けて、当該輸入ワインの原産国名を表示してください。

（果実酒等の製法品質表示基準）

⑵　**ビールの場合**

ア　ビールである旨

「ビール」又は「麦酒」と表示するものとし、銘柄名等に加えて「○○ビール」又は「○○麦酒」と表示することもできます。

表示に使用する文字は、酒類の品目を表示する文字の大きさに基づき、「ビール」は3文字、「麦酒」は2文字に対応する活字の大きさ以上としてください。

イ　原材料名

「原材料名」という文字の後に、使用した材料を酒税法、同施行令及び同施行規則に定められた品名で、定められた順序に従って表示してください。ただし、とうもろこしはコーン、でんぷんはスターチと表示することができます。

（順序）麦芽、ホップ、麦、米、とうもろこし、こうりゃん、ばれいしょ、でんぷん、
糖類、苦味料、着色料（カラメル）・・・

ウ　賞味期限

次のいずれかの方法により表示してください。

ⅰ　「賞味期限」の文字の後にその年月日又は年月を表示する。

ⅱ　「賞味期限」の文字の後に例えば「別途記載」、「缶底に表示」等表示し、容器等の別の箇所にその年月日又は年月を表示する。

エ　保存の方法

例えば「日なたを避け涼しいところに保存してください。」等の注意事項を表示してください。

オ　原産国名

「原産国名」の文字に続けて表示してください。

ただし、原産地が一般に国名よりも地名で知られている場合は、項目名を「原産地名」に代えて、原産地名を表示することができます。

カ　特定事項の表示基準

ⅰ　ラガービール…貯蔵工程で熟成されたビールでなければラガービールと表示できません。

ⅱ　生ビール及びドラフトビール…熱による処理（パストリゼーション）をしていないビールでなければ、生ビール又はドラフトビールと表示できません。

また、「熱処理していない」旨を併せて表示する必要があります。

-6-

iii　黒ビール及びブラックビール…濃色の麦芽を原料の一部に用いた色の濃いビールでなければ、黒ビール又はブラックビールと表示できません。

iv　スタウト…濃色の麦芽を原料の一部に用い、色が濃く、香味の特に強いビールでなければ、スタウトと表示できません。

なお、ビールである旨が明りょうである場合には、ビールの文字を省略し、単に「ラガー」、「生」等と表示することが可能です。

（輸入ビールの表示に関する公正競争規約）

⑶　ウイスキーの場合

ア　原材料名

「原材料名」の文字に続けて、次に掲げる原材料名を順次表示してください。

i　麦芽又はモルト

ii　穀類又はグレーン（「穀類」又は「グレーン」の括弧書として「とうもろこし」又は「コーン」、「ライ麦」等と穀類の種類名を記載し又は穀類の種類名をそのまま表示しても差し支えありません。）

iii　ブレンド用アルコール（穀類を原料とするものを除き、これらを当該ウイスキーにブレンドした場合に表示してください。）

iv　スピリッツ（穀類を原料とするものを除き、これらを当該ウイスキーにブレンドした場合に表示してください。）

v　シェリー酒類（容量比で2.5%を超えて使用した場合に表示してください。）

イ　原産国名

「原産国名」の文字に続けて表示してください。

ただし、原産地が一般に国名よりも地名で知られている場合は、項目名を「原産地名」に代えて、原産地名を表示することができます。

ウ　特定事項の表示基準

熟成年数の異なるものをブレンドしたウイスキーに、熟成年数を表示する場合には、ブレンドしたもののうち最も熟成年数の若いものの熟成年数を表示してください。

（輸入ウイスキーの表示に関する公正競争規約）

⑷　清酒の場合

ア　表示に使用する文字（品目表示を除く）

表示に使用する文字は、8ポイント以上の大きさの日本文字を使用してください。

注）内容量200ml以下の容器にあっては、6ポイント以上の大きさも可。

イ　特定名称の表示

特定名称は、それぞれの製法品質の要件に該当するものであるときは、容器等に表示することができます。

i　吟醸酒…精米歩合60%以下の白米、米こうじ及び醸造アルコールを原料とし、吟醸造りで、固有の香味、色沢が良好なもの

ii　純米酒…白米、米こうじを原料とし、香味、色沢が良好なもの

iii　本醸造酒…精米歩合70%以下の白米、米こうじ及び醸造アルコールを原料とし、香味、色沢が良好なもの

-7-

特定名称の清酒は、こうじ米の使用割合が 15%以上のものに限られています。

　　　ただし、特定名称と類似する用語や「極上」、「優良」、「高級」等の品質が優れている印象を与える用語などの使用には禁止や制限があります。

ウ　原材料名

　　　「原材料名」の文字に続けて、使用した原材料名（水を除く）を、酒税法に規定する原材料名をもって次の方法で表示する。

　　　原材料名　米、米こうじ、＜以下、使用した原材料を使用量の多い順に表示＞

エ　製造時期

　　　販売する目的をもって容器に充てんし密封した時期を「製造年月」として表示してください。ただし、製造時期が不明なものについては、製造時期に代えて輸入年月を「輸入年月」の文字に続けて表示して差し支えありません。

オ　保存又は飲用上の注意事項

　　　製成後一切加熱処理をしていない場合は、保存もしくは飲用上の注意事項を表示する必要があります。

カ　原産国名

　　　「原産国名」の文字に続けて表示してください。

（清酒の製法品質表示基準）

　注）国内産米のみを原料とし、かつ、日本国内において製造された清酒以外に「日本酒」と表示することはできません。

（酒類の地理的表示に関する表示基準）

⑸　単式蒸留焼酎の場合

ア　酒類の品目

　　　「単式蒸留焼酎」と表示してください。もしくは、「ホワイトリカー②」又は「焼酎乙類」と表示することができます。酒税法第 3 条第 10 号イからホまでに掲げるものにあっては「本格焼酎」と表示することができます。

　　　ただし、単式・連続式蒸留混和焼酎にあっては、「単式・連続式蒸留焼酎混和」と表示してください。もしくは、「ホワイトリカー②①混和」又は「焼酎乙類甲類混和」と表示することができます。

イ　原材料名

　　　「原材料名」の文字に続けて、使用した原材料（水を除く）を、原材料に占める重量の割合の高いものから順に、その最も一般的な名称をもって表示してください。

　　　連続式蒸留焼酎を混和した場合、「単式蒸留焼酎」及び「連続式蒸留焼酎」と表示し、それぞれの文字に続けて混和割合を併記した上で、その後に括弧書きで、混和したそれぞれの焼酎のもろみの製造に使用した原材料（水を除く）を、原材料に占める重量の割合の高いものから順に、その最も一般的な名称をもって表示してください。

ウ　特定事項の表示基準

ⅰ　冠表示…次のいずれかに該当する場合でなければ、冠表示（特定の原材料の使用を強調する表示）はできません。

ａ　当該原材料が、使用原材料の全部又は大部分を占めるものであるとき

ｂ　当該原材料の使用比率が、使用原材料のうち最大であるとき

- 8 -

ｃ　当該原材料の使用比率を施行規則の定めるところにより、冠表示に併記して表示する
　　　　　とき

　ⅱ　原酒…蒸留後に一切のものを加えず、かつ、アルコール分が 36 度以上のものでなけれ
　　　　　ば、原酒の文字を表示できません。

　ⅲ　長期貯蔵…3 年以上貯蔵したものが、ブレンド後の総量の 50％を超えるものでなければ、
　　　　　長期貯蔵又はこれに準ずる趣旨の表示できません。

　ⅳ　かし樽貯蔵…かし樽に貯蔵し、その特色を有するものでなければ、かし樽貯蔵と表示で
　　　　　きません。

（単式蒸留焼酎の表示に関する公正競争規約）

⑹　泡盛の場合

ア　泡盛である旨
　　「泡盛」又は「あわもり」と表示してください。

イ　原材料名
　　「原材料名」の文字に続けて「米こうじ」と表示し、水は表示しないでください。

ウ　特定用語の表示基準
　　次の用語を表示する場合には、それぞれの基準に従って表示してください。

　ⅰ　古酒…全量が古酒であるもの。

　ⅱ　年数表示…貯蔵年数を表示する場合は、当該年数表示以上貯蔵したものとする。

　ⅲ　混和酒…古酒を 10％以上混和したもので、かつ混和割合を表示しなければ混和酒である
　　　　　旨を表示できません。

　ⅳ　マイルド…アルコール分が 25 度以下のものでなければマイルドである旨の表示はでき
　　　　　ません。

（泡盛の表示に関する公正競争規約）

◎表示証の作成にあたり、国税庁ホームページ（酒類の表示）もご参照ください。

　　　○酒類の表示方法チェックシート
　　　https://www.nta.go.jp/taxes/sake/qa/11/check.htm

　　　○食品表示法における酒類の表示のＱ＆Ａ
　　　https://www.nta.go.jp/taxes/sake/hyoji/shokuhin/01.htm

Ⅲ　その他表示に関する基準等

1　公正競争規約

　公正競争規約（景品表示法第31条に基づく協定又は規約）は、景品表示法第31条の規定により、公正取引委員会及び消費者庁長官の認定を受けて、事業者又は事業者団体が表示又は景品類に関する事項について自主的に設定する業界のルールです。
　酒類に関する表示では、以下の公正競争規約があります。

【主な公正競争規約】
○　酒類小売業における酒類の表示に関する公正競争規約
○　ビールの表示に関する公正競争規約
○　ウイスキーの表示に関する公正競争規約
○　泡盛の表示に関する公正競争規約及び同施行規則
○　単式蒸留焼酎の表示に関する公正競争規約

2　自主基準

　酒類の業界では、表示に関して様々な自主基準を設けています。

【主な自主基準】
○　酒類の広告・宣伝及び酒類容器の表示に関する自主基準（昭和63年12月9日、飲酒に関する連絡協議会）
○　泡盛の品質表示に関する自主基準について（2004年6月28日、沖縄県酒造組合連合会）
○　国内製造ワインの特定の事項の表示に関する基準（ワイン表示問題検討協議会）
○　ウイスキーにおけるジャパニーズウイスキーの表示に関する基準（2021年2月12日、日本洋酒酒造組合）

『酒類の表示』の手引き

令和4年11月1日　印　刷
令和4年11月8日　発　行

編　者　　法令出版編集部

発行者　　鎌　田　　順　雄

発行所　　法令出版株式会社

〒 162-0822
東京都新宿区下宮比町 2 － 28 － 1114
TEL　03（6265）0826
FAX　03（6265）0827
http://e-hourei.com

乱丁・落丁はお取替えします。　　　　印刷：モリモト印刷㈱
ISBN978-4-909600-30-1　C3033